Maria Sibylla Merian (1647-1717) war die Tochter des berühmten Kupferstechers Matthäus Merian. Schon in Jugendjahren regte sich in ihr der Forscherdrang, der sie zeitlebens fesseln sollte und dem sie nachging, ohne jemals eine akademische Ausbildung genossen zu haben. Ihr Elternhaus erlaubte es ihr, künstlerische Begabung und naturwissenschaftliches Interesse zu entfalten – sie entdeckte als erste die Geheimnisse des Schmetterlingslebens. Nach dem Scheitern ihrer Ehe mit dem Maler Johann Andreas Graff begegnete sie in Holland ihrer großen Liebe, einem Gelehrten. 1699 wagte sie eine Reise nach Südamerika, um ihre geliebten »Sommervögel« zu studieren. Ihr 1705 erschienenes Buch über die Insektenwelt Surinams begründete ihren Ruhm als Naturforscherin.

Utta Keppler ist in Stuttgart geboren und aufgewachsen. Besuch der Kunstakademie bis zur Meisterreife. Heirat, vier Söhne. Freie Mitarbeit bei Zeitungen, Zeitschriften, historische Veröffentlichungen. Utta Keppler verfaßte zahlreiche erfolgreiche Romane.

Utta Keppler

*Die Falterfrau
Maria Sibylla Merian*

Biographischer Roman

Deutscher Taschenbuch Verlag

Ungekürzte Ausgabe
August 1999
4. Auflage Dezember 2002
Deutscher Taschenbuch Verlag GmbH & Co. KG,
München
www.dtv.de
© 1999 Salzer Verlag GmbH, Bietigheim-Bissingen
Erstveröffentlichung: Heilbronn 1997
Umschlagkonzept: Balk & Brumshagen
Umschlagbild: Farbiger Kupferstich nach einer Zeichnung von
M. S. Merian (© BPK, Berlin)
Umschlagrückseite: Portraitgemälde (1697),
Künstler unbekannt (© AKG, Berlin)
Satz: KCS GmbH, Buchholz/Hamburg
Gesetzt aus der Bembo 10/11,75· (QuarkXPress)
Druck und Bindung: Druckerei C. H. Beck, Nördlingen
Gedruckt auf säurefreiem, chlorfrei gebleichtem Papier
Printed in Germany · ISBN 3-423-20256-4

Inhalt

Rembrandts Rot 7
Entfaltung 24
Das Meisterstück 44
Die Hochzeit............................ 75
Nürnberg 90
Der Seher Labadie 104
Verleumder 129
Arnold 144
Wieuwerd 170
Fanatiker und Phantasten 194
Die Lampe auf dem Meer 220
Die Falterfrau 251
Heimkehr 269
Das große Werk 277
»Er fliegt!« 285

Historische Personen 291
Wichtigste Werke der M. S. Merian 294

Rembrandts Rot

Auf dem Speicher war es düster. Mattgelbe Lichtstreifen fielen schräg durch die Dachfenster herein, über Kastenkoffer und scharlachfarbene Polster. Krüge und Gläser, die auf dem staubigen Tisch standen, fingen aufblitzend die Strahlen und spiegelten das Rot des Stoffes.

Maria Sibylla Merian rührte sich nicht. Sie sah dem Spiel von Helligkeit und Schatten zu und hielt ihre Stickerei im Schoß. Es war schon fast zu dunkel an diesem verhüllten Aprilabend, um noch die Stiche zu zählen, auch wenn sie sich ganz dicht an die offene Luke drängte. Sie hob den Kopf mit dem hochgebundenen Haarknoten. Gekrauste Locken hingen zu beiden Seiten ihres kräftigen blassen Gesichts, das über dem breiten Schulterkragen schimmerte. Sie lächelte erleichtert: jetzt konnte sie mit gutem Gewissen aufhören. Das abgezirkelte Muster der aufgezeichneten Ornamente gefiel ihr nicht sonderlich; sie hätte lieber selbst eins erfunden. Aber sie hatte noch die Stimme ihrer Mutter im Ohr: »Den Aufwand der schönen Künste und vollends der Wissenschaften kann sich höchstens ein adliges Fräulein gönnen. Mit vierzehn Jahren muß sich eine Vaterlose an das halten, was ein rechtschaffener Mann von seiner Frau erwartet.«

Sibylla seufzte ärgerlich und versuchte noch einmal, an ihrem Stoff herumzustichein.

Die feuchte, duftende Luft wehte aus dem blassen Frühlingshimmel herein. Die Bäume draußen fingen an zu blühen. Das Kind lief ans Dachfenster und schob es in die Höhe. Drunten lag der Garten des Grafen Ruitmer, der sein Frankfurter Stadthaus neben der Merianschen Kupferstecherei hatte.

In der flaumigen Dämmerung schimmerte der glatte Rasen mit tiefem Grün. Die Schatten der Bäume wischten wie Flügel darüber hin, eine Amsel schlug. Mitten auf der Rasenfläche, im Herzen des Gartens, glänzte das Tulpenbeet. Wie feurige Flocken schien es zu Sibylla herauf, Gelb und Karmin, Bläulich und Rosa, eine Masse ohne Kontur, in der das letzte Licht schwelte. Es war, als stürze sich alle Wärme auf dieses eine Beet; wie von innen erhellt strahlte das Rot.

In der Werkstatt ihres verstorbenen Vaters hatte sie ein Bild gesehen, auf dem die gleiche samtig glühende Farbe im Halblicht leuchtete. Den Namen des Malers nannte man ehrfürchtig, wenn auch immer seltener – Rembrandt van Rijn hieß er, ein Holländer, der in Amsterdam lebte.

Das Mädchen stand und schaute. Es dauerte nicht lange, da ertranken die Tulpenfarben in der Nacht. Maria Sibylla ließ das Fenster offen. Sie lief wie getrieben die steile Bodentreppe hinunter und in den Garten hinüber, mitten in das ausbrennende Rot hinein …

Ein paar Tage danach kam Graf Ruitmer von einer kleinen Reise wieder nach Frankfurt zurück. Die Diener des Stadthauses warteten an der Treppe; geneigte Köpfe und ergebene Blicke grüßten den Mann, der breit und selbstherrlich die ausgetretenen Stufen heraufkam, schnaufend, rot, gutmütig, und mit seinen gescheiten Augen die Treppe überblickte.

»Warum ist Joos nicht da?« fragte er gleich, noch ehe er die offene Tür erreicht hatte.

»Der hat immer im Garten zu tun.« Der Kammerdiener beeilte sich, seinem Herrn aus dem Umhang zu helfen.

»Ruf mir den Joos«, sagte der Graf über die Schulter

zurück, während er ins Haus trat. Durch den Steinflur führte die offene Tür in ein großes Zimmer, mit braunem Holzwerk wohnlich getäfelt. Gemalte Teller und ein Stich mit einer Jagdszene hingen an der lederbezogenen Wand. Die gelbgetönten Scheiben machten das Licht fließend weich und nahmen ihm die Frische des Apriltages.

Der Graf warf die langen Handschuhe auf den Tisch. »Syringen«, sagte er dabei und sah flüchtig auf den üppigen Fliederstrauß in der Mitte der Marmorplatte. »Blühen denn meine Tulpen noch nicht?«

»Herr Graf ...« Der Kammerdiener beugte sich über den braunen Setter, der sich jaulend an die Knie seines Herrn drängte.

Da klopfte es; der Gärtner Joos kam herein, ein gebücktes hageres Männlein, fast kahl, mit rundem kindlichem Altersgesicht. »Euer Gnaden«, stammelte er, immer noch in seiner Verbeugung bleibend, »seid so gut ...«

»Ist ja recht, Joos. Wo war Er denn bei meinem Entree?«

»Ach, Herr ...« Der kleine Mann hielt sich zitternd am Tisch. »Herr – das ist ein Hexenwerk, ich kann's nicht anders nennen!«

»Was denn, zum Donner?«

»Ich hab dem Herrn Grafen die Syringen hereingestellt«, sagte Joos zögernd, »ich hätte lieber Tulpen genommen, aber der – Leibhaftige, weiß der Herrgott, wie er das angestellt hat ...«

»*Was* hat er denn gemacht, Joos?« fragte der Graf ungeduldig und amüsiert zugleich.

»Die Tulpen, Herr, sie sind – weg!«

»Was? Alle?«

»Nicht ganz, Herr, ein armseliger Rest ist noch da ...«

»Aber, Joos!« Der Graf stieß seinen Stuhl zurück.

Draußen am Rasen standen die beiden dann wie Kinder vor zerschlagenen Puppen. Das Tulpenbeet war fast kahl. Man sah noch an den Resten die Hast, das Unbedachte,

Rasche der Tat; Stümpfe und Stengel starrten in die Luft, ein paar geknickte Stiele trugen halbwelke Blüten. Der Gärtner blieb mit gefalteten Händen dabei, während der Graf auf und ab lief, gereizt, ratlos, und immer wieder vor dem zerrauften Beet anhielt.

»Joos«, fuhr er den Mann an, »es ist das erstemal, das allererste, daß Er mir das antut! Hat Er geschlafen? Das waren doch Leute, die etwas von den teuren Blumen verstehen, Gartenkenner, vielleicht Ausländer, die Muster verkaufen – wer weiß! Ich war der erste in Frankfurt, der Tulpen zog – ein kleines Beet mit lauter erlesenen Exemplaren –, und Er ... Er hat das geschehen lassen.«

Joos schwieg; er schaute ratlos zu dem Grafen auf. »Der Hund?« stammelte er fragend.

»Unfug – so abgerissen, eins nach dem anderen! Der Hund ...« Aber dann drehte der Graf doch den Kopf nach dem Setter, der ihm bettelnd um die Beine sprang. »Ajax«, rief er, »her da, du Köter!«

Ajax lief herbei, sah sich das Beet an und dann seinen Herrn; und weil er dessen böses Gesicht und die drohende Stimme fürchtete, zog er scheu den Kopf ein.

»Vieh, blödes! Angst hat er, seh Er doch!« Der Graf faßte den Hund am Halsband, zog den Sträubenden zu sich her und schlug mit dem Stockknopf auf ihn ein. Heulend wand sich der Setter.

Joos hielt die Hand des Herrn fest. »Nicht! Nicht so, bitte!« Er weinte fast. »Er kann's nicht gewesen sein, das weiß ich ...«

»Du weißt es – und eben sagst du noch ... Warst es selber, du Esel?« schrie Ruitmer sinnlos vor Wut. »Hast *du* die Tulipanen verhandelt, Kujon?«

Joos hörte in dem Toben das vertrauliche Du aus des Grafen Kinderzeit. »Herr Graf, junger Herr ...«

Der Fünfzigjährige lachte. »Na ja, ich seh schon ...«, brummelte er, rasch besänftigt, und ließ das Tier los, das hinkend davonlief. Der Graf richtete sich auf und sah den Alten scharf an. »Du weißt doch was, Joos, mach mir nichts vor!«

»Der Herr wird doch nicht denken, ich hätte zugesehen, wie ...«

»Nichts denk ich – ich will wissen.«

Joos schwieg. Er knotete die geäderten Hände ineinander und starrte ins Gras. Ein Diener kam gelaufen. Der Herr möchte verzeihen, aber das Fräulein sei da, des alten Merian selig Tochter, die den Herrn Grafen sprechen wolle. Ruitmer wunderte sich; bedrückt gingen die beiden Männer dem Haus zu. Joos hatte eine vage Vermutung.

Als das Mädchen hereinkam, schickte der Graf die Diener weg. Maria Sibylla stand an der Schwelle in einem braunen Kleid mit gebauschtem Rock. Sie zog unter der weißen Schürze ein flaches Paket hervor und legte es neben sich auf die Dielen. Mit einem fragenden Blick streifte sie den Gärtner, der sie hereinließ; die Lippen waren fest aufeinandergepreßt. Joos schloß hinter ihr die Tür. Sie blieb eine Sekunde reglos stehen unter Ruitmers Augen; dann trat sie auf ihn zu, warf den Kopf zurück und stürzte auf die Knie. Die Bewegung war so wild, daß Ruitmer erschrocken zusammenzuckte.

»Kind!« rief er, »was hat Sie denn?«

Aber ehe er das Mädchen hochheben konnte, war sie schon aufgesprungen. »Herr Graf«, brach sie aus, »ich hab's ja nicht tun wollen, ich hab *müssen*!«

»Du? Du hast ... Sie hat ...«, stotterte er.

»Ich hab eben von oben gesehen, wie der Herr Graf heimgekommen sind und dann am Beet gewesen – mit dem alten Joos. Und da hab ich gewußt ...«

Sie schluckte und schluchzte.

»Mädchen!« Der Graf sprach auf einmal leise, als fürchte er sich. »*Du?*«

»Ich hab's tun *müssen*«, wiederholte sie, »es war wie ein Bann.«

»Jetzt steh einmal auf und rede vernünftig«, sagte Ruitmer energisch. »Also *du* hast das Tulpenbeet ausgeraubt?«

Maria Sibylla schnellte auf. Sie hob ihr Paket in die Höhe, hielt es vor sich wie einen Schild und richtete zitternd den Blick auf das große rote Gesicht. »Ja«, sagte sie, »vor vier Tagen. Ich war droben und nähte für die Mutter, abends, es wurde schon Nacht. Da sah ich das Tulpenbeet drunten in der Dämmerung: ich weiß nicht, wie es kam, ich weiß auch nicht mehr, wie ich die Treppe hinunterlief, ich hab nur das Leuchtende gesehen. Wie ich's getan habe, weiß ich nicht mehr, und warum, auch nicht. Ich glaube, ich wollte es gar nicht tun.«

Der Graf erhob sich; er war ernst geworden. »Du hast etwas sehr Kostbares verdorben, was dir nicht eigen war. Um das zu verstehen, bist du alt genug.« Er lief erregt hin und her. »Was ich gebaut habe, zerstören, dumm zerstören! Was bist du nur für ein Kind?«

Maria Sibylla stand noch immer bewegungslos da. Das großlinige Gesicht war fast weiß. Ihre Starre beunruhigte den Grafen. Er rüttelte sie. »Was ist jetzt?«

Sie senkte den Kopf und flüsterte etwas; er verstand sie nicht gleich. Da wiederholte sie lauter: »Darf man denn weiterleben, wenn man so etwas auf dem Gewissen hat?«

»Red keinen Unsinn«, sagte Ruitmer befremdet, »so weicht man aus vor der Verantwortung.«

»Nein«, schrie sie außer sich, »das will ich gar nicht! Ich will's gutmachen, ob ich dann weiterlebe oder nicht.«

»Unfug«, brummte der Herr verärgert, »das sind die Reden der jungen Dinger, unbedacht und unvergoren, immer das Äußerste und Ärgste!«

»Gutmachen!« sagte Maria Sibylla entschieden. Sie warf mit einem verzweifelten Blick ihren Packen auf den Tisch, drehte sich um und rannte hinaus, mit wehendem Rock, das rötliche Haar gelöst, und im Laufen atmete sie tief auf.

Der Graf schlug auf den Tisch. »Ein starkes, hartköpfiges

Frauenzimmer! Ich werde mit der Mutter sprechen, oder ich zeig den Unfug an – das tu ich.«

Er zog ein Blatt aus dem Bündel. Es war schlecht geleimtes Papier, ein großer Bogen. Als er ihn umdrehte, sprang ihm etwas Buntleuchtendes förmlich in die Augen, eine gemalte Tulpe. Der wellige Kelch war geflammt, mit bläulichen Schatten getuscht, von anmutigen Linien umrandet; grüne, grauschraffierte Stielblätter, ein gebeugter Stengel, und inmitten der feurigen Blüte, die den Blick anzog wie echte Glut, lag ein dunkles Siegel, die Staubgefäße.

Ruitmer holte sich eine scharfe Lupe. Ganz kleingeschrieben fand er in der Ecke ein »MSM«. Er griff nach einem anderen Bild: Zwei Tulpen auf schweifenden Stielen neigten sich gegeneinander; rosa gefiederte Blüten waren wie feine Gewölbe um ihre blauschwarze Mitte gerundet, und auch rote Tulpen waren da, mit langen grünen Blattfahnen.

Der Graf saß schweigend mit vorgeneigtem Kopf. Zaghaft berührte er manchmal eines der Papiere, als wäre es ihm nicht ganz geheuer. Ruitmer hatte auf seinen Reisen viel mit Künstlern zu tun gehabt, er kannte die großen holländischen Maler und wußte auch über Technisches Bescheid. Er war gewohnt, besonnen zu betrachten, und sah auch, was noch fehlte. Hier und dort waren die Umrisse unbeholfen, oder das Blatt schien ihm überfüllt; es gab Schatten, wo sie nicht hingehörten, und grelle Farben ohne Abtönung. Trotzdem kam er sich vor wie ein Schüler vor einer schwierigen Aufgabe. »Sie ist ja ein Kind«, sagte er leise, »so etwas kann doch nicht bloß vererbt sein.« Er sah das Mädchen vor sich, die kräftige Nase, die grauen eindringlichen Augen, den großen Mund. Schön ist sie nicht, aber ein – ja, bei einem Jungen hätte ich gesagt: ein Kerl!

Da sprang der schwere Mann auf, so schnell er konnte. »Wo ist sie jetzt?« rief er auf den Gang hinaus, aus dessen dunkler Tiefe der Kammerdiener verstört auftauchte.

»Wen wünschen Euer Gnaden?«
»Die kleine Merian mein ich, das Kind.«
»Das Fräulein ist weggelaufen, ich hab sie noch die Gasse hinaufrennen sehen. Ich dachte bei mir, Ihro Gnaden hätten sie ausgeschimpft.«
»Ja, weiß Gott, das habe ich getan!« Ruitmer schnaufte aufgeregt. »Vielleicht war's zuviel damit.«
Er schaute aus dem Fenster auf die Straße hinaus, wo Holzkarren und rumpelnde Kutschen vorbeifuhren und die Leute zu ihren Häusern drängten, weil es schon dämmerte. »Georg«, rief er heftig, »such das Kind! Sie *darf* nicht weggelaufen sein.«
Als der Mann fort war, fand Ruitmer keine Ruhe. Er holte sich den betreßten Rock, den Hut, die Schleifenschuhe. Er brauchte keinen Diener, dazu war er viel zu ungeduldig; er zog sich an wie zu einer Visite. Dann ging er die wenigen Schritte hinüber zur Kupferstecherei, wo jetzt die Witwe des großen Merian mit ihrem zweiten Mann, dem Maler Morell, wohnte.
Er stand eine Weile vor dem alten Bau und überlegte. Ein berühmtes Haus, wahrhaftig, und ein bekannter Name; die Topographie Europas war da entstanden, Städtebilder und Allegorien, feine Stiche und sorgfältig kolorierte Zeichnungen. Aber Blumenbilder? Und von einem Mädchen?
Immer wieder schüttelte er den Kopf mit den langen Locken.
Es war ganz still im Gang. Um diese Zeit waren die Malergesellen nicht mehr in der Werkstatt, und Meister Morell war am Vortag mit seinen Bildern zu einer Handelsfahrt aufgebrochen; Ruitmer hatte davon gehört. Durch den Flur hallte das Klappern der Töpfe auf dem Herd. Er klopfte an die Küchentür.
Da ihn niemand hörte, trat er ein. Er stutzte, unschlüssig, wie er die Frau anreden sollte, die vor ihm aus dem Rauch auftauchte. »Frau Nachbarin«, sagte er dann, vorsichtig um

Hocker und Gemüsekorb herumgehend, und schob sanft die Katze weg, die um seine Beine strich.

Als Johanna Morell den Grafen erkannte, riß sie die Schürze ab; ihre Wangen waren mager und fleckig.

»Die Frau Nachbarin wird verstehen ...«, sagte er, schwer atmend in der dicken Luft. »Hat Sie eine Weile Zeit, Morellin?«

»Herr Graf, darf ich in die Stube bitten?« Sie ging voran, rückte auf dem Gang einen quergestellten Stuhl herum und machte die Zimmertür auf. Der Raum war groß und dunkel durch das überhängende Obergeschoß. Auf dem Tisch stand noch das Geschirr vom Abendessen. Johanna schob es schnell beiseite.

»Sibylla!« rief sie dabei ärgerlich gegen die Tür hinüber. »Euer Gnaden entschuldigen, sie hat vergessen abzuräumen, und ich habe gebacken ...«

»Des Kindes wegen komm ich doch«, sagte Ruitmer und setzte sich auf den Sessel am Kachelofen. »Ihre Tochter war bei mir drüben.«

»Das Mädchen?« Frau Morell stellte die getürmten Teller wieder ab.

»Ja«, sagte der Herr, »ich glaube nicht, daß sie noch im Haus ist. Ich habe meinen Georg nach ihr geschickt.«

»Sie ist weg?« rief Johanna erschrocken. »Jetzt, in der Dunkelheit? Warum denn auf einmal?« Weinerlich fügte sie hinzu: »Wenn sie gegen die Rebgärten zu läuft wie schon einmal, kommt sie von den Mauern ab. Draußen streichen immer wieder Marodeure herum, hab ich sagen hören.«

»Ach, Meisterin – dreizehn Jahre nach dem großen Frieden von Westfalen! Und so nah der Freien Reichsstadt Frankfurt.«

»Das Kind!« Johanna machte den Versuch, zur Tür zu gehen, aber die Scheu vor dem Gast hielt sie zurück.

»Ich glaube nicht, daß sie weit geht«, sagte Ruitmer aufs Geratewohl, um die Frau zu beruhigen. »Sie war nur so aufgeregt; ich habe ihr etliche Vorhaltungen gemacht – vielleicht zu viele ...«

»Sie hat wieder etwas Ungutes getan, Euer Gnaden?« Johanna setzte sich zitternd auf einen Hocker.

Ruitmer zögerte; er wandte den Kopf zum Fenster, als sähe er draußen die grauen, leidenschaftlich sprühenden Augen der Vierzehnjährigen.

Frau Morell wischte sich übers Gesicht. »Sibylla ...«, jammerte sie vor sich hin. »Und mein Mann selig hat gemeint, sie werde dem Haus einmal Ehre machen.«

Ruitmer stand auf und legte seine breite Hand auf ihre Schulter. »Damit kann er vielleicht sogar recht haben«, sagte er ernst. »Daß Sie es weiß, Meisterin: das Mädchen hat vom Vater das Maltalent geerbt, das habe ich selber gesehen.«

»Sie malt?« Johanna wurde bleich.

Der Besucher sah sie befremdet an. »Sie macht ja ein Gesicht, als hätte Ihre Tochter ein Verbrechen begangen ...«

Johanna nickte. »Es ist arg«, stöhnte sie, »es ist wider die Natur.«

»Was man so alles Natur heißt«, brummte Ruitmer, »ich will Ihr eins sagen, Morellin: Wenn das Malen ein Frevel ist, dann will *ich* mir die Strafe vorbehalten, und mir soll man sie überlassen. Das andere könnt *Ihr* strafen, Sie und der Zweitvater.«

»Was denn für ein anderes?« Johanna riß die Augen auf.

»Ja, sagen will ich's Ihr doch, Frau ...« Der Graf stemmte sich im Stuhl hoch und fing an, in der Stube hin und her zu gehen, zwischen Tisch und Ofen und Fenster. »Sie hat Tulpen gemalt«, sagte er schließlich, »und da sie ein natürliches Modell brauchte, hat sie sich das – in meinem Garten geholt.«

»Das Tulpenbeet!« schrie die Frau und starrte ihn an.

»Das ganze Tulpenbeet«, bestätigte er leise, »und Sie weiß ja ungefähr, was ich dafür aufgewendet habe ...«

Johanna preßte die Hände ineinander. »Das mißratene

Ding! Stehlen! Mit Firlefanz die Zeit vertun! Malen, das ist Mannsarbeit für die bestellten Künstler. Statt daß sie sich zum *weiblichen* Werk hält! Alles muß ich allein tun mit der Magd. Da hab ich gemeint, der Selige säh sie schon als Hausfrau in einem großen Geschlecht, eines Ratsherrn Weib, eines vom Adel ... Geschlagen mit so einer Tochter, geschlagen!«

»Schweig Sie doch, Meisterin, wenn *ich* sie nicht anklage! Glaub Sie mir, sie hat ein wunderbares Malwerk geschaffen.«

Johanna stand mit zuckenden Schultern auf und lief hinaus. Die Tür fiel zu.

Ruitmer zog eine unförmige Runduhr aus dem Lederbeutel. »Wenn der Georg sie nicht bald heimbringt, ist sie wahrhaftig unter die Marodeure gefallen. Da wäre das Unglück noch größer – und ich hab's zudem allein auf der Seele ...« Er riß die Tür auf.

»Meisterin!«

Sie kam aufgescheucht zurück.

»Das Kind ist in seiner Verzweiflung fortgelaufen – ganz wild!«

Johanna sah ihn entgeistert an. »Wohin haben denn Euer Gnaden den Georg geschickt?«

»Wohin hätt ich ihn schicken sollen?« fragte Ruitmer zwischen Ärger und Sorge. »Er wird sich durch die Gassen fragen – jemand *muß* sie ja gesehen haben.« Er ging zaudernd zur Tür, unter dem Rahmen wandte er sich noch einmal um. »Sie ist ja ganz konfus, Morellin«, sagte er mitleidig, »das mit dem Kind laßt nur *mich* in Ordnung bringen. Und sag *Sie* mir nicht zuviel über das Tulpenbeet, ich bitt Sie!«

Johanna raffte sich auf und wankte in die Küche hinüber. Das Feuer war ausgegangen; die angesengten Klöße hingen klebrig im Topf, in dem das Siedewasser längst verkocht war. Ein fader brenzlicher Geruch füllte den halbdunklen Raum. Johanna kratzte aus, was noch brauchbar war. Dann saß sie vor dem glostenden Feuerloch und stierte hinein. Die Katze kroch ihr auf den Schoß; halb unbewußt strich Johanna ihr den dichten Pelz. Untätig wartete sie auf die Magd, die dem Diener des Grafen nachgelaufen war; Enttäuschung und Bitterkeit waren stärker in ihr als die Sorge um Sibylla.

Georg ging stetig weiter durch die kaum beleuchtete Vorstadt, und Ajax trottete hinkend mit. An einem der Tore wurden sie angehalten; erst als man den Diener des Grafen erkannte, ließ man ihn durch. Am Weg lag das Zollhaus und eine schlechtgehaltene Wirtschaft. Dazwischen wuchs Strauchwerk, das sich dünn und schwarzgliedrig in den streifigen Himmel streckte. Der Mond schwamm blaß zwischen den Wolken wie eine silberne Muschel.

Unterdessen hastete Sibylla weiter, voll unklarer Wut auf sich selbst. In der Dämmerung stapfte sie durch die sumpfigen Wiesen. Sie merkte kaum, wohin sie trat. Was sie sah, war immer noch das Tulpenbeet, rotflammig, gelblodernd, glühende Verlockung – und das abgegraste platte Feld, auf dem ein paar Stengel noch ärmlich herumstanden. Sie drückte die Fäuste auf ihre Lider, daß sie weh taten. Ihr waret der Einlaß für das schlimme Gelüst! Durch die Augen ist es wie ein Blitz in mich hineingeschossen, daß ich es tun mußte!

Sie erschrak. Blindlings lief sie weiter und wurde doch nicht Herr über das böse wunderbare Bild des feurigen Beetes. Da kam ihr ein Ausdruck in den Sinn, den der Geistliche einmal in der Predigt gebraucht hatte: Augensünde! Ich habe eine Augensünde getan, dachte sie aufgescheucht. Daß ich die gemalten Tulpen dem Herrn gelassen habe, ist keine Buße, nicht einmal ein Ersatz. Und den Kummer der Mutter, die Schande fürs ganze Haus – die hab ich gar nicht gebüßt. Ich muß mich selbst strafen, wenn der Graf es nicht tut.

Stockend und stolpernd stieg sie über das unebene Feld. Der Wind zerrte an ihren Kleidern und verstummte wieder; Nachtvögel schrien. Unerbittlich grübelte sie weiter. »Wen sein Auge ärgert, der reiße es aus«, sagte sie vor sich hin. »Aber dann seh ich nichts mehr und das Sehen ist doch so schön!« Sie blieb stehen. Nichts mehr sehen – wie das wäre? Sibylla zog das Halstuch aus dem Mieder und band es um die Stirn.

Jetzt war es ganz dunkel, und auch nicht der schwächste Schein vom Mond oder von den Stadtlichtern erreichte sie mehr. »Das habt ihr davon!« sagte sie laut zu ihren Augen. Aber allmählich wurde ihr bang in der lichtlosen windflüsternden Einsamkeit. Ob ich noch in die Mauern zurück kann? schoß es ihr durch den Kopf; beim Dunkelwerden schließen sie doch die Tore.

Sie lief zurück. Die Binde wagte sie nicht abzunehmen, sie wollte die Strafe durchhalten, wenigstens diese mildere Art der Blendung. Sie schwankte durchs tauige Gras, Nebel zogen über die Fläche, das Mädchen spürte sie an Gesicht und Händen.

Da wurde der Boden unter ihren Füßen weich. Unbewußt griff sie nach dem Augenband, um es abzunehmen, aber als sie die Arme hob, sank sie tiefer in das nachgiebige Moor und blieb, das Gesicht nach unten, liegen. Einen Augenblick lang konnte sie sich nicht rühren. Dann merkte sie, daß es kalt und feucht auf sie eindrang, breiig quellend, und ihr Mund und Nase verstopfte. Sie sprang auf, brach wieder ein, torkelte empor und packte ein Grasbüschel mit klammen Fingern. Behutsam zog sie sich daran hoch und lag kniend über dem Grabenrand. Jetzt erst streifte sie die Binde ab. Fahler Mondglanz kam am Himmel herauf. Schmutzig verfärbt lag das Tuch vor ihr. Schlamm, dachte sie und schüttelte sich, Sumpf … beinah wäre ich erstickt! Sie raffte sich auf, mit verschmierten Knien, die Hände verklebt, triefendes Haar um die Schläfen, und sah sich um: Öd und geheimnisvoll lag jetzt das Feld, Schatten rieselten wie eine schwarze Maserung darüber hin.

»Ich muß heim«, sagte sie zu sich, »gleich muß ich heim – was werden sie sagen, wenn ich komme? Ich habe Angst!« Sie stand eine Weile und versuchte, sich zu besinnen; während sie um Überlegung und Klarheit kämpfte, fühlte sie die grauende Ebene auf sich eindringen wie einen Alp. Sie vernahm ein leichtes Tappen und wandte den Kopf. Etwas Unkenntliches sauste kräftig heran; sie fühlte sich angerannt und fiel um. Eine rauhe Zunge leckte ihren Hals, Hundegeruch strömte ihr in die Nase, sie hob die Hände und hielt den großen Setter des Grafen im Arm. Sie wollte »Ajax« sagen, aber sie hörte ihre eigene Stimme nicht mehr.

Viel später – sie wußte nicht, wie lange nachher – wachte sie auf. Die Mutter stand vor ihr mit bebenden Händen, dahinter war das dicke rote Gesicht des Grafen Ruitmer und ein fremdes mit langen Locken, die strähnig wedelten, der Arzt. »Ein Aderlaß wäre hier fehl am Platz«, sagte er eben, »das Mädchen ist ohnehin geschwächt genug. Gebt ihr noch von dem Tokajer!«

Sibylla richtete sich auf; sie fühlte den glatten Seidenbezug des Sofas unter ihren Händen und strich mit dem Finger über die eingewebten Blumen. Bin ich beim Grafen? dachte sie, während ihr schon wieder schwindlig wurde. An den Wänden tanzten Vögel auf einem schweren Gobelin, und die Lampe hatte einen goldenen Fuß. Jetzt brachte die Magd den Wein; die Mutter nahm ihr das Glas ab und beugte sich damit zu Sibylla herunter. Das Mädchen trank. Dann erst merkte sie, daß man ihr das bespritzte Kleid ausgezogen hatte; die Schleifenschuhe lagen verkrustet am Boden. Sibylla war in eine Pelzdecke gewickelt, die behaglich roch.

»Sie wird bald wieder zu Kräften kommen«, sagte der Arzt, zum Grafen gewendet, dann nickte er Johanna zu. Ruitmer begleitete ihn hinaus.

Jetzt schrak Sibylla auf. »Wart Ihr sehr traurig, Frau Mutter?«

»Schrecklich!« klagte Johanna. »Schon als der Graf kam, und dann, als sie mich herüberholten – du seiest da, wie tot ... Was hast du nur getrieben, Kind?«

Sibylla wurde blaß. »Ich weiß gar nicht, wie es zuging«, flüsterte sie unsicher.

»Der Georg von dem Herrn Grafen hat dich gefunden mit dem Ajax; und der hat doch schon vorher die Hiebe aushalten müssen deinetwegen.«

Der Hund war aus seiner Ecke herübergekommen und trabte zum Lager; er schonte ein Hinterbein und machte klägliche Augen. Vor Sibylla tauchte der düstere Sumpfgraben auf; sie spürte wieder ihre Hilflosigkeit und die zutrauliche Wärme des Tieres. Ajax schaute sich ängstlich nach dem Grafen um, der eben hereintrat, und bohrte seine feuchte Schnauze unter Sibyllas ausgestreckte Hand. Da griff sie sich aufgestört an den Kopf, als fiele ihr plötzlich etwas Unerhörtes ein. »Ich seh ja noch, Mutter!«

»Warum denn nicht, kleine Mademoiselle?« fragte Ruitmer, an der Tür.

»Ich hab nichts mehr sehen wollen, ich darf nichts mehr sehen – die Augensünde ...«

Johanna blickte hilflos auf den Mann, dann ließ sie die Arme sinken. Der Graf zuckte die Achseln. »Du sollst jetzt ausruhen, Mädchen«, sagte er, »dazu hat dich der Georg hereingetragen.« Er machte ein paar Schritte gegen die Tür und winkte Johanna.

»Euer Gnaden«, flüsterte sie draußen, »ist sie denn nicht recht bei Sinnen?«

»Hm«, murmelte er mit gerunzelter Stirn, »nicht mehr sehen wollen – Augensünde!«

»Ja, das ängstet mich so.«

»Mädchen«, rief der Graf ins Zimmer hinein, »kannst du aufstehen? Dann komm doch einmal her, aber sachte, hörst du? Und geh *Sie* lieber heim, Meisterin!«

Johanna gehorchte verwirrt.

Sibylla bückte sich nach ihren Schuhen. Ruitmer führte sie vorsichtig, aber ohne sich aufzuhalten, zum Gartentor. Dahinter war es ganz finster, die dunstige Nachtluft wehte über den Rasen. Sie gingen behutsam Schritt für Schritt den Weg entlang, bis zu der verwüsteten Stelle, die Ruitmer im Finstern erkannte; Joos hatte nichts ändern dürfen.

»Ich brauche dir nicht viel zu sagen, Mädchen«, begann Graf Ruitmer und nahm ihre Hand, die im Dunkeln heller schimmerte. »Nur erklär mir: Warum wolltest du nicht mehr sehen? Weißt du, was blind sein heißt? So wehrlos sein, wie wir jetzt in der Nacht stehen?« Er wartete. Spöttisch fuhr er fort: »Du hättest dann im Taglicht das Beet nicht mehr sehen müssen?«

Sibylla schwieg und zog ihre Finger aus denen des Grafen. Sie strich mit dem ausgestreckten Fuß, an dem der krustige Schuh drückte, ebnend über den Boden.

»Du mußt mir schon antworten, Mädchen«, sagte er mit leiser Ungeduld in der Stimme.

»Nein, das war's nicht«, sie schluckte, »ich wollte doch gestraft sein für – meine Augensünde.«

»Und du hast dich selber strafen wollen?« fragte der Graf ungläubig.

»Ja, ich hab's doch auch selber verdorben!« Sie bückte sich und ließ die Finger über den unsichtbaren Boden gleiten. Eine erdige Scholle blieb ihr in der Hand. »Vielleicht kommt es doch einmal, daß ich ganz blind bin«, flüsterte sie, »aber ich seh *so* gern.«

Graf Ruitmer lachte. »Hör zu«, sagte er, während sie wieder aufs Haus zugingen, »ich habe deine Bilder betrachtet. Du hast die Tulipanen abgebildet, daß sie schöner sind, als die gewachsenen waren. Woher kannst du das?«

»Ich weiß nicht, Herr ...«

Der Graf faßte sie an den Schultern und stellte sie sich gegenüber. »Willst du malen lernen?«

»Ich? Ich bin doch ein Mädchen.«

»Ja, des Merian selig Tochter«, sprach Ruitmer feierlich, »ich werde mit der Meisterin reden deswegen.«

Sibylla bedankte sich nicht. Sie lief aus dem Garten ins Haus, auf den finsteren Dachboden. Dort hob sie den schweren Tulpenkrug in die Höhe und schwang ihn im Kreis. Sie stellte ihn ab und kauerte sich nieder. Dann nahm sie in der Nacht, aus der sie glühten, die hellsten Tulpen und hielt sie ins Mondlicht, das über den Rand der Dachluke floß wie eine Bahn aus gläsernem Glanz. Sie senkte den Kopf über die Blumen, und hinausgebogen in die silbrige Helle, weinte sie erlöst.

Entfaltung

Drei Jahre lang hatte Sibylla schon unter den geduldigen Augen ihres Stiefvaters Morell gezeichnet, gestochen und gemalt. Nachdem Graf Ruitmer den Widerstand ihrer Mutter mit seinem Machtwort überrannt und der Merianschen Werkstatt einen Zuschuß für ihre Ausbildung gegeben hatte, der Morell damals sehr willkommen war, saß die Siebzehnjährige nun stolz unter den Männern.

An den langen schmalen Arbeitstischen reihten sich die jungen Gesellen, ein Schwabe, ein Holländer und der neu eingetretene Nürnberger Andreas Graff, blondlockig und mit einem hellen modischen Spitzbärtchen, gelegentlich auch der jüngere Freund des Meisters Morell, Abraham Mignon, dem das Stechen und Drucken in der eigenen dunklen Werkstatt oft nicht recht von der Hand ging. Der stille Caspar Merian, ein Stiefbruder Sibyllas aus des Vaters erster Ehe, mühte sich mit versagenden Augen um feinste Zierate und Ornamente zur Umrandung der Stiche. Matthäus, der älteste der Geschwister und der Leiter des Ateliers, war auf Reisen. Jakob Morell selber, der Meister, der ihn vertrat, arbeitete an den Kupferplatten, die ein Lehrjunge mit dünner Wachsschicht übergossen und geglättet hatte. Behutsam schabte der Maler die Flächen, ritzte die Konturen, verglich und maß Modell und Abbild; denn was sich eben unter seinen zarten Händen bildete, war ein getreuer Nachstich des türmereichen Würzburg, einst Herbipolis genannt, dessen Original sein großer Vorgänger, der ältere Merian, für seine Topographie Europas geschaffen hatte. Manchmal stand Morell mit schmerzendem Rücken auf und ging von Tisch zu Tisch, tadelte vorsichtig und lobte gern, zog hier und dort eine Linie nach oder verbesserte die Perspektive eines skizzierten Baues. Am häufigsten blieb er bei der Stieftochter stehen; lächelnd beobachtete der erfahrene Stecher, wie ruhig sie ihre Linien in die Wachsschicht zog, mit welcher Sicherheit sie Formen aneinanderfügte, bis der Bildgrund gefüllt war.

»Hast du das selber erfunden, Sibylla?« fragte er. »Sieht aus wie ein Pflaumenzweig.«

»Nein, Herr Vater«, Sibylla antwortete wie im Traum, noch ganz in ihrer Vorstellung gefangen, »so einen hab ich erst heute morgen im Garten entdeckt, weiß von Blüten.«

»Du solltest aber doch das natürliche Modell vor dir haben«, meinte Morell freundlich, »daß du die Ansätze der Knospen recht vor Augen siehst.«

Sibylla sprang auf. »Ich werde ihn wohl noch finden«, rief sie, schon im Hinausgehen.

Die Gesellen lachten leise. Sie hörte es noch und kehrte um. Mit einem ernsten Blick überschaute sie die Burschen; sofort verstummte das Gekicher.

Sibylla hatte sich anfangs heftig gegen die Neckereien der jungen Leute gewehrt, jetzt gelang es ihr ohne Worte, sich durchzusetzen. Morell wunderte sich über ihren unermüdlichen Eifer. Er hielt ihre Zähigkeit für ein Erbe des ersten Merian, für die schwere Gründlichkeit seines alten Schweizer Geschlechts; der weitgereiste, zielstrebige Mann hatte viel gesehen und über vieles nachgedacht. In seinen späteren Jahren waren oft grüblerische Gespräche über die letzten Dinge im Haus geführt worden, und Morell, der damals schon seines Kunsthandels wegen im Verlag verkehrte, hatte aufmerksam daran teilgenommen; er dankte dem verstorbenen Meister manche Kenntnis der Sucher und Deuter, er hatte durch ihn von Valentin Andreä gehört, dessen berühmte »Chymische Hochzeit« im Haus de Bry, aus dem die erste Frau Merians stammte, gedruckt und verlegt worden war. Auch die eigenwilligen Visionen des Valentin Weigel hatte Merian illustriert, er kannte die Lehre der alten Rosenkreuzer und die Erbauungswerke des Labadie. Von solchen Dingen sprach Morell freilich selten, er bedachte sie für sich und hätte sie gern auch Sibylla erklärt, aber das wagte er nicht. Tiefsinniges Spekulieren sollte dem Mädchen nicht den hellen Blick verdunkeln, sie war ohnehin fast zu gehalten und schweigsam für ihr Alter – und seine Frau Johanna hatte für derlei keinen Sinn; sie hielt sich an die öffentlichen Lehren der reformierten Kirche, ohne viel zu grübeln.

Sibylla kam mit dem Blütenzweig zurück; etwas Frisches strömte mit ihr aus dem Hausgarten herein, ein leiser Duft: sie legte einen Veilchenstrauß auf Morells Tisch. Er dankte mit einem herzlichen Wort, dann zeigte er wieder auf ihr Blatt. »Du könntest an dem Zweig eine Raupe kriechen lassen – es gibt fein gezeichnete, die dein Bild zieren würden.«

Der junge Graff mischte sich ein. »Das malen jetzt die Holländer oft; lebendiges Getier auf den Ölbildern, auch Schneckenhäuser und Muscheln hab ich schon gesehen; das hat mir wohl gefallen ...«

Sibylla überlegte. »So etwas auf einem Stich könnte schön aussehen«, sagte sie nachdenklich.

»Vielleicht macht's dir Freude, meine Raritäten einmal zu betrachten, Kind?« meinte Morell, »Ammonshörner und präparierte Käfer ...?«

Nicht lange nach diesem Gespräch schenkte Morell seiner Stieftochter einen Kasten mit Versteinerungen, die er für sie gesammelt hatte; er wies sie auf die Falter hin, die jetzt gaukelnd durch den Garten schwebten, und suchte mit ihr die Raupen und ihre Futterpflanzen. Aber auf ihre Fragen nach dem Ursprung und Leben der Falter wußte er keine Antwort.

Doch gerade darüber sann Sibylla oft nach. Sie fing an zu sammeln und zu züchten, sah eindringlich forschend den Raupen zu, die sie auf Morells Rat pflegte und versorgte. Sie brachte die Behälter an einer warmen Stelle auf dem Dachboden unter, wo keine Zugluft hinkam. Morell half ihr dabei, und so jung sie noch war, so empfand sie doch, wie behutsam und beinahe frauenhaft seine Bewegungen waren, wenn er sich der Insekten annahm; wie er selber litt, wenn er einen Falter tötete, ehe er ihn ausspannte, wie er sich um Pflanze und Tier bemühte – und auch sie selbst fühlte sich geborgen in seiner Nähe.

Die Mutter Johanna lebte in ständiger Hast, in einer unerklärlichen Sorge; sie glaubte sich ausgeschlossen von dem Kreis, der Sibylla, Morell, Mignon und manchmal jetzt auch den jungen Graff umfaßte, einen Zirkel des Musischen, des geistigen Durchdringens der Welt; schon im elterlichen Druckerhaus Heiny war ihr in solcher Luft nicht wohl gewesen. Sie betonte mit vielen Gesten und Klagen ihre Opfer und ihre Übermüdung und verbreitete um sich eine Stimmung von lähmender Unzufriedenheit, die Sibylla nur tiefer in ihre eigene Art hineintrieb.

Sonntags saß sie wieder vor ihren Gläsern – der Kirchgang war vorüber, feierlich leer lag die Werkstatt. Die Morgensonne schien täglich wärmer durchs Fenster herein. Der Maiwind schwang weiße Wolken wie Tücher über den Himmel. Das Mädchen zog vorsichtig ein großes Glas mit den ältesten Kokons heran. Sie sah gleich, daß eine der braunen Puppen zitterte; ein Spalt öffnete sich wie ein Schattenstrich an der Spitze, riß weiter, während die Puppe am Zweig pendelte; dann schob sich etwas Tastendes vor, hielt still, regte sich wieder. Die Hülle brach auf, das bebende unkenntliche Wesen drängte heraus, blindlings dem Hellen entgegen.

Sibylla sah atemlos zu, sie spürte Tränen in den Augen. Da fiel der Mantel verworfen abseits, nur das hilflose Neue bewegte sich, kroch mühsam weiter, hob angewinkelte haarfeine Füße, faltete die gerollten Fühler auf wie schwarze Fäden, dann lockerten sich die kurzen Flügel. Kaum der Enge entronnen, breitete sich das strahlende Farbenspiel aus, ein samtschimmerndes, rot gezeichnetes Paar Schwingen. Jetzt schlugen die kaum geborenen Flügel wie Augenwimpern auf und zu, ihre Kanäle füllten sich mit Luft, ein Flattern, Taumeln – Sibylla schrie leise auf, als der Falter ans Glas stieß. Sie öffnete die Scheiben und setzte den Behälter auf den Sims, lüftete vorsichtig den Deckel und sah, selber erlöst, wie sich der flügelnde Bote hinausschwang in die strahlende Wärme.

»Ihr Wesen!« summte sie wie ein Lied mit geschlossenen Lippen. Ihr frohen Farbwesen, dachte sie, ihr Geflügelten!

Sibylla wurde ganz still. Es war, als hörte sie jemand sagen: Es ist alles angelegt wie in einem Plan, vorgebildet, eingebettet. Überall streben die Geschöpfe zur Gestalt, alles hat seine Art und sein Wesen. In der Knolle liegt die Pflanze wie ein Mosaik, winzig gepreßt, vorgeprägt, in der Puppe das Faltertier, der Lichtvogel, und vollendet sich ohne eigenes Zutun, aus einem Gesetz. Als sich die Raupe bildete, wußte etwas in ihr schon von den Schwingen.

Sibylla schaute noch immer auf den Glasrand, von dem der Falter abgeflogen war. Ich hätte ihn halten müssen, dachte sie, daß ich mehr erfahren hätte – es fehlt mir noch etwas zum Kreis. Wie die Raupen entstehen, muß ich noch wissen. Überlegend betrachtete sie den zweiten Kokon, aber der schlief tief im Reglosen, ohne Lebendigkeit …

Im Garten flogen jetzt die rostroten Füchslein, die gelben Zitronenfalter, die blaugesternten Pfauenaugen; einmal verirrte sich ein schöngeschwungener Schwalbenschwanz in die Fliederhecken, so groß und wunderbar farbig, wie ihn Sibylla noch nie gesehen hatte. An einem klarsichtig reinen Sommermorgen kreisten zwei gelbe Schmetterlinge wie große flatternde Ginsterblüten wirbelnd vor der Helligkeit des Himmels, bis sie sich auf dem grünglänzenden Geißblatt vereinigten.

Sibylla bewahrte in sich das Bild, ein zartes und keusches Bild, das ihr gab, was sonst Mütter jungen Töchtern geben. Aber sie war nicht nur ein junges Mädchen wie andere; sie war aufgerufen und gefordert, etwas Unerforschtes zu ergründen und weiterzureichen. In jenen Tagen spielte Sibylla mit den ausgefallensten Gedanken: sie überlegte sich, ohne jemand davon zu sprechen, ob man sie auf einer hohen Schule annehmen und unterrichten würde? Die Vorstellung war so kühn, daß sie ihr fast den Atem hemmte; Sibylla wußte von den Schwierigkeiten und Hindernissen, die einem jungen Mädchen bereitet wurden, aber sie spielte auch nur zögernd mit diesem Gedanken, denn ein anderes, gleich verlockendes Ziel stand daneben, und nur eins würde sie erreichen können. Sie dachte an die Tulpenfarben in der Dämmerung und Ruitmers Rat: Sie mußte Malerin werden ...

An einem kalten Maiabend kam Matthäus Merian, Sibyllas ältester Stiefbruder, von einer seiner diplomatischen Reisen heim. Er war ein kräftig gebauter, eleganter Mann von dreiundvierzig Jahren, mit einem breiten Gesicht, dem die modische Perücke etwas Löwenhaftes gab. Er führte ein großes Haus in der Frankfurter Galgengasse. Schon der Treppentrakt war fürstlich ausgestattet, breite gestickte Bordüren hingen über dem geschnitzten Geländer der Galerie; gewaltige Gemälde in schweren Rahmen, meist eigene Werke, flankierten den Aufgang zu den Zimmern.

Merian hatte seine Ankunft von der letzten Poststation aus gemeldet. Der zurückreitende Bote begegnete der Karosse des Malers an der Stadtgrenze. Mit vier Schimmeln in roten Schabracken rasselte der Wagen übers Frankfurter Pflaster. Matthäus hörte schon beim Aussteigen den Jubel der Kinder im Haus, die ihn erkannt hatten. Seine Frau, die

Tochter eines holländischen Kaufmanns, kam ihm in der Halle entgegen. Er sah mit Wohlgefallen, daß sich ihre volle helle Gestalt von dem dunkelroten Teppich abhob wie ein Bildnis von seinem farbsatten Hintergrund. Vor und neben ihr sprangen und torkelten seine vier Kinder über die Stufen und hängten sich ihm an den Rock, noch ehe er Antonia Maria umarmt hatte.

Die Tafel war schon gedeckt, Wein und kaltes Geflügel aufgetragen, und Matthäus streckte wohlig die Beine unter den häuslichen Tisch, nachdem ihm der Diener die schweren Reisestiefel ausgezogen hatte. Mit selbstgefälliger Ausführlichkeit erzählte er dann von seinen Verhandlungen und Vermittlungen im Kreise der großen Herren, soviel ihm erlaubt war, und von der Gunst des Kurfürsten von Brandenburg, der sich von ihm porträtieren lassen wollte, von den absurden Passionen seiner Höflinge, denen das Züchten edler Pferde und das Brennen delikater »Liqueurs« wichtiger war als die strategischen und diplomatischen Gedanken ihres Herrn.

»Morgen will ich dann in die Werkstatt gehen«, sagte Merian zu Antonia Maria, als die Kinder zu Bett gebracht waren. »Ich werde mir die Rechnungsbücher vorlegen lassen und hören, was sie indessen gemacht haben. Morell ist ein ordentlicher Stellvertreter, aber zu weich, er treibt die Jüngeren nicht scharf genug an. Das liefe anders bei mir!«

»Du hast ja keine Lust gehabt, hierzusitzen und die alten Kupfer auf neu zu polieren, Matthäus«, sagte die Frau, »mir wär's wohl recht, wenn du da wärst.«

Merian lachte.

»Das glaub ich, einen Hausgockel magst du – bin aber *doch* ein guter Eheherr und getreuer Vater ... Nein, das ist nicht meine Art, immer im alten Frankfurt stillzusitzen; ich hab die Stecherei ungern genug übernommen nach des Vaters Tod, mußte aber sein. Am Hof zu Brandenburg weht ein anderer Wind! ›Merian, die Kommission führet nach

Schweden‹ – ›Merian, den Wrangell konterfeiet mir gut …‹«
Er trank und Antonia schenkte ihm wieder ein.

»Den Orden hast du noch nicht gesehen, Frau«, rief er, sich unterbrechend, und zog ein Etui aus der Rocktasche.

Antonia öffnete den Haken und ließ den Stern im Kerzenlicht blitzen. »Brillanten, Mann!«

»Ja, Brillanten – ein Hausorden. Muß aber auch verdient sein!«

»Du wirst noch ein zweiter Velasquez«, sagte sie bewundernd.

Anderntags besuchte Matthäus die Werkstatt in der Domgasse. Sibylla flog ihm vergnügt entgegen und führte ihn vor ihren Arbeitstisch.

Merian strich die schwer gelockten Haare aus der Stirn. »Sieh einmal einer an!« Er hob ihren letzten Stich näher an seine kurzsichtigen Augen. »Ein sicherer Strich, Sinn für Gestalt – ausgewogen wie bei einem reifen Maler. Das hat also das Schwesterchen gemacht? Hätte keiner gedacht, wie sie so rund und patschhändig durchs Haus gewackelt ist, damals, als ich sie gemalt habe! Da hat sie sogar noch ein bißchen schiefe Augen gehabt; das Weiße war größer als das Graue, mein ich, hab freilich das Werk lang nicht mehr gesehen – und dich selber wenig genug in den letzten Jahren, Sibylla.«

»Du hast mich gemalt?« fragte sie überrascht.

»Dich und uns alle – das Bild muß noch da sein, wenn's die Frau Johanna nicht hat fortschaffen lassen.«

Die Tür knarrte, Johanna kam herein; sie hatte die letzten Worte gehört. Morell stand hinter ihr im Türrahmen, er winkte freundlich.

»Matthäus«, rief sie, »zu mir bemüht sich der große Gast erst gar nicht, die Frau Stiefmutter ist's ihm nicht wert …« Ein gekränkter Blick traf den Besucher.

Auf seiner Stirn erschien eine steile Falte. Aber dann

nahm er doch ihre Hand, reichte Morell seine Linke und zog beide mit hallendem Lachen heran.

Hinter ihnen streckte der junge Kandidat Schnellerath den Kopf herein. »Verzeiht, Meister Merian«, sagte er schüchtern, »aber die zwei jungen Herren waren nicht abzuhalten; sie wollten mit dem Herrn Vater die Sippschaft besuchen.«

Die Söhne des Matthäus, elf- und neunjährig, zwängten sich neben dem Hauslehrer durch den Eingang. Merian rief sie zu sich und umfaßte sie mit ausladender Gebärde. Sie schmiegten sich an ihn und dehnten die Hälse nach Johanna und Morell, die sie selten sahen. Matthäus entließ sie mit einem schwungvollen Stoß, damit sie die Hausfrau begrüßen sollten. Johanna dankte steif. Morell schob dem Lehrer einen Stuhl hin.

»Bietet auch der Tante Sibylla einen guten Tag«, rief Merian amüsiert, »sie ist noch ganz verwirrt, weil ich ihr erzählt habe, sie sei mir einmal Modell gesessen.«

Sibylla drückte die festen Knabenhände.

»Ja, Ihr kommt gerade recht, Meister, und Ihr, Frau Mutter«, redete er weiter. »Das Schwesterchen hat's kaum glauben wollen, daß ich sie einmal konterfeit habe, mit uns allen, den Toten und den Lebenden. Habt Ihr das Bildnis noch, Frau Mutter?«

Johanna errötete leicht; sie habe das große Stück nirgends hinhängen können in den engen Mauern des alten Hauses, da habe sie es auf den Dachboden tragen lassen, mit andern Bildern des Vaters Merian, die sie »in Ehren« halte – aber man könne es ja herbeiholen.

Morell sah Merians verärgerte Miene und sagte verbindlich: »Das Werk wäre doch ein wohlgeeignetes Objekt, um den jüngsten Namenserben ihren Stamm vor Augen zu halten, zumal es ihr Vater gemalt hat. Es gehört in die Galgengasse.«

»Da könnt Ihr recht haben, Vater Morell«, meinte Matthäus gutgelaunt, »wir danken Euch und der Frau Johanna herzlich.«

Er nahm Sibyllas Arm und führte mit ihr den kleinen Zug an, der sich aus der Werkstatt die Treppe hinaufbewegte; sogar die zwei Gesellen gingen mit. Aber auf dem Absatz vor der Morellschen Wohnung hielt Johanna an. Sie lud Matthäus mit den Knaben und dem Kandidaten zu einem Imbiß und scheuchte die Magd in die Dachkammer, damit sie das große Bild reinige und ins Licht rücke. Als die Gesellen unschlüssig vor den Wohnräumen stehenblieben, wies sie stumm die Stufen hinauf; die beiden stiegen zögernd weiter.

Während die Merianschen drinnen unter der getäfelten Decke am breiten Tisch saßen und Frau Johanna Weinkannen und Brotkörbe herbeitrug, schütterte die Treppe unter den Tritten der schwer beladenen Gesellen. Die Magd stieß die Tür auf, und die beiden schwankten mit der gewichtigen Tafel herein.

»Wir haben das Werk gleich heruntergebracht«, sagte der Ältere zu Johanna, »es wird sich hier unten besser besichtigen lassen als droben in der Düsternis.«

Johanna dankte mit einem halben Lächeln für die Mühe; die Gesellen verneigten sich und gingen.

Merian zeigte auf die Gestalten, die von der Leinwand herabsahen. »Ihr kennt euch da nicht aus«, sagte er zu seinen Söhnen; er wandte sich an Schnellerath. »Seht her: das ist mein Vater, der große Kupferstecher und Maler Matthäus Merian – und das hier ist seine erste Frau, meine Mutter; sie starb ihm weg, fünf Jahre vor seinem Ende, und dann hat er ein Jahr darauf wieder geheiratet, die Meisterin Johanna. Und wieder ein Jahr nach seinem Tod – ihr Kind, die Sibylla, war damals vier Jahre alt – hat die zweite Frau Merianin den Meister Morell genommen«, er nickte dem Stiefvater zu, »der auch schon Witwer war.«

Der Kandidat trat an das Bild heran. »Ihr habt Eurem

Herrn Vater einen Totenschädel beigegeben, und er macht eine Bewegung, als wollte er sagen: Das ist mein Los.«

»Ja«, sagte Merian der Jüngere, »er wendet sich zu mir, und ich fasse erschrocken an mein Herz – so war's gemeint ... Er war ja noch nicht lange gestorben, als ich ihn nach Stichen und Skizzen und aus der Erinnerung im Bild wieder lebendig gemacht habe.«

»Ich habe deinen Vater wohl gekannt, den Grübler und Weltenfahrer, mit seinem kräftigen Schweizer Witz«, meinte Morell.

»Das da ist Caspar«, fuhr Merian fort, »er greift mit dem Vater zugleich nach dem Riß, und Caspar sieht die Mutter an; dazwischen Joachim, der Medikus, den ihr noch nie gesehen habt; den trieb es im Norden herum, er war ein großer Reisender; unterwegs ist er auch gestorben. Magdalena steht im Schatten; darüber haben sich manche verwundert, aber sie hat sich damals nicht gern malen lassen wollen – und jetzt ist sie auch tot.« Er deutete auf eine dunkle kleine Gestalt am Rand des Bildes, mit trotzigem Ausdruck und ohne Beziehung zu den andern.

»Und die Dicke, das bin ich«, rief Sibylla dazwischen. »Aber *wie* du mich gemalt hast, Matthäus! Deswegen solltest du ...«, sie verstummte, und in ihrem Gesicht kämpften Ärger und Lachlust miteinander. »Ich schiele ja ganz weidlich«, murrte sie halblaut, »und das riesige Ding, der alte Griechengott da in meiner Hand ...«

Der Maler hatte die Dreijährige mit ernstem Ausdruck weit hinausschauen lassen und ihren Augenfehler, der sich unterdessen verwachsen hatte, zu einem kindlichen Seherblick gesteigert; in ihren runden Ärmchen schleppte sie eine unhandliche Zeusmaske mühselig heran. Es sah komisch und rührend zugleich aus.

»War's wenigstens aus Gips?« fragte Sibylla. »Und hab ich's nicht fallen lassen damals?«

Merian lächelte.

»Das wär noch das wenigste gewesen, was ich aus der Phantasie hätte ergänzen müssen«, sagte er leiser, »die Eltern waren ja beide tot.«

Morell sah in das drollige, zielgewisse Gesichtchen über dem bärtigen Götterhaupt und dann in Sibyllas lebhaft glühende Züge. »Du hast sie gut erfaßt in ihrem Wesen«, sagte er zu Matthäus, »sie alle, und die Kleinste besonders.«

Johanna sagte nichts, sie war auch da ausgeschlossen. Aber Sibylla verlor den feierlichen Ernst, der sie beim Gedanken an den toten Vater bewegt hatte.

»Du hättest mir lieber ein Pfauenauge oder einen Schwalbenschwanz auf den Finger setzen sollen, so ein Sommervögelein. Die hab ich gern, sind doch lebendige Geschöpfe!«

»Sommervögelein?« fragte Matthäus verwundert.

»Ja«, sagte Sibylla, »ich habe sie Sommervögelein geheißen, weil sie in der Sonne und im blauen warmen Tag fliegen; und ihre Geschwister, die sich des Nachts plump und pelzig an die Wände kleben und zum Hellen hinsummen, die nenne ich Mottenvögelein, weil sie den grauen Motten so ähnlich sind.«

Plötzlich überwältigte sie ihre Freude; sie rief übermütig: »Ich hab sie benannt, und mir gehören sie. Wenn ich allein bin, ruf ich sie: Komm, Sommervöglein, und bring auch das Mottenvöglein mit! Ich mag euch alle beide.«

Matthäus streckte ihr die breite Hand hin. »Ich male dich noch einmal«, versicherte er tröstlich, »mitten in einem Wirbel von lauter buntem Luftgetier.«

Sibylla lachte mit silbernem Ton; auch Morell lächelte und Johanna nickte freundlicher. Matthäus winkte seinen Kindern und dem Kandidaten. Am nächsten Tag sollte das Riesenbild in die Galgengasse geschafft werden.

Während die andern lärmend aufbrachen, schob sich Sibylla lautlos durch die Tür. Ich muß jetzt allein sein, hämmerte es in ihrem Hirn, ich muß nachdenken, übersehen. Sie kletterte zur Kammer unter dem Kamin hinauf, wo ihre

Falterkästen standen. Noch auf der Treppe wiederholte sie sich, was Matthäus gesagt hatte: die Zeichnung sei gut, der Strich, die Anlage, die Auffassung – er hat mich gelobt, dachte sie; er hat den Vater Morell ausgefragt, wie ich mich anließe, er glaubt – ja, er glaubt, ich könnte das Malen richtig betreiben!

Verwirrt saß sie vor ihren Raupengläsern. Da fiel ihr ein Gelege kleiner schwarzer Eier auf, die unter einem Brennnesselblatt klebten. Eier? Sonderbar, dachte das Mädchen, daß mir gleich dieses Wort eingefallen ist! Die winzigen Klümpchen, die vorher nicht da waren – irgendein Schmutzfleck könnte es sein, Abfall, Auswurf. Sie mochte das klebrige Zeug nicht anfassen, doch sie ließ das welkende Blatt im Glas. Eine Neugier, ein unbeirrbarer Drang nach Klärung, zwang sie, auf die unscheinbaren Geniste zu achten. Aber erst nach zehn Tagen, als sie die Geduld schon fast verloren hatte, regte sich's auf der vertrockneten Nessel. Bald danach wimmelte die Brut hellgrün auf der Futterpflanze herum; nach ein paar Tagen erkannte Sibylla die Fraßlöcher in den Brennesseln. Die kleinen Raupen wuchsen, immer mehr verzehrten sie, immer robuster wehrten sie sich um ihr Dasein.

Jetzt erst zeigte Sibylla dem Stiefvater, was geschehen war. Morell staunte; in einem verschlossenen Glas, wo kein anderes Getier eindringen konnte zu Sibyllas Faltern, waren aus Eiern Raupen geworden!

Sibylla sprach es aus mit einem andächtigen Schauder: »Es ist *ein* Ring, Vater: Falter, aus denen die kleinen Eier kommen, Raupen aus dem Gelege, die sich verpuppen zu ›Dattelkernen‹, reglos versponnen, wie tot – und dann aus ihnen die Falter ... So dreht sich das Rad, es kann nicht aufhören.«

Morell stützte den grauen Kopf in die Hand. »Aus dem Verborgenen das Offenbare ...«, sagte er vor sich hin, »aus dem verweslichen Leib – schon für die Alten war der Falter

das Bild der Seele; aber *das* habe ich nicht gewußt, Sibylla.«
Er deutete auf das Glas.

»Vielleicht hat's noch niemand gewußt bis heute«, sagte Sibylla scheu, »in Euren Büchern steht es ganz anders: Aus Erfäulung, aus dem Urschlamm, entstünden Käfer und Kerfen und Falter, heißt es da ...« Sie fing plötzlich an zu lachen, erlöst und glücklich, wie Morell sie kaum einmal hatte lachen hören.

Wenn sie ein gelehrter Mann wäre, dachte Jakob Morell, könnte ich's verstehen, aber ein Weib, ein ganz junges Ding ... Du hast ihr da eine schwere Fracht mitgegeben, Matthäus Merian, und mir eine große Verantwortung.

Was das kindliche Mädchen wirklich umtrieb, wußte auch Morell nicht. Das gelöste Raupenrätsel hielt sie fest mit immer neuem Fragen und Drängen, und das Lob des Matthäus feuerte sie an, mit der magischen Lockung der Kunst, mit der Kraft der Erfindung, mit dem werbenden Ruf der Phantasie: hier der Drang und Trieb zur strengen, kühlen, unerbittlichen Forschung, zur Erkenntnis – und dort das andere, dem sie schon einmal, wie gefällt und getroffen, fast willenlos erlegen war. Es ging wie ein Riß durch ihr Wesen. Sie setzte sich, uneins mit sich selber, vor ihre Zucht, und während sie die glanzfarbigen Luftsegler abzeichnete, klärte sich's in ihr wie an einem hellen freigewehten Himmel: Beides bin ich, beides muß ich tun – die Kunst *und* die Wissenschaft! Und ich habe für beides die Kraft.

Ihr neues Wissen ließ Sibylla nicht zur Ruhe kommen; sie schrieb in unbeholfenen Wendungen auf, was sie entdeckt hatte, sie skizzierte die Raupen, Puppen, Falter und Gelege samt ihren Wirtsblumen mit genauen Strichen und sammelte immer mehr Erfahrung in der Pflege ihres Getiers. Die Mutter hatte freilich wenig Freude an diesem neuen Spielwerk, wie sie es nannte; sie sah nur die haarigen Ringelraupen und garstigen Würmer, hieß die trockenen Larven widerliches Gezücht und wollte die Falter nicht sehen, die daraus hervorgingen. Ihre Sorge um die Tochter, die so ungewöhnliche Wege fand, kam nie zur Ruhe. Den gewiesenen Pfad zu einer günstigen Heirat schien sie sich selbst zu verbauen, und im Haus half sie noch weniger als früher, seit sie neben der Werkstattarbeit Raupen züchtete.

Aber Sibylla trat sicher und gelassen auf die neu erreichte Stufe ihrer Bahn. Ihr Gesicht wurde weicher und rosiger, ihre Augen trugen einen neuen schönen Glanz; es war, als gönnte sie sich ein Atemholen. Manchmal wanderte sie sogar mit einer Freundin über die Wiesen und durch die Felder vor der Stadt, die schon Korn trugen.

Agathe, die Vertraute dieser seltenen Unternehmungen, war ein großes dunkles Mädchen aus einem Magisterhaus. Sie war dem Kandidaten Johannes Schnellerath versprochen. Sibylla war zuweilen Gast in Agathes Elternhaus oder sie begleitete die Verlobten zu einem geselligen Mahl, bei dem der Kandidat seiner Braut »aufwartete«, sie bediente und ihr einschenkte, wie es Sitte war.

Johanna duldete diesen Umgang nicht ohne Grund – als einen vorsichtigen Hinweis und Ansporn; und da der junge Graff, der sich gern in Sibyllas Nähe hielt, im Spätherbst den Meister fragte, ob er die Jungfer zu einer Redoute ins Stadthaus begleiten dürfe, nickte sie ihrem Gatten bedeutungsvoll zu. Morell waren solche Veranstaltungen zuwider. Er hielt das öffentliche Speisen und Reigenschlingen für eine unnötige und versucherische Sache. Aber er gab nach, als auch Sibylla ihn bat.

Die Lustbarkeit blieb in strengen Grenzen. Man saß an langen Tafeln, ältere Leute nicht weit von dem großen Ofen, der so gut geheizt worden war, daß er fast glühte, die Jungen auf den Fensterbänken. Man trank mäßig und schwatzte. In einem Nebensaal wurde getanzt; in zwei Reihen schritt man sich ganz gemessen entgegen und voneinander weg. Sibylla gefiel diese ruhige Bewegung. Sie neigte sich dahin und dorthin, reichte einem Partner die Hand und ließ ihn wieder los, feierlich, fast zu würdig. Die Streicher gaben den Takt an, eine stark rhythmische plumpe Gavotte. Man tanzte die Figuren mit Bedacht, die Männer, mit schräggestellten Beinen, zogen beim Verneigen den Hut. Sibylla freute sich an den Farben der Kleider; viel Scharlach war da, Ockergelb, gedämpftes Grün.

Graff bot ihr eben die Hand zu einer gemächlichen Drehung, da hielt sie an und flüsterte: »Da fliegt ein Vogel, Andreas.«

Er entdeckte in der Richtung ihres Fingers einen Gimpel mit roter Brust, der unruhig über den Köpfen herumwirbelte.

»Warum läßt man ihn nicht hinaus?« fragte sie.

Graff lachte. »Seht Ihr nicht, Sibylla, daß er blind ist?«

»Blind?« Sie starrte entsetzt auf das Tierchen, das einer der Tänzer an einer dünnen Schnur hielt.

»Es ist das Neueste aus Paris«, erklärte Graff gespreizt, »man fängt sie mit Leimruten, dann werden sie geblendet. Die Franzosen haben eine Mode daraus gemacht; man kauft sie teuer und läßt sie zum Spaß zappeln.«

Sibylla verließ die Reihe. Graff ging ihr verwundert nach. »Was habt Ihr?« fragte er mürrisch.

Sie drängte dem Ausgang zu und streifte die Freundin mit einem großen Blick. Agathe folgte ihr rasch. Graff blieb zurück; er zuckte die Schultern und lachte krampfhaft. »Es sieht aus, als hätten die Jungfern sich an dem Geflatter erschreckt«, sagte er zu Schnellerath, der eben hinter seiner Braut den Saal verließ.

Der Kandidat holte die Mädchen am Tor ein. Sibylla machte böse Augen. »So einen hilflosen weichen Vogel einfangen und blind anbinden – es ist widerlich, kaum zu sagen!«

Agathe streichelte die Aufgeregte. »Du nimmst alles so schwer«, sagte sie besorgt, »man muß das Freundliche sehen und das andere am Weg lassen – so mach ich's und bin immer am leichtesten damit durchgekommen.«

Schnellerath stimmte ihr zu. Man brauche es nur genau zu nehmen mit dem, was verlangt und üblich sei, und niemals etwas Auffallendes tun, meinte er in seinem trockenen Ton. Für die heftigen Affekte gebe es Fürsten und Feldherren und derlei Heroen; man könne sich ja nicht gegen alles Ungute einsetzen und wehren, das laufe auch so einmal aus und sei abgetan.

Aber Sibylla war die Lust am Tanzen vergangen. »Das Wehrlose soll man schützen und pflegen«, sagte sie zornig, »und nicht quälen.«

Agathe sah sich nach Graff um; da kam er mit wiegenden Schritten heran und zog den Hut.

»Jungfer Sibylla«, sagte er einschmeichelnd, »vergeßt den Vogel und tanzt weiter!«

»Bringt mich heim, Graff, und laßt den anderen die rohen Kapriolen. Wenn Ihr das gutheißt, tut es mir weh.«

Auch Agathe und der Kandidat schlossen sich den beiden an. Es sei ihm leid, sagte Graff beim Abschied zu Sibylla, und sie möchte doch verzeihen. Männer seien eben einmal derbe Kerle und spürten nicht, was derlei Geschöpfe empfänden – doch wolle er sich gern in so ein Tier hineindenken, wenn es ihr nur gefalle ...

Weihnachten war still vorübergegangen; der Januar war so eisig, daß Sibylla sich meist still im Hause hielt.

An einem kalten Februarabend saß Morell, wie man es von ihm gewohnt war, ruhig und ein wenig blaß in einer Ecke der Werkstatt.

Das schwache Winterlicht fiel auf seine Skizze. Durch das undichte Fenster blies der Wind in den überheizten Raum; zwischen Frösteln und Hitze schauderte der kränkliche Mann. Die Gesellen schabten und strichelten auf ihren Platten. Morell sah einen Augenblick untätig durch das beschlagene Glas hinaus, die verbrauchte Luft ermüdete ihn, es roch nach Farbe und Ätzmitteln, nach feuchtem Schuhleder, nach den Kleidern der Männer, nach Bratäpfeln und Wachs.

Der ältere Geselle warf einen mißmutigen Blick auf Graffs leeren Platz und legte den Stichel hin. »Es wird Nacht, da kann kein Mensch mehr das feine Lineament erkennen. Die Jungfer ist ja nicht da, und wer bringt sonst die Leuchten?«

Morell erhob sich steif und rief nach Johanna. Als sie nicht antwortete, ging er zögernd hinaus, suchte in der Küche nach Unschlitt und Zündschwämmen und brachte die beiden Lampen. Er machte den Blaker fest, das spiegelnde Metallschild hinter der Kerze, die Caspar Merian zustand; der saß, die Hand vor den Augen, wartend an seinem Werktisch. Seine Lider waren entzündet.

Inzwischen sauste ein geräumiger Pferdeschlitten den Main entlang. Am Bug bäumte sich ein bärtiger Neptun aus lackiertem Holz; hinter ihm saßen Sibylla und Agathe mit Graff und dem Kandidaten.

Andreas hatte Sibylla ganz bescheiden gefragt, ob sie nicht zu einem Mummenschanz kommen wolle? Auf dem gefrorenen Fluß sei der Karneval im Gang, die Maskierten liefen Schlittschuh, und die verkleideten Damen ließen sich in hohen Schlitten herumschieben. Die Kinder trieben ihre Kreisel übers Eis und ein Wirt sei mit Fässern an der Böschung aufgefahren, sogar Musik werde gemacht – er habe sich den Spaß einmal angesehen.

Aber Sibylla lehnte ab. Ob sie nicht wenigstens eine Schlittenpartie mitmache? hatte er dann gefragt. Auch das Brautpaar wolle er dazu einladen; dann könnten sie dem Umtrieb vom Ufer aus zuschauen und doch unter sich sein. Er bat so bekümmert und treuherzig, daß sie nachgab.

Die Fahrt führte am Wasserrand hin über eine Brücke und wieder an den Main. Es dämmerte schon, Flocken fielen wie ein weicher vergänglicher Schleier aus dem bleigrauen Himmel. Drunten packten Trompeter und Pfeifer die Instrumente zusammen.

Agathe wäre gern mitten im Menschengewühl gewesen, und sogar den Kandidaten gelüstete es danach; aber Sibylla hatte nur die Schlittenreise machen wollen, und Graff – um sie nicht noch einmal zu verstimmen – bestand darauf.

Begierig sog sie den Schneewind ein; beim Gebimmel der Pferdeschellen trieben ihr die Flocken ins ungeschützte Gesicht, die Haare unter der Kapuze waren weiß bestäubt. Im tiefen Schnee knirschten die Kufen, kristallene Fontänen flogen aufspritzend an beiden Seiten um das Gefährt und deckten die Lampe am Kutschersitz mit hellen Schwaden zu. Sibylla betrachtete flüchtig einen Flockenstern, der ihr auf den Handschuh geweht war; aber ehe sie die schöne Form ganz erfaßt hatte, schwebte er schon wieder im Luftzug davon. Sie war glücklich. Graff sprach wenig und mühte sich, etwas Zartes und Freundliches zu sagen, was sie nicht verletzte – es klang beinahe ängstlich, und Schnellerath zwinkerte Agathe zu. Was die Verliebtheit aus so einem Burschen macht! sagte seine Miene.

Inzwischen war es dunkel geworden; langsamer ging es zurück. Auf der Brücke hatten die Radspuren und Schlittenkerben den Erdboden bloßgelegt. Die keuchenden Pferde dampften. Nicht weit vom Ruitmerschen Garten hielt das Gespann, Sibylla und Graff stiegen aus. Er schüttelte den Schnee von der Pelzdecke und bezahlte den Kutscher.

Das Brautpaar fuhr noch einmal an den Main; Agathe zog es unwiderstehlich zu den Lustigen auf dem Eis.

Graff folgte Sibylla ins Haus. Draußen klingelte der Schlitten wie dünnes Glas, immer ferner ...

Sibylla öffnete die Tür zur Werkstatt; mit ihr kam ein Schwall frischer Luft herein. Sie hatte noch immer ein ungewohntes junges Lachen in den Augen.

»Ich habe mich verspätet«, sagte sie, »Ihr hättet ja die Lichter gebraucht – habt Ihr sie selber geholt, Vater Morell?«

»Ja, diesmal!« Um Morells Mund zuckte es vergnügt. Sein Blick forschte in ihrem erhitzten Gesichtchen.

»Wir sind mit dem Schlitten am Main gewesen«, erklärte sie, »der Graff auch.«

Andreas trat hinter ihr ein.

»Der Graff?« fragte der Meister eben. »Der muß doch an seinem Meisterstück arbeiten – ich hab noch gar nichts davon gesehen.«

Graff tat, als habe er kein Wort verstanden; er hatte sich gleich zwischen die Gesellen gesetzt. Sie sahen ihn schräg an und neckten ihn halblaut mit seinem Ausflug. Sibylla blinzelte ihm zu.

»Er sagt, er sei schon weit damit und es werde eine gute Arbeit«, antwortete sie an seiner Stelle.

Später, als Johanna zum Abendessen rief, nahm Morell den Graff beim Arm. »Du hast dein Meisterstück noch niemand sehen lassen«, sagte er leise, »es ist Zeit, daß du damit fertig wirst.«

Andreas lachte ihn an; blitzend weiße Zähne saßen fest und gesund zwischen seinen breitgezogenen Lippen.

»Sie geben die Rechte nur einem, der ihnen das Malwerk vorweist«, fing Morell wieder an. »Ich hab das meine damals mit dem Matthäus zusammen geliefert, beide Stücke hängen nebeneinander an der Saalwand.«

Graff warf übermütig den Kopf zurück. »Morgen zeig ich's Euch«, sagte er leichthin. Morell schwieg mit einem zweifelnden Blick.

Das Meisterstück

Sibyllas Schuhe klapperten in der frühen Dämmerung über den Gang. Ihre Stimme drang durch die geschlossene Werkstattür. Andreas stieß den Stuhl zurück und warf den strichelnden Gesellen einen flinken Blick zu. Dann ging er hinaus, in der Hand eine fest umwickelte Rolle. Sibylla stieg mit großen Schritten die Treppe hinauf. Graff sah ihr nach.

»Sibylla – Jungfer Sibylla«, flüsterte er nach oben. »Kommt doch bitte herunter!«

Sie zögerte und sah sich um. Andreas schwenkte sein Papier. Sie nahm das Lämpchen, das auf einer Truhe in halber Höhe stand, und kam langsam wieder herab. Beide trafen sich zwischen oben und unten. Er zog das Mädchen mit sanftem Druck neben sich nieder, setzte sich zu ihr und entfaltete seine Rolle. Eine großräumige Landschaft tat sich auf. In schwingenden Strichen waren Himmel und Erde hingeworfen. Drei Bäume, wehende volle Wipfel, hoben sich vom hellen Himmel ab; in der Ecke standen kleine Gestalten, Hüte, Köpfe, halb im Schatten.

Sibylla beugte sich über das Blatt, Graff hielt das Lämpchen; er schwenkte es sachte hin und her und beleuchtete, was sie besonders deutlich sehen sollte, dann sagte er wichtigtuerisch: »Es kommt freilich auf den Korpus des ganzen Bildes an, wie sich die Masse verteilt, wo es heller scheint und wo ich die flachen und die erhabenen Partien wirksam herausgeholt habe.«

Das Mädchen ließ den Stich plötzlich los. Graff hielt das untere Ende fest.

»Greift doch hin, es kommt ja zu nah an die Flamme«, flüsterte er aufgeregt.

»Andreas«, hauchte sie, »sagst du, das sei *deine* Arbeit?«

»*Mein* Kupfer«, versicherte er laut, »mein Meisterstück, die Eingebung einer großen Stunde und die Arbeit von vielen Wochen!«

Sibylla strich über das rauhe Papier. Sie hob eine Bildecke nah vors Gesicht, dann ließ sie die Hände fallen; das Blatt sank auf ihre Knie. Sie sah Andreas an. »Du sagst vor dem Rat auch, daß es dein Einfall sei?«

Graff schwieg einen Augenblick verwirrt. »Warum nicht?« fing er an. »Soll ich mein Licht unter den Scheffel stellen? Sollen sie immer noch glauben, ich sei nur der Junggesell vom frommen Morell, der für den Kavalier Merian junior kopiert? Oder was sonst?« Sein Ton war unsicher geworden, als das Mädchen aufstand und sich den Rock glattstrich.

»Laß mich weg«, sagte sie mit einer fremden Stimme, »damit will ich nichts zu tun haben.«

Das Blatt fiel zu Boden und flatterte weiter. Graff faßte schwerfällig danach und starrte darauf, als Sibylla über ihm schon ihre Kammertür zuschlug. »Es ist gewiß ein guter Abzug«, rief er noch hinter ihr her, aber sie antwortete ihm nicht mehr.

Droben schlich sie, die Schuhe abstreifend, aus ihrem Schlafraum das Holztreppchen zum Dachboden hinauf. Unter dem Gerümpel, den Rahmen, Teppichen und gerollten Bildern, zog sie in der Dunkelheit eine Kerze heraus, die sie dort versteckt hatte. Sie schlug Licht und klebte den Stumpf mit tropfendem Wachs auf eine Kiste. Dann suchte sie: Töpfe voll Pinsel, Malgerät, eine Kleidertruhe ... Sie zitterte so, daß sie immer wieder anhalten mußte. Mit fliegendem Atem sah sie sich um, sie meinte, ein Geräusch auf der

Treppe zu hören – stolperte über einen Hocker und horchte. Alles war still. Sie griff in die Truhe, warf Kleider und Stoffe heraus und holte zuunterst eine rote Mappe mit Stichen hervor. Johanna hatte sie hier oben abgelegt; aber der Vater Merian hatte sie hochgehalten und sorgfältig gehütet, das erzählte Matthäus einmal.

Sibylla öffnete den verschnürten Deckel, blätterte Seite für Seite um und erkannte kaum die Umrisse der Gravüren in dem schwankenden Lichtschein: den alten bärtigen Mann, die Heimkehr des verlorenen Sohnes, Frauengesichter, Landschaften ... Es waren Stiche nach dem kaum mehr genannten Holländer, der vor sieben Jahren, so hieß es, sein Haus und seine Bilder hatte versteigern müssen, weil man seine Malart nicht mehr schätzte in Amsterdam. *»Zehen Stich, so ich nach des großen Meisters Rembrandt Harmensz van Rijn Bildwerken selbst ins Kupfer gebracht«,* hatte der Vater Merian auf dem ersten Blatt vermerkt. Darunter folgte die Aufzeichnung der Titel. Aber Sibylla fand nur neun Tafeln, und sie prüfte genau nach, welche fehlte. »Drei Bäume« hieß es in der Liste. Sie erinnerte sich deutlich der Landschaft mit dem wolkigen Himmel und den verwehten Wipfeln, denn sie hatte das Blatt eben erst wiedergesehen in einer gröberen Nachbildung und mit einer anderen Signatur. »A. Graff« stand unter der Kopie des Merianschen Nachstichs, so als wäre sie ein Original ...

Sibylla räumte alles wieder auf, mit müden Bewegungen, weil ihr die Augen und die Hände weh taten, weil ihr alles weh tat. Das Verzeichnis ihres Vaters nahm sie mit in ihre Kammer und legte es zwischen zwei Faltblätter unter ihr Bett. Sie hatte die Worte »Drei Bäume« mit feinem Kohlestrich angemerkt; daneben schrieb sie: *»Fehlt.«*

In der Nacht schlief sie nicht. Sie warf sich von einer Seite zur anderen und fand keine Ruhe. Wenn ich *einen* vertrauten Menschen hätte! dachte sie verzweifelt; aber der Vater Morell darf nichts ahnen, die Mutter erst recht nicht. Und

Agathe ist verreist – wer weiß, was geschehen ist, wenn sie wiederkommt! Ach, und wenn sie's wüßte, wäre bald auch ihr Kandidat eingeweiht, und ich *darf* den Andreas nicht verraten.

Am Morgen stürmte es draußen, der Wind pfiff mit einem bösen heiseren Ton. Sie stand zeitig auf und huschte im fahlen Frühlicht an Graffs Arbeitsplatz. Unter dem Werktisch war ein Fach, wo er Geräte und Papier aufbewahrte. Dahinein steckte sie die Liste mit dem Kohlestrich.

Sie ging in die Küche wie jeden Morgen, half ihrer Mutter die Milchsuppe herrichten, schnitt Brot und wischte Hocker und Stühle ab. Dann stellte sie sich in den Flur, an das Geländer gelehnt.

Die Gesellen gingen draußen am Fenster vorbei, gebückt im Schneewirbel, und stapften nacheinander durch das niedrige Haustor. Sie trafen sich oft unterwegs, weil sie nicht weit voneinander wohnten. Graff kam als letzter, er lachte Sibylla schon unter dem Eingang zu. Sie hielt ihn an. »Hast du dein Meisterstück schon hergezeigt?« fragte sie hastig.

»Ich? Nein, warum? Es sind doch noch zwei Wochen bis zum Stichtag«, sagte er fahrig und sah zur Seite. »Warum fragt Ihr danach?«

Frau Johanna kam aus der Tür und schaute ungeduldig nach den beiden hinüber. Sibylla drehte den Kopf kaum merklich nach der Werkstatt und ging rasch in die Küche, wo schon die Gesellen mit den Lehrjungen saßen. Auch die Meisterin zog sich eben einen Schemel heran, die Magd setzte sich neben sie, und Morell nahm den Schmalsitz am Kopfende des Tisches ein. Caspar Merian lag krank im Haus des Matthäus.

Nach einer Weile – Morell hatte schon zu Tisch gebetet – fragte Johanna: »Wo ist denn der Graff? Er war doch eben noch da?«

Unter dem Blick ihrer Mutter senkte Sibylla den Kopf. Morell aß eilig seinen Teller leer; ein paarmal sah er Johanna fragend an, ohne daß sie es bemerkte. Dann ging er in die Werkstatt hinüber, solange die Gesellen noch ihre Suppe löffelten. Gleich darauf kam er mit ernstem Gesicht zurück. Am Sitz des Andreas sei eine böse Unordnung und der Bursche sei fort.

Alle sprangen auf, nur Sibylla klammerte sich zitternd an den Stuhl, als erwarte sie ein Urteil. Morell streckte ihr die Hand hin. »Was soll das sein?« fragte er ratlos. Sie erkannte die Fetzen von Graffs Meisterstück, zerknittert und schmutzig.

»Es lag unter seinem Tisch«, sagte Morell, »und er hatte mir's noch nicht einmal gezeigt.«

Sibylla holte tief Luft. Er hat es zerrissen, dachte sie, weil er die Liste gefunden hat. »Das war bloß eine Skizze«, sagte sie und wurde rot dabei. »Die Arbeit selber macht er ganz anders, viel besser.«

Morell untersuchte eine Ecke des zerstörten Bildes. »Das war doch gut, sieh her: Strichführung, Schatten, Lichter ...«

»Es hat ihm nicht genügt«, sagte Sibylla.

Morell zuckte die Achseln.

»Darf ich – darf ich sehen?« fragte sie verlegen und nahm ihm die Überbleibsel aus der Hand.

Vom Gang rief Johanna herein: »Er ist weg, der Bäckerbub hat ihn gesehen.«

Sibylla huschte, als eile es ihr, den Brotjungen einzuholen, mit ihren Schnitzeln davon. In der leeren Küche brannte der Herd, sie schob den Wasserkessel weg und stopfte die zerknüllten Reste ins Feuer. »Der Vater Morell hat den Rembrandt nicht erkannt«, flüsterte sie erleichtert, »und kein anderer hat's sonst vor Augen gehabt!« Sie beobachtete, wie die Glut aus den Fugen schimmerte und zusammensank. Unter dem Topf verflammten Graffs »Drei Bäume«.

Dann besann sie sich. Er ist fortgegangen, dachte sie schuldbewußt, wie ich damals, als ich die Tulpen gestohlen hatte ... Wenn ihn keiner holt, kommt er nie mehr heim.

Und *ich* hab's ihm gezeigt, *ich* hab ihn hineingetrieben! Ohne sich umzudrehen, lief sie hinaus in den Schnee.

Der Wind jagte rosa Gewölk vor sich her, auf den Straßen lag brauner Matsch. Sie hörte die Röcke um ihre Beine knattern, ihre ungeschützten Hände taten weh in der Kälte, durch die dünnsohligen Hausschuhe drang die Feuchtigkeit. Jetzt erst überlegte sie, *wo* sie Graff suchen könnte. Er wohnte bei dem alten Stecher Savede in der Türkengasse. Ob er dort war? Vielleicht konnte Savede ihr raten? Sie ließ die verschneiten Zäune der Hausgärten hinter sich, störte zwei frühe Schwätzerinnen aus ihrem Gespräch auf, ein Hund bellte sie an, während sie um eine Ecke flog.

Hinter ihr sagte eine hustenrauhe Stimme: »Die Jungfer hat wohl das hitzige Fieber?«

»He«, schrie ein alter Mann, »Sie reitet wohl der Ungenannte!«

Sibylla erschrak und hielt einen Augenblick an; dann lief sie weiter.

Vor Savedes Haus blieb sie stehen; er kam heraus, als sie eben am Glockenstrang zog.

»Ich such den Andreas!« stieß sie laut atmend hervor und klammerte sich an den Türpfosten.

Savede, in Schlappschuhen und einem schäbigen Pelz, war ein zerzauster Kauz mit welken Backen. Er deutete ins Haus. »Komm Sie herein, Jüngferchen«, sagte er mit seiner belegten Stimme und schob das Mädchen in den Gang. Es roch nach ungelüfteter Junggesellenstube, als er die Tür zur Kammer aufriß. Unaufgeräumt war das Bett übereinandergeworfen, ein Stuhl lag umgefallen am Boden, die graue Stofftapete hing zerschlissen an der Wand. Sibylla sah alles mit einem Blick, aber nach Graff suchte sie vergeblich. Sie drängte schon wieder hinaus.

Der Stecher zeigte auf Kupferplatten und Druckfarbe. »Gestern mittag hat er da noch Abzüge gemacht«, sagte er bedauernd, »er hat eine geschickte Hand, der Bursche!«

Sibylla erfaßte sofort, was der Mann nicht bemerkt hatte: unter den Skizzenblättern die Ecke eines Stichs – Wolkenstreifen, hingewehte Luftwirbel. Sie machte ein paar Schritte und bückte sich; mit der Hand wischte sie über die gestapelten Papiere und deckte die Radierung auf: drei breite Wipfel, Rembrandts Baumstück, von ihrem Vater kopiert, Graffs Vorbild. Darunter erkannte sie das Stecherzeichen Matthäus Merians. Sie richtete sich auf und rief ungeduldig: »Was hat er hier gemacht, der Graff?«

Und solange Savede brummend faselte und sich nach den verschobenen Bogen bückte, war sie schon mit dem Merianschen Blatt verschwunden. Er schlurfte ihr nach.

»Halt Sie doch, Jungfer«, kreischte er; dann packte er einen Jungen, der eben am Haus vorbeilief, am Ärmel. »Renn hinter ihr her – da, im roten Rock – und sag: Im ›Fasanen‹, sicher im ›Fasanen‹!«

Sibylla hatte das Wort noch gehört, obwohl sie schon ein Stück weit vom Haus entfernt war; sie hielt an und sah dem Kleinen entgegen.

»Morgens schon im ›Fasanen‹?« Sie drehte um und bog in die Altstadtstraßen ein.

Frauen gingen mit großen Körben an ihr vorbei; Männer in Pelzen stapften verdrossen zum Marktplatz. Kinder balgten sich schreiend im Schnee. Sie wich den dicken dampfenden Pferden aus, die eine bunte Kutsche zogen, glitt an der Mauer des Spitals entlang und kam gleich darauf in den kühlen düsteren Torweg der Wirtsstube zum »Fasanen«. Hier war alles still; Sibylla scheute sich, den Schankraum zu betreten, und machte schließlich die Küchentür auf, aus der dämpfiger Bratengeruch drang. Die Wirtin fuhrwerkte am Herd, Schürze und Kopftuch waren unsauber, das fette Gesicht von der Hitze verquollen.

»Was sucht Sie da, Jungfer?« fragte sie ärgerlich.

»Den Graff, den Andreas«, sagte das Mädchen leise. Die Frau legte den Bratspieß weg, kam um den Herd herum und nahm sie am Arm. »Bist du nicht des Merian selig ledige Tochter?« fragte sie freundlicher. »Ja freilich, ich kenn dich. Der Graff? Der ist drüben ...«

Maria Sibylla wandte sich zur Tür um, aber die Wirtin ließ sie nicht los. »Das ist kein Anblick für dich«, sagte sie heftig.

»Was ist ihm passiert? Ist er krank?«

»Ach was, Kind! Was passiert einem Mannsbild, wenn es einen Schnapskrug aussäuft?«

Das Mädchen wurde blaß. »Betrunken, meint Ihr?« Sie schlüpfte an der Frau vorbei und war schon in der Schankstube, als die Wirtin ihr nachkam.

Am Tisch hing eine Gestalt, den Kopf auf den Armen, das Gesicht auf der Holzplatte; vergossener Schnaps roch stärker als die blaffende Kerze, die in den Wintermorgen hineinbrannte. Sie stockte entsetzt, lief zum Tisch und griff aufgeregt in das lange blonde Haar, fühlte die Nässe des scharfen Getränks an ihren Fingern und schreckte zurück.

Graff murrte verschlafen; sie setzte sich neben ihn. Sie zwang sich, ihn mit ihren zitternden Händen aufzurichten und seinen Kopf an die Wand zu lehnen. Er sank sofort wieder seitlich zusammen. Sie rief ihn an, die Wirtsfrau brachte Wasser und Lappen.

Endlich machte er die Augen auf.

»... Maria Sibylla«, murmelte er undeutlich und wurde unter ihrem Blick langsam rot, »nimm's nicht übel – ich hab was getrunken ...«

»Warum denn?« drängte sie.

»Du hast mir – die Liste unter den Werktisch gelegt ...«, sagte er schleppend, als hätte er seit langem darauf gewartet, diesen Satz auszusprechen. »Was soll ich da tun?«

Sibylla spürte, wie eine schmerzliche Klarheit in ihre Gedanken kam: Er wußte, daß sie seinen Betrug durchschaute, mehr noch, daß sie seine Unfähigkeit erkannt hatte. Sein Stolz war getroffen. Und sie war – nur eine Frau.

»Andreas«, sagte sie mit einem beinahe mütterlichen Ton in der Stimme, »du malst etwas viel Besseres als das erste war, und ich weiß gut, wie schön das wird!«

Er sank schon wieder benommen gegen die Wand. Sie sah sich hilfesuchend um.

Die Wirtin rief den Hausknecht. »Einen Wagen, Hans, für den da!« Der Mann schlurfte, mit einem neugierigen Blick auf die zwei jungen Leute, wieder hinaus.

Sibylla schlang den Arm um Graffs Schultern und sprach ihm leise zu.

Er schüttelte seinen wirren Kopf und versuchte sich hochzuziehen, aber er fiel wankend zurück auf die Bank. Sie spannte alle Kräfte an und stützte ihn wie einen Kranken. Die Wirtin sah befremdet zu. Sibylla taumelte; da packte die Frau mit an.

Draußen hielt ein Gefährt; der Fuhrmann stolperte in die Schankstube. Mißtrauisch schaute er auf die sonderbare Gruppe, die ihm da entgegen schwankte. »Einen Kranken fahr ich nicht! Daß mir mein Wagen verseucht wird ...«, schrie er böse und lief zur Tür.

»Der ist nicht kränker als Ihr, Stoffel, wenn Ihr einen Krug Gebranntes im Leib habt«, beschwichtigte ihn die Wirtin.

Der Fuhrmann schnupperte und lachte. Er drängte das Mädchen weg, nahm den Betrunkenen unter den Achseln und schleppte ihn in die Kutsche.

»Bleibt zurück, Jungfer«, tuschelte die Wirtin, »das trägt man Euch nach, wenn Ihr mit so einem im gleichen Fuhrwerk durch die Straßen trabet. Hinterher will kein Hund mehr ein Stück Brot von Euch.«

»Ich kann ihn aber so nicht allein lassen«, sagte das Mädchen und kletterte dem jungen Mann nach in den Fond. Die Wirtin lachte derb hinter ihnen her.

Graff schlief sofort wieder ein. Sein schwerer Kopf lag an Sibyllas Schulter, solange sie mit dem wackligen Gefährt durch die Gassen ratterten. Sibylla wies den Weg zu Savedes Haus.

Endlich hielten sie; das Mädchen holte den Alten. Brummig zog er mit dem Fuhrknecht den Trunkenen vom Sitz; schimpfend brachten ihn die Männer in die Stube und lehnten ihn in einen Sessel.

Savede knurrte das Mädchen an: Was er solle mit einem hirnlosen Säufer? Was man von ihm erwarte?

»Hier wohnt er«, sagte Sibylla. »Er braucht jetzt ein Bett und Ruhe, dann ist er bald wieder nüchtern.«

Schließlich versprach ihr Savede, was sie wollte. Dann erst, als schon ein Trupp Neugieriger vor dem Haus lärmte und fuchtelte, ließ sie sich heimbringen.

Während der Wagen durch die alte Domgasse rumpelte, standen Morell und Johanna sonntäglich gekleidet am Tor. Sie erschraken, als das grobe Gefährt vorfuhr; sie hatten ein anderes erwartet.

»Wo kommst du her?« jammerte die Mutter.

Morells Blick streifte das zerknitterte Hauskleid der Tochter. »Du bist wenigstens noch vor ihm da«, sagte er mit einer Wendung in die Gasse. Sibylla sah ihn hilflos an.

»Schnell, schnell«, zischelte Johanna aufgeregt, »er hat einen Reitenden vorausgeschickt, gleich kommt die Karosse!«

»Wer, Mutter?« fragte Sibylla verstört, schon im Haus.

»Der Kurpfälzische Resident läßt den Vater holen, er soll einem französischen Herrn – ich weiß nicht, was – erklären.«

Sibylla fühlte, daß sie in ihrem zerzausten Rock unerwünscht war, und stieg gehorsam die Bodentreppe hinauf.

Da klimperte helles Getrappel auf dem Pflaster: die goldgelackte Staatskarosse des Residenten. Vier Schimmel, langmähnig, hielten plötzlich, von roten Zügeln zurückgerissen.

Der Fuhrknecht drehte umständlich seine plumpe Kutsche und stierte den Genossen in der hellgelben Livree an; dann schrie er über den Lärm der Gäule hinunter: »Und wer zahlt mir die Fuhre, he?«

Erschrocken faßte Morell in die Tasche und warf dem Mann ein Geldstück auf den Bock; der fing es geschickt, wendete um, während der Livrierte die steigenden Schimmel zurückhielt, und fuhr rasselnd an der Karosse vorbei die Straße hinunter.

Die schönen Pferde tänzelten nervös. Aus der Wagentür erschien ein Kopf unter breitem Federhut: ein kleines runzliges Schreibergesicht mit einem devoten Mund.

»Seine Gnaden haben zu verfügen geruht«, sagte er mit einer Bewegung zu Morell hinüber, »der ehrbare Herr Maler möge ...« Er stockte, als Morell ihm entgegenkam, um die Szene abzukürzen.

Johanna, im beglückenden Kreuzfeuer der Nachbaraugen, bemerkte nicht, daß sich durch die Gaffenden eine schwarze gebogene Gestalt herandrängte, und sah den unordentlichen Mann erst, als er fast am Wagenschlag stand. »Meister Savede«, flüsterte sie entsetzt.

Ein häßliches Lächeln glitt über seine Lippen. »Das glänzt nicht übel«, lobte er mit abschätzenden Augen und strich mit der grauen Hand über die Wagenwand.

Der Sekretär drückte ihn ungeduldig weg. »Darf ich den Herrn Maler bitten, sich zu akkommodieren? Seine Gnaden haben den Empfang im Kunstkabinett auf zehn Uhr festgesetzt.«

Er zog den verlegenen Morell zur Kutsche.

Savede witterte eine Möglichkeit. Vor so vielen Zeugen wollte man seine Enthüllungen sicher am wenigsten hören und würde alles tun, um ihn bald loszuwerden. Er fing an, laut zu lamentieren: »Da fährt der Herr Kunstmaler und hochbegabte Herr Kupferstecher in der Prachtchaise des Herrn Residenten davon, und mir hat er den losen Vogel ins Nest gesetzt, den Unflat, der mir die Stube beschmutzt und durcheinanderbringt! Den holt zuerst ab, Meister Morell, oder Ihr, Frau Meisterin! Hierher gehört er doch gewißlich?« Er schwieg einen Augenblick. »Oder war das nicht *Ihre* Tochter, die ihn mir *so* gebracht hat?«

Der Lakai nahm die Zügel, da lief ihm ein plumpes Weib fast in die Pferde; die Fasanenwirtin war dem Haufen der Neugierigen gefolgt und kämpfte sich nun vor. Bei ihr stehe noch die Zeche, ein ganzer Krug Branntwein!

Die Umstehenden stießen sich an, der Sekretär staubte mit spitzen Fingern an seinem Kragen herum und setzte dabei einen Fuß aufs Trittbrett der Kalesche.

»Was hat der Herr Maler mit solcherlei Gesindel zu schaffen?« fragte er angewidert. Er hielt den Befehl zum Fahren absichtlich zurück, weil er nicht mehr sicher war, ob sich der Resident den richtigen Mann für seine Kunststudien gewählt hatte.

Die Meisterin versuchte linkisch, Savede wegzuschieben und das Weib ins Haus zu ziehen. Beide, die sich gut kannten, klammerten sich aneinander.

Da stürzte Sibylla aus der Haustür. »Macht mir die Eltern nicht traurig, Savede, weil *ich* Euch den Andreas gebracht hab«, rief sie. »Die Mutter hat nichts davon gewußt, das war meine Sache.«

Savede blinzelte sie verblüfft an, die Wirtin preßte den Mund zu, dann murmelte sie mit verkniffenen Augen: »Es tut nicht gut, Jungfer, sich mit so einem gemein zu machen!«

Endlich hatte der Sekretär die Karosse abfahren lassen. Sibylla zerrte die Wirtin und den Stecher ins Haus. Die Meisterin sah ihr erregt nach, unfähig, sich zu rühren. Sie wischte sich die Augen mit dem gebauschten Ärmel; das Häubchen rutschte von ihrem grauen Haar.

Die Leute draußen verliefen sich allmählich. Hämisch beklatschten sie den Auftritt und schielten schadenfroh nach dem alten Haus hinüber. Johanna schlich beschämt hinter der Tochter drein.

Drinnen versuchte das Mädchen, sich allein gegen die zwei feindseligen Fratzen zu behaupten. Auch Johanna war keine Hilfe; sie hörte ratlos zu.

Graff habe bloß den Kopf verloren aus Sorge um sein Meisterstück, sagte Sibylla mit heißen Wangen, und daß er keinen Ausweg mehr gewußt und schließlich getrunken habe, müßte man verstehen. Sie hätten ihm im »Fasanen« auch keinen ganzen Krug Gebranntes geben sollen.

»Jeder sollte wissen, was er verträgt«, maulte die Wirtin, »und bezahlt ist der Schnaps auch noch nicht.«

Sibylla nestelte aus dem Rock einen Lederbeutel, den sie droben eingesteckt hatte, und drückte der Frau ein paar Geldstücke in ihre griffige Hand.

Johanna ließ es mit saurem Lächeln zu. »Ich versteh dich nicht mehr, Sibylla«, sagte sie heiser, »uns das antun vor der halben Stadt!«

»Recht so«, hetzte die Wirtin, »ich hab ihr dasselbe gesagt!«

»Und ich!« kreischte Savede.

Alle vier starrten sich an – da wurde die Haustür aufgerissen. Matthäus hatte von Morells Auftrag beim Residenten gehört und wollte sehen, ob man ihn nicht brauche. Erstaunt musterte er den seltsamen Kreis und ließ sich berichten; sein gelbes Löwenhaupt ruhte gewaltig auf dem Spitzenkragen, die Augen zwischen den dicken Lidern blitzten zornig. Er schlug an seinen Schmuckdegen und machte eine drohende Geste.

»Hinaus!« schrie er mit überschlagender Stimme. »Wer verunziert das Haus? Das ist *meine* Schwester – ich steh für ihre Ehrbarkeit.«

Johanna klammerte sich mit weißem Gesicht an die Wand. Sibylla sah den großen Bruder dankbar an. Er bezahlte den Savede und die Wirtin. Dann machte er das Tor weit auf und wartete; Savede trippelte, auf einmal sehr eilig, hinaus, die Wirtin hintennach.

Matthäus stapfte zur Werkstattür und schlug sie hinter sich zu. Das Mädchen wandte sich ab und stieg, Stufe um Stufe, zu ihrer Kammer hinauf. Johanna setzte sich in der Küche vor ihren Herd und weinte.

Morell kam gegen Mittag sehr nachdenklich heim. Johanna rumorte in der Küche. Der Maler ging zuerst durch die Werkstatt, die um diese Zeit meist schon leer war. Er warf den großen weichen Hut auf den Tisch und begrüßte Mignon, der über einer Kupferplatte am Fenster saß. Hinter einer bespannten Staffelei zeichnete Sibylla. Morell bemerkte sie gar nicht.

In seinem ernsten Gesicht löste sich die Spannung. »Ja, es hat eine ganze Weile gedauert ...« Er setzte sich neben den Freund.

Abraham Mignon ließ seinen Stichel los und lehnte sich zurück.

»Da hat der Resident eine große Galerie zu zeigen gehabt?« fragte er.

»Ein einziges Bild ...«

Mignon sah erstaunt auf.

»Aber *was* für ein Bild ...!«

Mignons fragender Blick streifte Morells Gesicht.

Er kreuzte die Arme und überlegte. »Zuerst hab ich mit dem Herrn van Schelckens einen Imbiß nehmen müssen«, begann er, »denn er hat genau wissen wollen, wen er sich da eingeladen hat.«

Abraham Mignon lächelte.

»Dann mußte ich berichten: von meinem Großvater Claude, daß er Juwelier gewesen ist, vom Vater, daß er Jurist war, von meiner Mutter und ihrer Sippe und von meiner ersten Frau ...« Er seufzte. »Ich bin schließlich fast ungeduldig geworden. Aber es hat ihm gefallen, daß ich die Niederlande kenne und das Französische sprechen kann ...«

»Ihr solltet doch die Franzosen durch sein Kunstkabinett führen?«

»Das hat mir mein Bruder eingebrockt, der den ›Roten Mönch‹ führt, der Seidenhändler«, sagte Morell. »Bei dem wohnen sie, ein Gesandter und sein Sekretär, zwei komfortable Herren!«

Mignon sah ihn von der Seite an; er stammte selbst aus französischem Blut. »Sie ahmen ihn alle nach, den vierzehnten Ludwig, das ist ihr Ehrgeiz!« Er musterte gelassen seinen eigenen abgegriffenen Malerkittel.

Morell ereiferte sich. »Dieser Gesandte ist nicht nur ein Affe seines Königs, er ist ein Mann von Geist, er denkt nach, er weiß viel ...«

»Sprachet Ihr über die Künste, über den neuen Stil, über die Niederländer?«

»Wir sprachen nur über das eine Bild des Meisters Nithart von Aschaffenburg, genannt Gruenewald«, sagte Morell betont. »Es ist der heilige Laurentius mit dem Rost, die Grisaille vom Hellenaltar, die Ihr kennt, Abraham – oder nicht?«

»Nein«, murmelte Mignon scheu, »ich kenne sie nicht. Eine Grisaille – ganz im gleichen bräunlichen oder graulichen Ton – so etwas wie ein gezeichnetes Relief?«

Morell nickte. »Im ersten Augenblick schon hat's mich gepackt«, sagte er leise und erzählte dann, plötzlich heftiger werdend: »Der Heilige steht da mit seinem Marterrost, ein ganz junges Gesicht, das er zur Seite kehrt, fast gelassen, gar nichts Dramatisches in den Mienen; krauses Haar fällt ihm auf die Stirn und auf den Kragen seines Meßkleides. Aber dramatisch ist es doch: in der Rechten hat er ein aufgeblättertes Buch, um das kreist der Schwung der ganzen Gestalt, und die Falten des Gewandes sehen aus, als blähe sie ein starker Wind. In der Linken hält er den Marterrost, einen Zipfel vom Mantel darübergeworfen – es ist wie ein majestätisches Rauschen. Du kannst dir's nicht vorstellen. Sieh, in jeder Kontur ist seine Handschrift, des Matthis Wesen, alles hat er mit Ausdruck vollgeladen, *über*laden fast – mit großer Leidenschaft!«

»Das Überschwengliche malen sie doch jetzt auch – man dreht und wendet jede Bewegung, man bauscht jedes Tuch ...«, schränkte Mignon ein.

»Nicht so!« Morell sah versunken vor sich hin. »Es ist etwas ganz anderes, ein ekstatisches Vertiefen, und hinter jeder Linie wartet etwas Unaussprechliches. Heut will man bloß die Formen übersteigern. Aber es ist etwas Magisches in der Malart des Matthis Nithart, und es überschwemmt einen wie nur die große Kunst.«

»Die Grisaille vom Laurentius ist aber doch kaum bekannt«, warf Mignon fragend hin, »Joachim von Sandrart hält wenig davon – eine Nebenarbeit, sagt er.«

»Das *ist's* ja«, rief Morell erregt, »daß er auch dem Kleinsten Bedeutung gibt, daß jeder winzige Strich und Punkt so viel Kraft hat! Das nimmt einen mit. Das geht in einen über!«

Die beiden Maler schwiegen. Dann fragte Mignon: »Und was meinten die Franzosen dazu?«

»Ach«, machte Morell bedrückt, »die rissen mich aus dem schönen Ergriffensein heraus. ›Trop fort‹, sagte der Gesandte, ›zu stark, zu mächtig!‹ Das sei voll Genie, voll Expression, aber ohne Grenze und Regel – ›es zermahlt einen wie ein Sturzbach‹, sagte er. Er ist klug ...«

Morell rückte seinen Schemel und öffnete das Fenster. Da sah er Sibylla. Sie saß regungslos hinter ihrer großen Leinwand und lauschte. Ihre Wangen waren rotgeflammt. Auch Mignon wartete gespannt.

Morell wandte sich halb an die Tochter. »Wir Deutschen suchten immer die letzte, äußerste Folgerung, das quälende Extrem, die wilde Erregtheit... Er hat ja recht. Und er kennt auch seine eigenen Landsleute; für die gilt die schöne Form, die ausgewogene, wohltuende – die stürmen nicht gleich den Himmel. Aber er hat auch gesagt, daß das Vorstoßen und Neuanfangen nötig sei, in jeder Kunst, im Denken, im Forschen, damit sie nicht steckenbleiben in ihren festgefügten geregelten Formen, seine Freunde. Er hat wahrhaftig viel verstanden, der Herr!«

Sibyllas Augen waren weit geöffnet; noch nie hatte sie den Vater Morell so begeistert gesehen. Sturm und Anfang, dachte sie, neue unbetretene Wege! Sie packte leise ihr Gerät zusammen.

Auch Mignon stand auf. »Beides, Flamme und Form«, sagte er nachdenklich, »wo's unzertrennt kann ineinanderfließen, muß es ein Segen sein.«

Johanna ließ das Mädchen viel allein; sie war wie gelähmt; immer wieder sah sie den häßlichen Auftritt vor sich, die neugierig quellenden Augen der Nachbarn, und hörte die höhnische Schadenfreude in ihren Stimmen. Der »böse Schein«, der beschmutzte Ruf ihres Hauses, das Geschwätz über die Tochter – das alles drückte sie zu Boden, eine Last, der sie nichts entgegensetzen konnte, keine Überlegenheit, keinen größeren Wert. Nächtelang redete sie leise in sich hinein, wiederholte die Beschimpfungen und was sie dagegen hätte sagen wollen und sollen … Sie stöberte in ihrer Küche herum und tat unnütze Handgriffe, ärgerte sich über die Magd, die ihr aufsässiger vorkam als zuvor, und wagte nicht mehr, sich in der Stecherei zu zeigen.

Wieder kroch der Tag trübe in die Werkstattfenster. Die Öfen rauchten. Sibylla war froh, daß sie in Ruhe gelassen wurde. Sie bückte sich über eine Kupferplatte, die Wachsschicht war zu stark geraten, die Pause darauf halb verwischt. Sie zwang sich, genau zu sein und das Fehlende aus ihrer Phantasie zu ergänzen. Ihre Hand durfte nicht unsicher werden, auch wenn sie diesmal mehr Kraft brauchte als sonst; sie blies die aufgerissenen Wachssplitter weg, das geritzte Kupfer erschien in rötlichen Linien, die später durch die

Ätzung vertieft werden sollten. Ganz gesammelt, beinahe verbohrt in ihre Aufgabe, saß Sibylla da, als lebe sie in einer anderen Luft, weit weg von den Gedanken der Mutter und dem Klatsch der Städter und ohne Sinn für die versteckten neugierigen Blicke der Gesellen und des kleinen Lehrbuben.

Morell blieb still an seinem Werk, redete kaum und ging nur ab und zu mit dem Freunde Mignon auf einem abendlichen Gang für eine Weile aus dem Haus. Mignon wußte von der üblen Szene und Sibylla tat ihm leid. Sogar Graff, den er als einen unreifen Aufschneider ansah, betrachtete er mit einigem Verständnis. Er kannte ihn schon aus der Zeit, da er selbst eines Porträtauftrags wegen häufig in Nürnberg gewesen war. Graffs Vater, ein angesehener Magister und kaiserlich gekrönter Dichter, hatte ein großes und sehr gastfreies Haus geführt und ihn, den Maler Abraham Mignon, oft eingeladen. Auch dem Großvater, einem streitbaren Gottesmann und gewaltigen Kanzelredner, war er einmal begegnet. Er hatte Andreas in seinen Lern- und Wanderjahren immer wieder getroffen und den begabten unternehmungslustigen jungen Mann auch später beobachtet; aber er teilte Morells Sorge um ihn, und Sibyllas abwesender gequälter Ausdruck bedrückte ihn wie alle andern.

Das Mittagessen wurde wieder einmal fast wortlos in der Küche abgetan; Johanna sah verwirrt und verweint aus; Morell war blaß und müde. Die Magd hastete mürrisch zwischen den Stühlen herum; sie deckte ab, noch ehe die Teller ganz leer waren. Die Gesellen und der Lehrjunge verschwanden einer nach dem andern mit halblauten Entschuldigungen; auch Mignon machte sich vorzeitig wieder an seine Arbeit.

Sibylla verließ ihren Platz und räumte die Reste weg, ohne mit der Mutter zu sprechen; dann holte sie sich ihren Umhang vom Haken im Flur, huschte hinaus über den hinteren Hof und durch das Vorgärtchen auf die Straße. Zögernd sah sie sich um, dann ging sie zu Savedes Haus. Sie traf den Maler dösend auf der Hausstaffel, er schien die Kälte nicht zu spüren; neben ihm lag eine leere Flasche.

Andreas saß im Zimmer, den Kopf in den Händen. »Komm«, sagte sie und klopfte ihm auf die Schulter, »wir gehen miteinander.«

Graff zuckte zusammen. »Du?« fragte er verwundert, »ich geh nicht mit dir, Sibylla. Der Savede hat mir gesagt, was sie über uns reden.«

Sie schüttelte den Kopf. »Das gilt jetzt nicht. Du sollst deine Arbeit machen, damit sie nicht zu spät kommt, und sie muß gut werden!«

Graff warf wieder das Gesicht auf die Arme, aber Sibylla gab nicht nach. »Kommst du mit mir?«

Er richtete sich auf. »Hör zu, Sibylla: Wenn ich mitgehe, tu ich dir nichts Gutes und mir wenig genug. Ich muß dableiben und versuchen, beim Savede zu arbeiten, bis ich ein Stück habe, das was taugt ...« Er schwieg und sah sie an. »Ein eigenes Stück«, sagte er dann nachdrücklich.

Sibylla ging niedergeschlagen fort.

Draußen preßte sich Savede an die Mauer, als habe er gehorcht. Er lachte ihr vertraulich zu. »Sie ist ein tapferes Jüngferlein, das muß ich sagen, daß sie so zu einem Burschen geht!«

Sie gab ihm keine Antwort; mit großen Schritten wanderte sie die Gasse entlang; er schielte hinter ihr drein.

Eine Woche lang schlich Sibylla fast täglich in der Dämmerung zu Savedes Haus. Sie wagte niemand davon zu sagen, seit der alte Maler ihr den ersten Gang so übel ausgelegt hatte; aber sie scherte sich auch nicht um seine schiefen Blicke. Jetzt war etwas anderes wichtig: sie verfolgte und begutachtete jeden Strich, den Graff an seinem Meisterstück machte, sie lobte behutsam und regte mit halben Andeutungen seine Phantasie an, brachte ihn auf neue Einfälle und mahnte zur Eile. Sie tat alles so unmerklich, daß Graff wirklich glaubte, es sei nur ihre Gegenwart und Zuversicht, die ihm neue Kräfte wecke; sie saßen oft am Fenster, Graff zeichnend über seinen Entwurf gebückt, das Mädchen neben ihm mit wachen, besorgten Augen, Savede hinter ihnen, fahrig und ziellos mit seinen Retouchen und Kopien hantierend.

Dann war die Skizze fertig und die Platte vorbereitet. Sibylla blieb aus: Andreas mußte das Letzte allein tun – er war schon nahe daran gewesen, ihre liebevolle Täuschung zu durchschauen.

Als sie schließlich doch wiederkam, hatte er auf Savedes Presse schon die ersten Probeabzüge gemacht; er zeigte sie stolz, und Sibylla lobte das saubere Werk und den tüchtigen Entwurf. Es war ein Blumenstück mit Käfern und Faltern vor einem offenen Fensterflügel, durch den die Frankfurter Türme zu sehen waren, eine Arbeit, die dem Rat und den Zunftmeistern gefallen würde. »Siehst du«, sagte sie mit leuchtenden Augen, »was du kannst, Andreas!«

Savede kicherte hinter ihr. »Hast ja auch brav mitgetan, Kind!«

»Ich?« Sie sah erschrocken zu Graff hinüber. »Keinen Stich und Strich hab ich daran gemacht.«

»So?« Savede wurde auf einmal zutunlich. Er verzog den Mund. »Und wenn ich sage, wie oft Ihr da wart, Maria Sibylla Merian, Tochter des hochgeehrten, weisen, gepriesenen Kavaliers, Agenten und Künstlers, Schwester des Brandenburgischen Hofmalers?«

»Das wird Er *nicht*!« Sie flammte ihn mit ihren grauen Augen an.

Savede grinste. Graff packte ihn am Hemd. »Ihr wißt doch, daß nichts Heimliches gewesen ist die ganze Zeit – waret ja immer selber zugegen –, und auch, daß ich den Kupfer ganz allein ...«

»Ich weiß nur, daß des großen Merian Tochter ein vermögliches Fräulein ist, und wenn sie mit dir ins Gerede kommt, Andreas, muß der vornehme Matthäus sie dir zum Weibe lassen – trotz aller deiner Umtriebe ... Und damit bist du allemal gerettet!«

Mit hochrotem Kopf rannte Graff auf den Stecher zu; Sibylla stand steif daneben. Angewidert preßte sie den Mund zusammen. »Komm, Andreas«, sagte sie tonlos, »geh schleunigst fort von hier, bitte!«

Sie lief hinaus; hinter sich hörte sie die krähende Stimme Savedes: »Der wird schon hinfinden ins warme Nest!«

Ekel und Zorn schnürten ihr fast die Luft ab, sie lief und wußte kaum, wie sie zur Domgasse fand. Als sie zum Haustor einbog, war Morell eben heimgekommen. Das Mädchen stieß fast mit ihm zusammen.

»Sibylla?« fragte er überrascht, »wie siehst du aus? Was ist mit dir?«

Sie schaute ihn stumm an.

»Kind«, sagte Morell herzlich, »setz dich zu mir!« Er zog sie auf die Flurbank.

Sibylla empfand die Wärme in seiner Stimme und legte den Kopf an seine Schulter. Leise weinend begann sie zu erzählen. Einmal schielte die Magd in die Tür, Johannas Kopf erschien hinter dem breiten roten Gesicht, aber Morell winkte mit den Augen ab, während er dem aufgeregten Mädchen beruhigend zusprach. Sibyllas Bericht erschreckte ihn, obwohl er vieles geahnt hatte. Wenn sie ihn liebt, dachte er plötzlich, dann gnade ihr Gott!

Johanna kam aus der Küche heraus und sah befremdet auf die Weinende. »Da treibt dich nichts in die Rage als der junge Graff«, sagte sie nörgelnd und setzte sich neben ihre Tochter, »und es wär doch so einfach, ihnen den Mund zu stopfen. Sie haben wahrhaftig schon genug geredet.«

»Es hat keiner *Grund* zum Reden, und den Andreas hat das Geschwätz bereits verjagt«, widersprach Morell ernst.

Sibylla sank in sich zusammen. Sie schlug die Hände vors Gesicht.

Morell nahm seinen Hut. »Ich hole ihn selber diesmal, Sibylla«, sagte er.

Bedrückende Tage lagen wie Nebel auf dem Haus. Johannas verhaltene Neugier, ihre bedeutsame Miene, wenn sie Graffs leeren Arbeitsplatz abstaubte, ihr fragender Blick – alles machte Sibylla nur noch scheuer. Sie wagte nicht, in Savedes Haus zu gehen: Andreas würde auch kaum mehr dort sein. Aber sie ängstigte sich um das Meisterstück, das abgeliefert werden sollte; immer wieder sah sie den Vater Morell bittend an. Er war schon oft vergeblich fortgewesen. Jedesmal wenn er heimkam, hoffte sie, mit dem seinigen auch Andreas' Schritt zu hören. Sie schlief nicht mehr, morgens stand sie matter auf als sie zu Bett gegangen war. Dann, an einem dunstigen Apriltag, spürte sie, daß sie krank wurde. Fiebrig heiß waren Hände und Gesicht, Schauer liefen ihr aber die Haut. Sie taumelte beim Aufstehen.

Als Sibylla beim Frühmahl fehlte, kam Johanna herauf; jammernd, zerfahren und kopflos lief sie in der Kammer herum. Die Magd brachte Tee und warme Decken. Dann lag Sibylla allein. Verworrene farbglühende Bilder schlangen sich vor ihren Augen ineinander, ihre Träume waren wie würgende Hände. Mit flammenden Wellen lief das Fieber durch sie hin.

Dann klopfte Morell. Er blieb unter der offenen Tür stehen und flüsterte: »Kind, horch!«

Sibylla schnellte in ihren Kissen auf, stemmte die Hände gegen das Bett und reckte den Hals. Ihr schmächtiges Gesicht wurde rot und blaß in fliegendem Wechsel. Sie lauschte angespannt. Dann sank sie erleichtert zurück: von drunten klang Graffs Stimme herauf. Morell nickte ihr zu und ging zufrieden hinaus.

Sibylla zog sich hastig an und tastete sich dann, vor

Schwäche schwankend, am Geländer abwärts. Der Hausgang war leer. Sie stützte sich gegen die Mauer und machte die Augen zu. Da hörte sie sich mit halber Stimme angesprochen. Vor ihren aufgerissenen Augen stand Graff, sein Gesicht war mager geworden. In seinem demütigen Blick las sie die Frage, ob er dableiben dürfe. Sie lächelte ihm zu; ihr Mund wurde schwer vor Anstrengung, sie streckte die Hand aus nach der seinen.

Morell stieß die Werkstattür auf und begleitete die beiden hinein. Er nahm dem verlegenen Andreas die Rolle ab, die er krampfhaft in der Hand hielt, und löste die Schnüre. Mit gemessenen Worten lobte er den Stich und reichte ihn weiter. Mignon und die Gesellen bewunderten die Neuheit des Einfalls und die gelungene Perspektive der Gebäude.

Graff drehte sich zu Sibylla um. Sie nickte ihm zu. Vor ihren Augen kreiste der Raum, sie hörte Andreas reden wie von fern, und als er Morell fragte, ob er das Werk für würdig halte, spürte sie Angst und Hoffnung in seiner Stimme.

Der Meister strich mit der Hand ebnend über das Blatt. »Es scheint mir recht; ich glaube auch, sie nehmen's an, obwohl es kein historisches Stück ist, wie es die Herren sonst in ihren Häusern zeigen. Aber mit dem Neuesten haben sie sich ja ans Idyllische gehängt, hört man.«

Graff atmete auf; er rollte seinen Abzug sorgfältig zusammen, verwahrte ihn unter dem Werktisch und fing an zu zeichnen, als habe er nicht so lange gefehlt. Er sah sich nach Sibylla um. Sie saß steif und weiß da und bewegte die Lippen, als suche sie nach einem Wort. Morell rief Graff zu sich und deutete auf eine fertige Platte.

Da polterte es dumpf. Sibylla war von der Bank gefallen. Die beiden Männer knieten neben der Liegenden, Andreas schob seine Hand unter ihren Nacken. Ihr Kopf sank kraftlos zur Seite. Die Gesellen standen linkisch herum. Mignon trieb sie auseinander, während Graff und Morell die Reglose zur Treppe schleppten.

Morell rief nach Johanna.

Als Sibylla mit schweren schlaffen Händen auf ihrem Bett lag, lief er noch einmal hinunter. Die Frauen kamen aus dem kleinen Hausgarten und fragten überrascht, was er wolle.

Droben saß Andreas am Bett. Verzweifelt und ungeschickt streichelte er das blasse Gesicht, dann begann er die kühlen Wangen zu reiben und hauchte auf die gewölbten blauen Lider; wie ein rosiges Licht ging ein Schein von Leben über die Stirn, die Wimpern bebten – einen kurzen Augenblick wurde die Iris schimmernd sichtbar. »Andreas!« flüsterte Sibylla und schloß die Augen wieder. Er hielt zitternd den Atem an. Noch immer hatte er die Hände an ihren Schläfen, als sie den Kopf ein wenig hob. Mit leuchtendem Lächeln faßte sie sein langes feines Haar und zog seinen Mund an den ihren. Er küßte sie weich und scheu, dann richtete er sich auf; sie atmete tief und glücklich.

Johannas Schuhe klapperten über die Stufen herauf, Morells gewichtiger Tritt dahinter. Als beide hereinkamen, lehnte Graff an der Wand, mit einem hellen, ganz befreiten Gesicht.

Morell ließ den Arzt rufen. Es war der gleiche wie vor vier Jahren, als Ajax das Kind im Sumpfgraben gefunden hatte. Da sehe man die Folgen, wenn die Damen zu früh aus den Federn wollten, sagte er. Aber Medikamente brauche Sibylla nicht, er verordne Weinkompressen, kräftige Kost, Ruhe. Im übrigen sei die Jungfer auf dem Weg zur Gesundung.

In der folgenden Woche dämmerte Sibylla gelöst vor sich hin. Sie hatte kein Fieber mehr, und die angenehme Schwäche der Genesung ließ ihr Zeit zum Träumen. Nach ein paar Tagen wurde ihr das Liegen schon langweilig.

Die Mittagsstille machte sie hellhörig: vor der Tür war ein leises Tappen. Ein Spalt öffnete sich, in dem eine Manschette erschien und verschwand. Ein brauner Hundekopf tauchte auf.

»Ajax«, rief Sibylla verblüfft. Der Hund des Grafen Ruitmer kam manchmal in den Hausflur, aber die Magd trieb ihn meist rasch wieder hinaus. Ajax trottete ans Bett und sah sie mit seinen runden schwermütigen Augen an. Über seinen Ohren baumelten zwei dicke Sträuße: Anemonen und hellblaue Märzenblumen.

Ajax drängte seine feuchte Nase in die warme Wölbung ihrer Hand, er schüttelte sich, als wollte er den ungewohnten Kopfschmuck abwerfen. Sibylla machte die Büschel los und klopfte dem Setter den Hals; der kehrte sich halb um – da erst entdeckte sie, daß die Tür noch immer offenstand. Jemand winkte herein, hinter der Manschette sah sie einen hellblauen Ärmel. Graffs Gesicht erschien und verschwand.

»Ich geh zur Zunft mit meinem Stück«, verkündete er, »jetzt gleich!«

Schon lief er die Treppen hinunter. Ajax rannte in großen Sätzen hinter ihm drein.

Erst nachher sah Sibylla ein goldenes Röllchen auf dem Boden liegen, das er mit dem Hund hereingeschmuggelt hatte. Sie öffnete es neugierig. Da standen Reime, mit roten Buchstaben geschrieben; sie las:

Beneidenswertes Tier,
Dem von so zarter Hand
– Wiewohl es ohne Seel'–
Solch Lieb wird zugewandt!
Des' Aug' in ihrem Blick
Den Himmel spiegeln sahe,
Des' Haupt und Herz so nahe
Bei ihrem Herzen stand ...

Sie lachte und drehte das Blättchen zwischen den Fingern. Daß Andreas dichtete, wunderte sie nicht; das taten jetzt viele, und er war ja der Sohn eines kaiserlich gekrönten

Poeten. Aber daß sein Vers *ihr* galt und daß er ihn so zärtlich und heimlich schickte, das machte sie glücklich. Verträumt und spielerisch kleidete sie sich an. Das Vergangene zog wie ein Schauspiel an ihr vorbei, das ihr jetzt nicht mehr weh tun konnte: Graffs Verschwinden, Savedes Geschwätz und Morells Hilfe. Andreas hatte sich in einem Bauernhaus vor der Mauer eingemietet gehabt, und Morell hatte ihn dort aufgespürt; dem festen freundlichen Zureden des Älteren hatte er endlich nachgegeben.

Sibylla steckte die Blumen in ein feines Glas, das noch von ihrem Vater stammte, und zwischen die hauchweißen und blauen Blüten flocht sie den schmalen Goldstreifen mit Graffs Gedicht. Sie sang es vor sich hin, nach eigener Melodie, mit verschlungenen Variationen und einer kühn erfundenen Oberstimme. »... des' Haupt und Herz so nahe bei ihrem Herzen stand!«

Jetzt ging Andreas zur Zunft. Wenn alles gelang, konnte er eine eigene Werkstatt gründen und sich niederlassen ... Sie summte und träumte; durch die Scheiben kam die Sonne – vielleicht flogen schon die Pfauenaugen? In ihren Raupenkästen war vieles zerstört, Johanna hatte sich keine Zeit zum Füttern genommen; sie berichtete unwirsch, sie habe das Gezücht weggeworfen, es habe übel gerochen.

Sibylla nahm das ruhig hin. Sie wollte alles neu und besser anfangen, verwandelt, wie sie war, und voller Pläne. »Des' Haupt und Herz so nahe ...« Ich möchte es immer und immer singen, dachte sie.

Graff war mit seinem Stich zuerst zu Matthäus Merian gegangen.

Er klopfte und öffnete schüchtern die Tür. Merian hatte wohl das Hausmädchen erwartet; er lehnte lässig in seinem Stuhl, schlang gerade den Arm um seine hübsche rundliche Frau und rauchte. Antonia trank aus einem grünen Kelch.

Der junge Mann kam heran, verneigte sich und grüßte

wohlerzogen zu der Dame hinüber, die hastig aufgestanden war und sich am Fenster zu schaffen machte. Merian blieb sitzen und sah ungehalten auf. Da überkam Graff seine alte Keckheit, er verbeugte sich noch einmal und breitete sein Werkstück auf dem Tisch aus, drehte es ins beste Licht und sagte höflich: »Ich bitte den Herrn Meister, mir günstigen Bescheid für meine Arbeit mitzugeben, die ich noch heut dem Frankfurter Rat vorweisen will. Die Meister lobten sie.«

Matthäus legte die Meerschaumpfeife weg. Er warf einen raschen Blick auf den Abzug. Er fand die Strichlagen nicht überall kräftig genug und die Landschaft vor dem offenen Fenster zu deutlich, ohne Luftzwischenraum; er schwieg.

Graff wurde wieder ängstlich. Aber Merian dachte an das erregte brennende Gesichtchen der kleinen Schwester und an ihr entschiedenes Eintreten für den Gesellen. Natürlich hatte auch er – eben wieder durch Antonia Maria – von dem haltlosen Benehmen des Jungen gehört, und sogar Sibyllas heimliche Wege waren ihm schon bekannt. Eine Heirat wird da wohl die beste Lösung sein, dachte er. Er packte rasch entschlossen die Zeichnung zusammen und sagte aufstehend: »Ich werde Ihm zum Vorteil reden.«

Dabei blitzte er Graff selbstbewußt an, denn seine Stimme galt viel im Rat.

Andreas hatte das Gegenteil gefürchtet. Er knickte fast zusammen, als er den Sinn der Worte erfaßte. Er küßte der Hausfrau die Hand und dann dem Hausherrn, murmelte errötend seinen Dank und ging. Matthäus rief ihm nach, er solle den anderen Morgen abwarten; bis dahin habe er seine Fürsprache angebracht.

»Warum tust du das?« fragte die Frau befremdet, als Graff gegangen war. »Wir hätten ihn unauffällig abschieben können, weil er ohne den Meisterbrief nicht seßhaft werden und keine Meisterstochter heiraten kann.«

»Er kommt aus einem guten Haus«, sagte Merian, »und dann: ich glaube, *sie* hat sich entschieden.«

»Schade«, sagte die Holländerin und strich über ihr gesticktes langschnäbliges Leibchen, »schade! Aber ich verstehe ja, daß ihr der junge Milchbart gefällt.«

Als der Frankfurter Rat Graffs Arbeit angenommen und man ihm den Eintritt in die Malerzunft der Freien Reichsstadt zugesagt hatte, kam er mit großen Schritten in die Werkstatt. Sibylla saß schon wieder über einer Skizze, hatte vor sich einen Kasten mit ausgespannten Schmetterlingen und zog ihre Linien. Graff nahm ihre Hand mit dem Stift und wand behutsam das Werkzeug heraus; lachend senkte er den Kopf mit den hellen Locken zu ihr herunter. Alle schauten nach den beiden.

»Es ist soweit«, rief er laut, »ich werde Meister!«

Sibylla sah erleichtert zu ihm auf. Ihr kluges Gesicht wirkte sonderbar gealtert, als sie leise sagte: »Das hab ich gewollt.«

Graff wandte sich nach den anderen um, er wurde verlegen, ohne zu wissen, warum. Unklar spürte er, daß Sibylla das Werk fast als ihr eigenes empfand. Sie bemerkte sofort die Veränderung in seinen Zügen.

»Sagen wir's gleich dem Vater Morell?« fragte sie ablenkend und sprang auf, »und der Mutter? Matthes wird's ja schon wissen.«

Den Matthäus hab ich auch gebraucht, dachte Graff bedrückt.

Sibylla faßte seine Hand und zog ihn hinaus. Sie fanden Jakob Morell am Fenster. Er hatte einen Flügel geöffnet; die Frühlingsluft floß wie ein duftender Strom herein. Jäh schreckte er zusammen, als käme er aus einer anderen Welt zurück. Sein Blick lag erstaunt, mit langsam wachsendem Verstehen, auf den beiden jungen Menschen, die unter der Tür stehenblieben.

Graff verschluckte die ersten triumphierenden Worte; das

Mädchen schritt fast lautlos auf Zehenspitzen näher. »Vater Morell, er ist bestätigter Maler und er ...« Sie nahm wieder Graffs Hand; fast hätte sie gesagt: Er wird ohne mich nicht fertig.

Andreas schüttelte die Haare aus den Augen. »Mein Stück ist mit Lob angenommen worden«, setzte er nachdrücklich hinzu.

Morell sah Sibyllas heiligen Eifer, ihre vor Stolz und Hilfsbereitschaft glühenden Wangen und den besorgten Blick, der Graff galt. Er dachte flüchtig daran, wie schwer ihm selbst der Verzicht auf seine erste Verlobte geworden war, die seiner energischen Mutter nicht gefiel. Damals hatte die Stadtschreiberin die Verbindungen ihres Gatten benutzt und den Verspruch durch einen Prokurator für nichtig erklären lassen – er hätte den dürren Herrn noch jetzt malen können –, und er hatte sich fügen müssen.

Graff und Sibylla hielten sich erwartungsvoll an der Hand; keines hatte eine Frage gestellt.

»Ihr zwei werdet wissen, was ihr wollt. Aber prüft euch, prüfe dich, Maria Sibylla, ob du dir's zutraust, einen langen schwierigen Weg ...« Morell stockte; er hatte schon zuviel geredet.

Doch Sibyllas Gesicht leuchtete auf. »Es *ist* richtig so, Vater Morell«, sagte sie heftig, »und ich will's!« Sie wandte sich Andreas zu, der sie ergeben, fast traurig ansah.

Es darf so nicht weitergehen, dachte er niedergeschlagen, daß ich mich dirigieren lasse! Sie ist doch eine Frau, sie liebt mich, und ich liebe sie auch; es muß doch irgendwie ins Gleichgewicht kommen ...

»Ich bitte inständig, daß Ihr mir vertraut, Meister«, sagte er demütig, »und glaubt, daß ich es ehrlich meine.«

»Setzt euch doch«, sagte Morell, »ich rufe die Meisterin.« Dann, als wollte er das noch erklären, ehe Johanna da war, sprach er rasch weiter: »Hier – ich lese die Predigten des Vaters Labadie«, er schlug das lange schmale Lederbändchen auf,»er weiß viel vom höchsten Wesen und er schreibt, daß alles, ›wenn es nur wohl betrachtet und recht genommen wird, uns führen kann zur Erkenntnis Gottes‹.«

Als Johanna hereinkam, steckte er das Büchlein in den Rock. Sie riß die Augen weit auf. »Ich hörte euch laufen und dann die Stimmen«, murmelte sie gekränkt, »aber keiner ist zu mir gekommen.«

Graff unterbrach sie entschuldigend. »Eben wollte ich zur Madame Morellin gehen.«

»Wir möchten uns versprechen«, fiel Sibylla ein, »wenn die Frau Mutter es auch gutheißt.«

»Ich hoffe, daß die Meisterin mir wohlgesonnen ist«, sagte Graff mit einem Kompliment.

Johanna warf ihrem Mann einen Blick zu, in dem Genugtuung lag. Sie zog das Mädchen zu sich herunter und gab ihr, was sie sonst nie tat, einen leichten Kuß auf die Stirn. »Das ist schön, Kinder«, sagte sie mit ihrer schwachen Stimme, »das ist recht so!«

Morell sah sie an, peinlich berührt; er wußte, warum sie so unbedenklich einverstanden war: wichtiger als alles andere schien ihr das Gerede der Straße. Aber sie machte wenigstens keinen Einwand. Er schaute mit einem guten Lächeln in die strahlenden Gesichter der beiden.

Johanna hatte es eilig, in ihre Küche zu kommen; sie wollte vor allem ein festliches Mahl vorbereiten. Morell ging mit den Brautleuten zu Mignon und den Gesellen hinüber und stellte sie feierlich vor. Ein lautes Glückwünschen begann. Sibylla sprach kaum, sie senkte den Kopf unter dem weißen Häubchen und ließ Graff den Vortritt. Er reckte sich selbstgefällig.

Man schickte den Lehrbuben ins Haus des Matthäus in der Galgengasse, wo Caspar Merian noch immer krank lag, um ihn samt Frau und Kindern zum Essen zu laden; man hoffe, ließ Morell ausrichten, daß auch Caspar kommen könne.

Draußen führte Graff seine Braut ins Gärtchen hinter dem Haus. Unter den Rhabarberstauden war der Boden blau von Veilchen. Die Kirschbäume blühten, und auf dem niedrigen Mäuerchen saß eine Amsel und flötete, als wäre es eben erst hell geworden.

Die Hochzeit

Am 16. Mai 1665 sollte die Hochzeit sein. Johanna hatte mit gedungenen Köchen und Mägden fünf Tage lang gesotten, gebraten, Süßspeisen und kandierte Früchte bereitet und Teig gerührt und gewellt. Die halbe Straße roch nach den leckeren Dingen, und das Haus dröhnte und summte. Johanna war freudig bewegt. Mit der Fülle und Kostbarkeit des Mahles wollte sie alle Klatschmäuler zum Schweigen bringen. Freilich mußte man dazu die Vorschriften des Rates in einigen Punkten übertreten, aber sie hoffte, daß man dem berühmten Matthäus Sonderrechte für die Hochzeit seiner Stiefschwester gönnte.

In den großen Häusern feierte man »Freihochzeiten«, und wer wollte, der konnte siebzig Gäste dazu bitten. Auch die Dauer des Schmausens war vorgeschrieben: nicht länger als sechs Stunden sollte getafelt werden, pünktlich um die Mittagszeit mußte man anfangen. Und vor allem: mehr als fünf Stunden durfte der Tanz nicht dauern.

Im Rathaus hatte man von den umfänglichen und aufwendigen Vorbereitungen im Hause Merian gehört; deshalb schickten die Herren am Vortag des Festes einen Ratsboten mit einem Dekret herüber, aus dem Johanna nicht recht klug wurde. Jedenfalls hieß es darin, »daß aller Überfluß an Essen und Trinken, sonderlich aber die Schauessen, allerlei Konfekt, Marzipan und dergleichen Schleckerei gänzlich verboten« sein solle.

Johanna lief aufgebracht zu Morell. Ob man denn die

wertvollen Marzipanblumen, die prächtigen Konfektberge, die Vögel und Früchte aus Zuckerguß, alle in den Kehricht werfen sollte? Man müsse doch vor dem niederländischen Muster bestehen, zumal Antonia Maria da sein und alles beobachten und kosten werde. Die Strafen, die auf der Übertretung ständen, seien allerdings hoch, und der Bürgermeister mit seinem Ratsschreiber gehörten zu den Gästen so gut wie die Geistlichen. Morell riet zur Bescheidenheit. Dazu konnte sich Johanna freilich nicht entschließen, sie war *zu* stolz auf ihr üppiges modisches Mahl. So mußte man denn die Speisenfolge ändern; Süßes und Gefärbtes konnte erst nach dem Abschied der hohen Herren auf den Tisch kommen. Sie pflegten nach den Hauptgängen aufzubrechen, ehe der Tanz begann; darauf hoffte Johanna. Eifrig redete sie auf die Tochter ein – sie möge beizeiten den Reigen verlangen, damit die ehrbaren Herren heimführen; aber Sibylla schien das alles nicht wichtig, und nicht einmal Graff war es um das große Schmausen zu tun. Er aß und trank gern, schon als Knabe; doch diesmal hatte er, dem Brauch gemäß, bei seiner Meistersprechung den Zunftgenossen ein reichliches Gelage und einen handfesten Umtrunk stiften müssen, womit er sich gleichsam für die Aufnahme in das Meisterbuch und für die Annahme seines Meisterstücks bedankte. Das Gelage hatte einen Tag und eine Nacht gedauert und ihn viel Geld gekostet; und weil seit fünfzig Jahren der Spruch erst durch die Ratskanzlei seine Rechtskraft erhielt, waren ihm auch die Räte und Schreiber als Gäste zugefallen; und nun kamen sie – fünf Tage danach – als Freunde des Morellschen Hauses zur Hochzeitstafel.

Der Sitte gemäß blieb die Braut fast unsichtbar in jenen Wochen. Sibylla stickte mit zwei Näherinnen noch die letzten Namenszeichen in die Leinwand, nachdem sie ihre Raupen und Falter dem Vater Morell anvertraut hatte, und verließ das Haus nur zum Kirchgang. Sie sah auch den Bräutigam nur vor Zeugen, wie es üblich war. Graff ritt für ein paar Tage nach Nürnberg, um seine Verwandten zu laden und ein kleines Gut dort zu verkaufen, das ihm dann auch etwas Kapital einbrachte.

Die Musikanten waren bestellt und ein großer Saal gemietet. Im Dom zu den Barfüßern fand die Trauung statt. Eine schaulustige Menge füllte den Chor. Schmal und zierlich stand die junge Braut in einem hellroten Kleid neben dem strahlenden Bräutigam. Graffs goldblitzendes Habit leuchtete vor dem Altar, durch die hohen Fenster fiel farbig gebrochenes Licht. Der Geistliche war ein ernster dunkelhaariger Mann, der Labadies Gedankenkreis nahestand; seine Obrigkeit duldete ihn, aber man wußte, daß er beobachtet wurde. Die Gemeinde hörte ihm deshalb mit sichtbarer Spannung zu, Morell und Caspar Merian tief versunken; Matthäus gleichmütig, mit überlegener Miene, die beiden älteren Frauen nur mit flüchtiger Höflichkeit.

In der Ansprache des Pfarrers war von der Unterwerfung des Weibes die Rede »in dem Herrn«, und Sibylla verstand darunter eine hütende stützende Selbstaufgabe; etwas wie Angst hatte sie gepackt, seit sie, allen Blicken ausgesetzt, dastand und Graffs knabenhaft-überschwengliche Begeisterung spürte. Der Prediger verlangte Hingabe, Sichverlieren ineinander und in Gott. Dieses Letzte erfaßte sie ganz: »Daß ihr also euch lasset bewegen, wie Er euch beweget, gedenket, wie Er euch eingiebet, wirket, wie Er euch antreibet, fühlet und schmecket, wie Er euch zu fühlen und zu schmecken giebet ...« Es waren Worte des »Vaters Labadie«, und Morell stutzte, als er die Sprache des Sehers erkannte, und hoffte, daß niemand Anstoß daran nehmen werde.

Sibylla dachte unvermittelt an das erste, immer noch unbegreifliche Mitgerissensein, das sie ihre Augensünde nannte, an das längst verschwundene, vergessene Tulpenbeet, das rotflammende: wie sie damals getrieben tat, was sie nicht wollte, und wie auch Graff sich hatte treiben lassen von seiner Verzweiflung und sich dabei verloren hatte. Sie sah zu dem Geistlichen auf und war bereit, sich neben, ja unter ihren Mann zu stellen. Da hörte sie, mitten in die anschwellenden Bilder ihrer Erinnerung hinein, wie der Pfarrer sagte: »Zweierlei Überwältigung ist da zu vermerken, die eine aus der Kraft, die andere aus Schwachheit!«

Einen Augenblick lang glühte ihre Stirn, als sie plötzlich wußte, daß er ahnungslos sie beide in ihrem Kern getroffen hatte: aus der Kraft – aus der Schwachheit! Aber sie wies den Einfall gleich wieder ab; wir sind *ein* Fleisch, ich ertrage ihn, wie er mich ertragen wird ...

Die langen weißgedeckten Tafeln zogen sich durch den riesigen Saal. Breite Schüsseln mit verzierten Gerichten dampften zwischen den silbernen Weinkannen. Jedesmal wenn eine neue Speise aufgetragen wurde, fing ein großes Raten an, was es sein könnte. Die Wildbraten waren mit Eichen- und Lorbeerzweigen getarnt, über den Pasteten wölbte sich eine dünne Teigkruste, die von innen mit Kerzen erleuchtet war, das köstlich gebratene Geflügel war mit aufgesteckten Federn verziert, als wären lebendige Pfauen und Birkhähne darunter versteckt.

Auch die Freundin Agathe war erschienen, inzwischen selber schon eine junge Frau. Neugierig richtete sie ihre Augen auf das Brautpaar und zog bei sich Vergleiche: Graff war eine blendende Erscheinung, neben ihm hätte der Magister nicht bestehen können. Schnellerath hatte sich mit seiner Arbeit entschuldigt; aber Agathe hatte sich dadurch nicht abhalten lassen zu kommen, obwohl es dem Brauch widersprach. Sibyllas Fest wollte sie miterleben, sie hing an der Gespielin.

Sibylla saß schweigsam an der Seite ihres Gatten. Sie aß wenig. Graff freilich lud sich bei jedem Gang den Teller voll; auch sein Becher, ein silbergetriebenes Prunkstück aus der Hand des Großvaters Morell, war immer wieder leer. Seine kindlich strahlenden Augen schauten Sibylla aus dem Spiegel an, der ihr gegenüber hing; doch er sah sie gar nicht.

Sie erschrak. Vor dem bunten Gewirke der Kleider, der wogenden Federhüte und zitternden Hauben stand das Lachen des vertrauten Gefährten auf einmal fremd und derb. Da spürte sie Graffs Hand über der eigenen. Unter ihrem klaren Blick wurden seine Züge freier, seine Pupillen verloren den flirrenden Glanz; fast schüchtern sagte er: »Ist es dir recht so, Sibylla?« Sie nickte und lächelte ihn an.

Abraham Mignon erhob sich. »Ich hebe mein Glas hoch empor«, sagte er warm, »zu Ehren der Jungfer Braut! Zum Ruhm ihrer edlen Kunst, ihres feinen Stifts und begnadeten Pinsels! Die Krone der Frauen, Malerin der Blumen und Pflegerin des kleinen zierlichen Getiers – ein langes fröhliches Leben wünsche ich ihr von Herzen!«

Graff stand verlegen auf und verneigte sich mit dem Trinkbecher gegen den Redner, und auch Morell trank ihm zu. Sibylla grüßte dankbar zu Mignon hinüber. Glücklich errötend überblickte sie die Tafel. Da erkannte sie am Tischende das zottige Haupt des Savede. Er war unbemerkt hereingeschlüpft, irgendein Schankknecht hatte ihm den Stuhl hingeschoben, und jetzt trank er schon eine Weile mit den anderen.

Er schwankte, als er aufstand. »Die Krone aller Würmer, Käfer und Geflügelten!« Er kicherte unbeherrscht, Mignons Ton nachäffend. »Was sie angreift, gewinnt Leben und Ruhm. Ja, ja, das hab ich selber gesehen, und wenn's ein – Meisterstück ist!«

Man zog ihn auf seinen Platz zurück. Graff wurde blaß vor Ärger und Scham.

Matthäus Merian, der unbeteiligt vor sich hingesehen hatte, trommelte kaum beherrscht mit den weißen beringten Fingern auf dem Tischtuch; er winkte einem der Lohndiener und gab einen leisen Befehl. Savede sträubte sich schreiend, als man ihn hinauszerrte. Morell fuhr erschrocken auf, lief um den Tisch und gab dem Alten seinen Beutel. Er mußte die graue Hand greifen und das Leder hineinpressen, ehe der Schreiende verstand, was gemeint war; dann schlurfte er maulend hinaus.

Die Gäste waren verstummt. Die Braut hielt mühsam die Tränen zurück. Andreas schaute sie ratlos an. Sie kämpfte mit dem Verlangen zu sprechen, aber die Sitte verbot es ihr.

Morell kam ihr zu Hilfe. »Das Meisterstück ist eine gute Arbeit meines Schülers Graff«, sagte er beiläufig, aber deutlich. »Savede ist ein Schwätzer.«

»Guter Morell«, tuschelte eine alte Dame in schwarzer Haube, »warum hat man den Kerl denn geladen!«

»War nötig, höchst nötig«, wisperte ihre Nachbarin leiser, »und es hat nun doch nichts genützt. Der läßt sich das Schweigen nicht abkaufen ...«

Die Braut hörte mit der Empfindlichkeit der Verletzten jedes Wort. Sie nahm Graffs Hand, legte sie in ihren Schoß und strich darüber hin. Dann stand sie doch auf und wandte sich Matthäus zu: »Ihr habt die Güte gehabt, Herr Bruder, einige Musici zu bestellen. Wenn es die Frau Mutter erlauben wollte, so möchten wir jetzt den Tanz eröffnen.«

Morell und Johanna starrten betreten vor sich hin. Seiner Frömmigkeit war der Tanz zuwider, aber der Frau lag an ihren teuren Konfitüren, und da man das Aufsehen mit dem leidigen Savede nun schon wieder hatte erleben müssen, gab es mehr als nur einen Grund, den Aufbruch der Amtspersonen zu beschleunigen. Sie nickte Sibylla nachdrücklich zu. Auch Antonia Maria machte schmale Augen. Matthäus rief nach dem Diener. Man holte die kleine Musikantengruppe aus dem Vorsaal.

Als der erste Akkord aufklang, ließen die Gäste fast widerwillig die gefüllten Teller stehen. Die Räte und Geistlichen verabschiedeten sich und dankten den Brauteltern, schüttelten Hände und sprachen Segenswünsche aus; dann verließen sie, von Morell begleitet, den Saal. Die Paare sammelten sich im Vorgarten unter den Säulen und traten gemessen zwischen die beschnittenen Boskette auf den langen sandbestreuten Gartenweg. Graff schwenkte, sich verneigend, den großen Federhut, die Braut knickste tief; er richtete sie auf und begann, im Spiel der Töne, die feierliche Sarabande. Die Reihen formten sich den Rasen entlang. Rote Seide glänzte, gelber Taft; Gold funkelte aus Gehängen und Stickerei; die gerollten löwenfarbigen Perücken der Männer wogten seltsam beim Neigen und Wenden. Matthäus tanzte gravitätisch mit seiner geputzten Frau, milchweißer Brokat bauschte sich über ihren vollen Hüften, auf den runden Schultern blitzten echte Steine. Ihr törichtes hochmütiges Gesicht brannte, unter dem zurückgekämmten Haar war die Stirn blank von feinen Schweißperlen. Merian, in grünem Samt, blickte erhaben auf den kleineren Morell hinunter, der mit der Meisterin an der Ecke des Weges stand.

Der feuchte Rasen roch nach Frühling. In den Beeten blühten Narzissen. Der Seidenhändler Morell, Jakobs Bruder, jetzt Wirt »Zum Roten Mönch«, der ruhige Mignon, Graffs Basen, die rotblonden spitznasigen Fräulein aus Nürnberg, und ihr gewichtiger Vater Balthasar, alle wogten in langen Reihen gegeneinander und voneinander weg, schritten gemessene Einzelfiguren und machten mit erhobenen Armen ihre Drehungen und Wendungen.

Die Gigue, die Gavotte waren getanzt und verklungen, die Kavaliere ließen sich Wein bringen, den sie stehend tranken; man nahm die Schmuckdegen ab, öffnete das Kollett am Hals und legte die großen Hüte auf die Mauer. Seit ein paar Jahren war es auch in Frankfurt üblich, nur auf der Straße das Haupt zu bedecken, den Hut in Gesellschaft abzutun und ihn sogar beim Grüßen zu ziehen.

Ein winziger Schoßhund, das Geschenk der Gesellen an Sibylla, drängte sich jetzt zwischen Schleifenschuhen und wallenden Röcken durch und suchte seine frühere Herrin, Mignons alte Tante, ohne sie zu finden. Jemand trat ihm auf den buschigen Schwanz; eine Dame schrie. Lachend drängte sich Graff zu dem jaulenden Tier hin und hob es auf. Sibylla nahm es ihm ab und streichelte das Fell. »Dir geschieht nichts, Minor«, sagte sie beruhigend. Die Jungvermählten schoben sich aus der Reihe in den Laubengang. Andreas umarmte das Mädchen, er küßte ihr Haar. Der Hund glitt zu Boden und fuhr kläffend an Sibyllas Kleid hinauf. Sie bückte sich nach dem wolligen wedelnden Knäuel und strich sich dann eine Locke aus der Stirn. »Wer hat denn den Savede gerufen, Andreas?« fragte sie traurig.

»Ach was«, flüsterte er, peinlich berührt, »der taucht überall auf, wo's was gibt. Jetzt ist er fort, er gehört nicht mehr zu uns, nie mehr!«

Sie schaute ihn überrascht an: sein Ton klang fast beschwörend, als hätte er Angst. Auch in ihr weckte Savedes Name einen Schauder; in Gedanken sah sie Andreas wieder über dem Wirtstisch liegen, unwürdig und haltlos, und war froh, daß er den unheimlichen Mann so entschieden ausschloß.

»Savede ...«, murmelte sie vor sich hin. Er spürte den Ekel, mit dem sie das Wort aussprach.

»Aus, Maria Sibylla, aus! Du bist jetzt da, und neben dir ist kein Platz für das andere. Glaubst du's mir? Nie mehr sollst du mich so finden wie damals!«

Er hat meine Gedanken erraten, dachte sie glücklich.

»Laß mich's jetzt vollends sagen, ich bitte dich«, stammelte Graff zitternd. »Ich hab gefürchtet, ich könnt's nicht recht machen, das Meisterstück, und da hat der Alte geraten, ich solle ein gutes Muster suchen, sicher sei bei euch eins irgendwo aufgehoben, ein brauchbares Modell zum Nachstechen. Dann hab ich die ›Bäume‹ auf eurem Boden gefunden, in der Mappe, in der Truhe ...« Er stockte erschöpft. »Niemand hat mich gesehen und gehört, wie ich's herausgesucht habe«, sagte er schnell. »Ich hätte dich fragen können, aber ich hab mich gescheut. Als du's dann gemerkt hattest, daß ich deines Vaters Kopie noch einmal mit meinem Signum gestochen, da hab ich den Kopf verloren. Ich kenne ja die Vorschrift: Wer's dazuschreibt, daß er kopiert hat, wie dein Vater, tut recht. Ich hab's drauf angelegt, daß man's nicht merke, und meinen Namen dazugesetzt.«

Sibylla hörte geduldig zu, wie er sein Unrecht ausführlich und genau berichtete; sie lächelte nicht einmal, da sie sah, wie wohl ihm das Reden tat.

Er trieb den Hund weg, der sich an ihm rieb, und fuhr sich in die Halsbinde. »›Was soll ich jetzt tun?‹ hab ich den Savede angeschrien, ›wo sie's weiß?‹ und hab die Platte zerkratzen und zerschlagen wollen. Er hat alles weggesteckt, und dann hat er gesagt: ›Bist doch ein Mannsbild, wer wird sich da so wirr machen lassen von einer naseweisen Jungfer? Du mußt dir Mut antrinken, Andreas, da sieht's gleich anders aus. Geh nur!‹ Ich bin aber nicht des Korns wegen so lang im ›Fasanen‹ gesessen, nur weil – ich hab mich geschämt und hab nie mehr kommen wollen, zu dir nicht und nicht zum Morell; auch vor dem Mignon und dem Matthäus hätte ich nicht mehr auftreten können. Das ist für einen Mann so schlimm wie …«

»So viel hab ich ja gar nicht wissen wollen«, redete sie ihm zu, »bloß, wer den Alten hereingelassen hat. Aber das ist jetzt auch gleich, wo wir zusammengehören, Andreas.« Sie nahm seine warme, kräftige Hand und drückte sie gegen ihr Gesicht.

Graffs Nürnberger Onkel hatte sich die fünftägige Wagenfahrt nach Frankfurt nicht nur um der Hochzeit willen zugemutet. Schon als der Neffe die Einladung brachte, sprachen die Verwandten von ihrem Plan: Das alte geräumige Haus am Milchmarkt, »zur Güldenen Kanne« genannt, gehörte seit dem Tod seiner Eltern Graffs weitläufiger Sippschaft; er hatte sich damals auszahlen lassen. Der runde Onkel Balthasar besaß den Hauptanteil. Er war Kaufmann, zuzeiten konnte man ihn sogar einen Kaufherrn nennen; aber er hatte bei seinen Samen- und Zwiebelgeschäften Pech gehabt. Seltene Knollen – wie es hinter der vorgehaltenen Hand hieß, Keimlinge der berühmten schwarzen Tulpe – waren ihm auf einem Wintertransport aus den Niederlanden erfroren. Auch einige andere Unternehmungen waren mißglückt. Balthasar hatte Verpflichtungen; allmählich drückten ihn die Schulden bedenklich, und die Gläubiger drängten. So war er mit der Brautwahl des jungen Andreas recht zufrieden gewesen, die Merians waren vermögend. Als Sprecher aller Besitzer hatte er deshalb dem Hochzeitslader die »Güldene Kanne, in Sankt Sebald Pfarrei gelegen« zu mäßigem Preis angeboten und ihm den Mund wässerig gemacht nach den Vorzügen, die das gutversehene Haus und die vielen alten Bekannten hätten.

Graff war damals nicht darauf eingegangen. Seine Braut werde nicht wegwollen, meinte er.

Nach dem Fest wohnten Onkel und Basen noch fast einen Monat lang bei Morells Bruder, dem Seidenhändler und Wirt »zum Roten Mönch«. Balthasar mußte in der Gegend um Frankfurt einige Außenstände eintreiben und hoffte noch immer, Andreas werde sich zum Kauf des Familienhauses entschließen.

Den Töchtern gefiel das schöne Frankfurt recht gut und Sibyllas Gastfreundschaft, die sie weidlich ausnutzten, auch nicht übel.

Da geschah etwas Unerwartetes: Der alte Balthasar wurde unversehens bei einem üppigen Essen vom Schlag gerührt und starb. Die Mädchen klagten erbärmlich und wußten sich nicht zu helfen. Man beerdigte den Kaufmann in Frankfurt; das Nürnberger Erbgrab hatte er bereits nach dem Tode seiner Frau verkauft, wie sich erst jetzt herausstellte.

Graff nahm sich der plötzlich Verwaisten nur widerwillig an. Er wußte wohl, daß den Basen allein an einem gehörigen Geldzuschuß gelegen war, und sie lagen ihm täglich damit in den Ohren.

Endlich entschloß er sich, dem Jammern und Betteln durch eine längere Reise zu entgehen; ohnehin hätte er gern die Beziehungen zu einem Tiroler Landbesitzer erneuert, der zwei Städtekupfer des Vaters Merian besaß und wegen eines Freskos für seinen Stammsitz angefragt hatte. Auch das Porträt der Freifrau sollte dort gemalt werden.

Eilig, ehe ein anderer Künstler von der Sache erfahren konnte, brach Graff auf. Sibylla litt unter dem Abschied; es tat ihr weh, wie leicht er ging. Sie machte sich auch wegen des Auftrags Gedanken. »Meinst du nicht, Andreas«, sagte sie, »Matthäus hätte das Bildnis übernehmen wollen? Das ist doch seine Domäne. Wir sollten ihn fragen.«

Er beschwichtigte sie obenhin. »Dein großer Herr Matthäus ist bereits wieder am Verreisen. Ich sah ihn heut morgen beim Pferdehändler ein Roß kaufen.«

Graff ritt nach Tirol. Sibylla sah ihm nach, wie er, den Reisesack vor sich auf dem Gaul, antrabte und lustig zurückwinkte. Ich werde oft allein sein in meiner Ehe, dachte sie, und ganz auf mich gestellt. Agathe erwartet ein Kind – was liegt vor mir? Ich hab bloß den Minor, ein Hundchen; das ist alles. Und meine Arbeit, meine Blumen und Falter! Manchmal sind sie wie Freunde.

Sibylla behielt die Töchter des Balthasar bei sich, weil sie die Zeche im »Roten Mönch«, so billig diese dort auch angeschlagen wurde, nicht mehr zahlen konnten. Sie hatte freilich nicht viel Zuspruch von ihnen, kaum ein vertrauliches Gespräch kam auf. Jede Unterhaltung endete bei der Armut der beiden und mit der Bitte um Hilfe. Lieber als an die Schwestern hielt sich Sibylla an das anschmiegsame Hündchen, und Minor dankte ihr die Freundschaft mit wedelndem Schweif.

Da erschien, an einem gewittrigen Abend, Matthäus in der Domgasse. Er sah ärgerlich aus. »Wo ist dein Mann?« fragte er die Stiefschwester.

Sibylla erzählte.

Er habe derlei reden hören, sagte Matthäus verdrossen. Warum man nicht *ihn* gerufen habe?

Sibylla erklärte und entschuldigte vergeblich – der Maler ließ seiner Verstimmung den Lauf. »Du solltest wissen, Sibylla«, drohte er, »daß er allen Grund hat, mir zu danken. Ich mag dich nicht betrüben, aber solang ich's auch verhalten habe, ich muß es jetzt doch sagen: Das Geschwätz des Savede bei deiner Hochzeit hat man wohl gehört. Zwei alte Frauen, die dabeisaßen, haben's weitergetragen, und im Rat kam es zur Sprache. Man hat dem Graff etliches Ungute angehängt, ihn aber auf meine Fürsprache hin in Ruhe gelassen. Ich hab versichert, es sei sein eigenes Meisterstück und kein Schwindel dabei.«

Sibylla setzte sich neben den großen Bruder. »Das ist's auch«, bekräftigte sie.

»Gut, Sibylla!« Er stand auf und wanderte in der Stube herum. »Gut so. Aber der leidige Verdacht ist ausgesprochen und kreist in der Stadt. Ihr könnt nicht erwarten, daß ich euch immer und immer decke, indes der Graff mich über den Löffel balbiert wie einen Schulbuben!«

»Das tut er ja nicht«, rief sie bestürzt.

»Doch, doch, du weißt es wohl. Seit je bin ich der Maler und Konterfeier, und er strichelt artig seine Architekturen. Warum fragt er mich nicht, ehe er verreist? Er ist nur einer in der Werkstatt, und sein Meisterstück hab *ich* ihm herausgestrichen bei der Zunft und im Rathaus.«

Sibylla senkte den Kopf.

»Eins sag ich dir«, brummte Matthäus böse, »meinen Schutz hat er verwirkt. Es wäre gut, wenn er nicht allzu lang darauf baute – ich tu nicht mehr mit.«

Er ging. Hinter ihm schlug die Tür dröhnend zu.

Sibylla wartete ungeduldig auf Graffs Heimkehr, aber er ließ sich Zeit.

»Es dauert Wochen, bis so ein Saal ausgemalt ist«, sagte sie zu Johanna, die beunruhigt nach dem Schwiegersohn fragte.

»Vielleicht kommt noch der und jener andere Auftrag dazu«, beschönigte sie weiter, »und wenn er sogar jemand abmalen soll ...« Sie stockte verlegen. Johanna bemerkte es.

Agathe Schnellerath hatte ein hübsches Mädchen geboren. Als Sibylla sie in der überheizten Wochenstube besuchte, waren schon vier andere Frauen da. Sie saßen auf Bett und Stühlen dicht um die junge Mutter herum, schwatzten und beguckten den Säugling, der rot und flaumig in seinem Korb schlief. Unter der gestärkten Haube tropfte Agathe der Schweiß von der Stirn. Kurzatmig sprach sie von der bevorstehenden Taufe, bei der auch Sibylla Pate stehen sollte. Das kleine Mädchen würde ihren Namen tragen.

Aber noch ehe Graff wieder da war, kam der Magister eines Tages aufgeregt zu Sibylla: Das Kind hatte plötzlich keuchend geatmet und war gestorben, bevor man die Hebamme rufen konnte.

Sibylla ging gleich zu der niedergeschlagenen Mutter. »Du bist jung und deine Ehe hat erst angefangen«, sagte sie tröstend, »noch viele blühende Kindlein werden bei dir einkehren; wir haben noch keines ...«

Agathe lächelte schon wieder mit zuckenden Lippen. Dann saßen die beiden Frauen lange still beieinander.

Als Sibylla das Haus verließ, wartete draußen der kleine Hund auf seine Herrin. Sie hob ihn auf und strich ihm über den gelockten Nacken; er wühlte sich kuschelnd in ihre Armbeuge.

Graff blieb dreiviertel Jahre fort. Bei der Rückkehr fand er Sibylla inmitten einer umtriebigen Wirtschaft: die Werkstatt war vergrößert worden, Morell hatte neue Lehrjungen eingestellt. Caspar stach fleißig wie je. Nur Mignon war krank geworden. Aber Sibylla galt bald soviel wie Graff und Mignon zusammen – sie war unermüdlich, fast übereifrig. Matthäus allerdings zeigte sich weniger als früher, er hatte seinen Mißmut noch nicht überwunden.

Graffs Ankunft feierten die Jungvermählten wie ein Fest.

Es war Frühling, und für die beiden setzte sich ihre Gemeinsamkeit da fort, wo sie bei seiner Abreise aufgehört hatte: der Ritt »ins Tirol« war nicht mehr als ein Schattenstreif an einem unverändert blauen Himmel.

So wenigstens schien es Andreas. Er brachte einen kleinen Guldensack mit, er hatte dort gut gelebt, denn auf Tiroler Herrensitzen aß man nicht wenig und trank den berühmten feurigen Wein. Und er hatte, weit fort von der Bevormundung des Matthäus und Morells leisen Ermahnungen, endlich einmal wieder getan, was er wollte. Auch als Künstler war er dort der einzige gewesen. Die Wandverzierung, die man ihm aufgetragen hatte, geriet ihm prächtig; Wälder und Schlösser mit Fahnen und Zinnen hatte er an die Saalmauern gepinselt, und dem Freiherrn gefiel, was er malte. Auch das Bildnis der Schloßfrau war nicht schlecht gelungen. Graff hatte die füllige Dame veredelt und ihr zu schwaches Kinn mit molligen Rundungen hervorgehoben, und sie war vollauf zufrieden gewesen. Ob da ein Kunstwerk entstanden war, konnte sie nicht beurteilen. Jedenfalls kam der Maler in bester Laune zurück, und Sibylla sorgte dafür, daß er seine Fröhlichkeit behielt.

Vom Besuch des Matthäus und seiner verletzten Künstlerwürde sagte sie nichts.

Indessen waren auch die Basen wieder nach Nürnberg gereist. Sie wohnten dort ziemlich dürftig in einem Fräuleinstift, für das sie noch zu jung waren, und boten in ihren Briefen nach wie vor das Haus am Milchmarkt an.

Sibylla sprach mit Morell darüber; er hatte schon durch Matthäus erfahren, wie wenig Graff in der Galgengasse galt. Antonia Maria stachelte Merians Empfindlichkeit an. Und als man dort von dem Nürnberger Angebot hörte, rieten alle, auch Morell, zum Kauf. Sogar Sibylla tat es schließlich, sie glaubte, das Graffs freier Entwicklung schuldig zu sein. Er selber ahnte nichts von den Zusammenhängen.

Der Erwerb der »Güldenen Kanne« wurde also beschlossen. Sibylla legte noch eine kleine Summe zu den Tiroler Gulden. Andreas versprach sich von der Heimat die Ungebundenheit der Reisemonate und eine neue Verteilung der Gewichte; er war voller Unternehmungslust.

Für Sibylla war seine Freude unwiderstehlich. Ihm zuliebe machte sie das heitere Spiel mit: er strahlte wie in der ersten verliebten Zeit, und unversehens war sie selber voll Glück.

Nürnberg

Der Umzug war im Gang: Leinwand in Ballen und flachen Lagen hatten die Mägde mit der Mutter in die Kisten gepackt. Silber, blank gescheuert mit Schachtelhalmen, gewichst mit Wolle, bis es blitzte, ruhte zwischen Tüchern in den Reisetruhen. Schöne geschnitzte Möbel aus der Basler Heimat des Vaters Merian, Bilder, die er noch gemalt oder nach größeren Meistern kopiert hatte, Messingleuchter, Geschirr, Zinn und Steingut waren sorgfältig umwickelt und übereinandergeschichtet worden, Seidengarn und Tuch, Duftkräuter dazwischen, Rosmarin, Thymian, Melisse, die allem ihren würzigen Geruch mitgaben, Papiere und Kupferplatten, der Spinnrocken und das Flachsbündel, Rauchkerzen, Lederstücke, Pelzwerk.

So zog das Paar nach Nürnberg. Sibylla in einer breiten rumpelnden Reisekutsche, Graff zu Pferd daneben, Troßknechte und Kutscher, die zwei Planwagen mit dem Heiratsgut lenkten. Graff strahlte. Es war Mai, neben ihm im Wagen saß die blühende gescheite Frau, ihre Mitgift erregte Aufsehen, der Ruhm ihres Vaters klang auch in Nürnberg laut und gut.

Am fünften Reisetag endlich sahen sie vor sich die Türme der alten Stadt. Auf den Feldern lag Tau. Aus dem Silbergezitter der Halme schwirrten die Lerchen in den kühlen blaßblauen Himmel, über dem wie ein Gespinst eine Vorahnung der Frühsonne lag.

Die Fuhrleute sangen.

Hufschlag klang auf; zwei Reiter galoppierten grüßend vorbei, lüpften die Federhüte, daß die langen Locken wehten, und waren vorüber.

»Das war der junge Andreas Arnold mit seinem Schreiber«, sagte Graff, »ein gelehrter Nürnberger.«

Maria Sibylla hatte kaum zugehört; sie schaute zu ihrem Mann auf. Das Wagendach verdeckte ihr sein Gesicht, sie sah nur die glänzenden faltigen Reitstiefel und die weiten Hosenbeine, den überfallenden Rock, die Hand am Zügel – alles war wieder ganz neu und abenteuerlich, der Takt der Pferdeschritte klopfte neben ihr und zugleich in ihr, sie summte und wiegte sich dazu, das Haar tanzte um ihren schlanken Hals. Auf ihrem Schoß saß der zappelnde Minor.

Andreas beugte sich herunter. »Hast du Hunger, Liebste?«

»Nein!«

»Durst?«

»Nein!«

»Was dann?«

Sie lachte. »Freude hab ich, sonst nichts!«

Graff lachte zurück. »Ich glaube, in dir hat immer nur ein Ding gleichzeitig Platz, nichts anderes daneben!«

Sie winkte ihn heran, er bog sich zum Wagenfenster. »Wäre es dir lieber, wenn neben dir noch jemand Platz hätte in meinem Sinn?« fragte sie halblaut.

Graffs Pferd tat einen winzigen Sprung zur Seite, und der Reiter mußte seinen Federhut festhalten, der ihm fast heruntergefallen wäre.

»Nichts sonst!« sang Sibylla vergnügt.

»Nichts, nichts, gar nichts sonst!« respondierte er wie eine eigene Zusage.

Das Graffsche Haus in Nürnberg war ein stattlicher Bau. Der Großvater, Geistlicher bei Sankt Egidien, hatte es gebaut, der Vater aufgestockt und verschönt. Andreas brauchte sich vor der wohlversehenen jungen Frau nicht zu schämen.

Die »Güldene Kanne« war so weitläufig, daß es eine Woche dauerte, bis Sibylla alle Räume richtig kennengelernt hatte: die Keller für Wein und Gemüse, die Holzlege und die Obstverschläge im untersten Stockwerk, das kühl und trocken war, darüber die große Küche mit dem Rauchfang, den gekachelten Wänden und dem blanken Messinggeschirr, ein Speisezimmer daneben, und auf der anderen Seite eine Vorratskammer. Neben der breiten Treppe war der Arbeitsraum, den Graff für seine Stecherei und als Atelier vorgesehen hatte. Eine kleine Kammer mit breitem Sims und großem Fenster wünschte sich die Frau als Malraum, ganz für sich allein, wenn sie entwerfen und kolorieren wollte, abseits von der Werkstatt mit den Gesellen. Graff beschaffte sich gleich bei der Zunft zwei tüchtige Burschen, einen Holländer und einen jungen rothaarigen Engländer; Lehrjungen boten sich selbst an, die Eltern schickten sie gern, teilweise aus Neugier, aber auch, weil man der Familie Graff Gutes zutraute und der Name Merian bekannt war.

Über den Arbeitsräumen lagen die Schlafkammern, eine breite, dunkle für das Ehepaar, mit eingelegten schönverzierten Betten, und zwei kleinere für die erhofften Kinder; sie dienten vorläufig noch als Apfelkammern und zum Flachstrocknen und Papierlagern. Der Dachboden wurde schnell vollgestopft mit Bildern und Büchern, mit den Kleidertruhen und Pelzkästen und Bettstücken auf ausgespannten Seilen.

Sibylla übernahm die alte Magd, die das Haus gerichtet hatte; Barbara war schon früher bei Graffs Mutter, der Frau Magisterin, gewesen und kannte sich aus. Fast etwas geringschätzig sah sie die junge Frau an, als sie ihr die Hand entgegenstreckte. Ein Knecht besorgte Graffs Pferd. Die kupferblonde Zweitmagd Lisbeth, kaum vierzehnjährig, wurde im Frühherbst eingestellt, um Sibylla zu entlasten.

Sibylla hatte ihre Arbeit gleich wieder aufgenommen, die

Falterkästen waren neu bestückt, die mitgebrachten Blumenskizzen wurden »ins Kupfer gebracht«.

Der Sommer 1666 war heiß. Nürnberg schien Sibylla schwüler als Frankfurt mit dem breiten strömenden Main, obwohl das alte Haus mit den dicken Mauern kühl war und der Fluß nicht weit. Die Wiesen wurden schon grau und das Gras dörrte. Der Pegnitzgarten war fast abgeblüht, nur die stark duftenden weißen Nelken und ein paar große derbstielige Margeriten hielten sich noch am Rand der Beete. Andreas hatte für seine junge Frau eine Fontäne mit einer Brunnenfigur anlegen lassen; aber bald vermooste das Becken, und der dicke Putto mit seinem Delphin sah mißmutig aus, seit ihn der Strahl nicht mehr feucht übersprühte: in dem steinernen Fischmaul war das Wasser vertrocknet.

Seit es so warm war, saß Sibylla manchmal abends beim Brunnen; Graff war oft unterwegs, er hatte außer dem Verlag, der Drucker- und Stecherwerkstatt noch einen Kunsthandel angefangen wie viele Maler in Nürnberg, und Sibylla betrieb eine Malschule, in der sie die Mädchen aus den großen Patrizierhäusern unterwies; vom Farbenreiben bis zum Entwerfen übten die Jungfern eifrig die schönen Künste, stickten Ornamente und Dekorationen, bemalten Stoffe und färbten feines Leder. Wer etwas auf sich hielt, schickte seine Tochter zu ihr. Gleichzeitig versorgte Sibylla den Haushalt und beredete Speisenfolgen und Vorratspläne mit der alten Magd.

Es gab Abende, an denen Graff seine Laute nahm und leise präludierte; summend und zufrieden lächelnd saß er vor Sibylla und umfing sie mit vertrauenden zärtlichen Blicken. Dann ging seine spielerisch ertastete Melodie unvermittelt in eine rauschende, anschwellende Klangfolge über, sicher und siegesgewiß, der Sibylla bewegt zuhörte. Aber es war nichts Stetiges in seiner Freude, das Heftige, Unerwartete und Unvermittelte überwog. »Er ist immer noch ein Verliebter; ach, und ich wünschte, er könnte ein

Liebender werden!« schrieb sie einmal auf einen Zettel, den sie zwischen ihren Skizzen verbarg. Die Bereitschaft für sein Aufrauschen und Zusammenfallen, für seine wechselnden Stimmungen, die jäh im Dunkel der Mutlosigkeit ertranken, erschöpfte Sibyllas innere Kraft.

Sie war oft müde und kam doch nicht zur Ruhe. Dann wanderte sie zu dem schattigen Baumstück an der Mauer, setzte sich auf den Brunnenrand und sah dem versickernden Rinnsal zu; warmer Wind kam durch die Laubgehänge, zu früh fielen die dürren Blätter in die Schale und verdeckten den Grund. Die lustigen Wellen wachten in diesem Sommer nicht mehr auf.

Der Herbst begann früher als sonst, der wilde Wein färbte sich an den Blatträndern. Gelbe Zweige hingen über den verwachsenen Gartenweg. Eine Sonnenblume senkte die schwere braune Scheibe, an der ein winziger Vogel haftete, pickend und zirpend, mit aufgeregt nickendem Köpfchen. Kein Ton kam aus der Gartentiefe, die Bäume atmeten lautlos. Da taumelte ein großer schwarzer Schmetterling aus dem Geranke, stieß plump an Sibyllas Stirn, stürzte wirbelig auf den Wasserrand und glitt mit einem einzigen Flügelschlag wieder in die schwere Luft hinauf. Sie hatte diese dunkle Art noch nie gesehen und hätte ihn gern gehalten; aber sie war nicht schnell genug gewesen.

Auf einmal erschrak sie. Bote, ging es ihr durch den Kopf, düsterer Bote! Sie hörte dumpfes Grollen am Himmel; das fahle Grün trug ein giftiges Licht, der aufkommende Wind blies Schwaden von Staub aus dem Weg auf. Ein leichter Schwindel kroch hinter ihren Augen in die Stirn. Übelkeit würgte sie; ihre Hand suchte den Brunnenrand. Waren das die Zeichen, von denen ihre Mutter gesprochen hatte? Wenn es das wäre? Sie saß und horchte in sich hinein, das gesammelte Niederbeugen und traumhafte Durchdringen ihrer selbst war wie eine Vision: Winziges schlafendes Geschöpf, da hat es sich eingesponnen in die lebendige

Hülle ... Andacht jagte ihr einen kühlen Schauer über den Rücken, Tränen stiegen ihr in die Augen: Von heute an tu ich nichts mehr nur für mich – alles, was mir geschieht, ist auch schon *sein* Schicksal, mit mir lebt es und durch mich wird es leben ...

Seltsamerweise kam ihr kein Gedanke an den Gatten, so ganz ruhte sie jetzt in sich selbst. Puppe, verborgen wachsend, dachte sie, und einmal ausbrechend aus allen Schalen, offenbar werdend als ein schöner leuchtender Schmetterling – oder als der dunkle, der mir eben begegnet ist? Vielleicht tritt er nur ins Leben, wenn ich vergehe?

Graffs Geschäfte gingen nicht gut. Er malte und zeichnete Blumenstücke und Früchtestilleben nach der Manier seines Lehrers Morell, er war ein geschickter Landschafter, verstand, mit der Perspektive umzugehen und Kirchen und Schlösser darzustellen. Aber es war hier wie in Frankfurt – man spürte, daß er nicht ganz ins Bett der gemächlichen Bächlein paßte, die der Bürger Weg sein sollen, und wiederum nicht darüber hinausragte und zu den Besonderen und Großen gehörte. Er blieb jetzt manchmal über Nacht fort und kam dann mit einem Gesicht heim, das Sibylla an den schlimmen Morgen im »Fasanen« erinnerte. Du bist empfindlich, sagte sie sich, das ist jede Frau in dieser Zeit. Wenn sie ihn fragte, wurde er zornig, und wenn sie weinte, ging er wütend hinaus.

»Laßt ihn, Frau«, sagte die alte Magd immer wieder, »die selige Magisterin hat ihm jeden Willen getan, er ist's so gewöhnt.«

Der erste Schnee fiel; die Straßen waren naß und schmutzig, auf den Dächern und Türmen der Nürnberger Burg lag die dicke weiße Decke und hob die Umrisse des massigen Blocks gegen den grauen Himmel ab. Sibylla zeichnete in ihrem Kabinett; dazwischen ging sie immer wieder zu den »Maljungfern« hinüber und prüfte die Arbeit der Schülerinnen. Die Mädchen stichelten und strichelten, und sie hatte zu tun, um die Entwürfe für alle zu skizzieren. Auch Barbara rief sie öfter als früher – die Alte wurde zitterig, ihre Augen versagten. Sibylla war ihr dankbar für die schwache Kraft. Wenn sie durchhält, bis es da ist, dachte sie, bin ich froh, die Gerüche und Geräusche in der Küche ertrage ich schlecht.

Graff freute sich auf das Kind. Aber Sibylla trieb eine schwere Ahnung um und machte sie unruhig.

Gegen die Novembermitte rief man sie abends in den Hausflur. Graff war seit fünf Tagen in Geschäften unterwegs. Ein reitender Knecht, der zwischen Amberg und Nürnberg Botenfahrten machte, brachte ihr ein Schreiben. Sie entlohnte ihn und nahm den Brief mit in ihre Malkammer. Es war eine kurze Nachricht, unterzeichnet mit drei Kreuzen und sichtlich von einem bestellten Skribenten auf Verlangen verfaßt.

Der Maler Johann Andreas Graff, wie er sich nach eigener Angabe nennt, hat des öfteren bei mir gezecht, auch allein und mit anderen Personen genächtigt, und etliche Male Geschirr und Gläser zerschlagen in Trunkenheit. Er hat davon nichts bezahlt, es sind in Summa fünfundzwanzig Taler und vierzig Groschen, und drei Taler für das Gesinde, das hinter ihm hat säubern müssen. Mit der Bitte, die Summa dem Reitenden mitzugeben, der am Tag Sankt Barbara wieder in Nürnberg einkehren wird, unterzeichnet: Der Wirt vom »Güldenen Leuen« zu Amberg.

Sibylla setzte sich ans Fenster, es wurde ihr dunkel vor den Augen; schließlich schleppte sie sich in die Küche.

»Hör«, sagte sie zur Magd, »lauf in den ›Bären‹, wo die Fuhrleute absteigen, und frag, ob der Bote noch da sei aus Amberg. Er soll zu mir kommen, ehe er abreitet.«

Eine halbe Stunde lang saß sie ohne Kerze; sie mochte kein Licht machen. Dann klang Hufschlag vor dem Haus. Wenn es Andreas wäre, dachte sie, ich könnte ihn jetzt nicht sehen. Da hörte sie die laute Stimme des Reiters. Die Magd führte ihn herein. Sibylla ließ sich Licht bringen und bot dem Mann einen Stuhl. Es war ein rauhbärtiger faltiger Mensch, der nach Pferden roch; seine schrägen blauen Augen sahen fast mitleidig auf die vornehme Frau, die blaß und aufgeregt vor ihm saß.

»Ich hab Euch rufen lassen, Postreiter«, sagte sie leise, »daß Ihr mir meldet, wie der Löwenwirt von Amberg an mich kommt? Hat mein Mann ihm das Haus gesagt?«

»Ich kenne den ›Güldenen Leuen‹ nicht weiters«, brummte der Bote in seinen Bart.

Sibylla sah ihn offen an. »Ich hab nichts gewußt von dem, was der Wirt da schreibt; kennt Ihr den Brief?«

»Ja, aber ich bin ein Bote, kein Schwätzer!«

Sie nickte. »Gut, lassen wir's dabei. Hier ist das Geld, und für Euch selber das da!«

Der Reiter unterschrieb einen Schein, daß er dem Wirt das Geld abgeben werde – »ausgenommen höhere Gewalt, Wegräuber und derlei üble Zufälle«.

Drei Tage später, an einem kalten Morgen, brachte die Zweitmagd Lisbeth wichtigtuerisch ein Gerede heim, das sie in der Küche nicht loswurde, weil die Alte an Andreas hing und alles Geschwätz über ihn verbot. So gelangte es zu Sibylla.

»Sie erzählen was vom Herrn«, sagte das Mädchen halblaut, »er habe Schulden in Amberg und sei ein Säufer, sagen sie.«

Der Bote hat nichts geredet, dachte Sibylla. Woher mag's dann kommen, o Himmel?

»Sie wisse es sicher, sagt die Metzgerin am Markt«, fuhr das Mädchen eifrig fort, »es hab's einer aus Frankfurt gesagt, der ihn gut kennt, ein alter Maler.«

Sibylla sah Savedes glitzernde Augen vor sich. »Maler gibt's viele in Frankfurt«, sagte sie möglichst gelassen, »mag auch einer lügen davon. Es sind neidische Leut dabei.«

An der Mittagstafel aß sie fast nichts. Sie fühlte sich sehr elend. Nachher versuchte sie zu malen. Gedankenlos pinselte sie an einem Abzug herum, den die Imhoffs bestellt hatten, fand ihre Farben zu grell und legte mutlos die unsicheren Hände in den Schoß. In der Werkstatt knirschte die Presse, von der anderen Seite hörte Sibylla das gedämpfte Sprechen der Malmädchen.

Auf einmal klangen Graffs kräftige Tritte im Flur. Er war zu Fuß gekommen, ohne Pferd. Sibylla blieb zitternd stehen, wo sie war, am Fenster ihrer Malkammer.

Andreas kam herein, mit ihm ein kühler Schwall Winterluft aus dem Gang. »Ich bin da, Frau Eheliebste«, dröhnte er laut, »und wie geht es der Teuren?«

Sie schaute zu ihm auf und hob müde die Hand. »Andreas, du warst so lang fort, daß ich dich kaum mehr kenne. Kommst du denn heim als mein Mann?«

»Was soll das heißen?« fuhr er sie ärgerlich an, »wie denn sonst?«

»Es ist nicht wie sonst«, sagte sie entschlossen, »ich hab eine Botschaft bekommen und Schulden bezahlt.«

Graff wurde blaß. »Botschaft? Von wem? Und an dich?«

»Ja, ich weiß nicht, wer mich in Amberg kennt; das Geld ging an den ›Güldenen Leuen‹.«

Graff starrte sie an. Dann warf er sich heftig auf einen Schemel und legte die Hände vors Gesicht.

Sibylla wartete. Sie rührte sich auch nicht, als er flüsternd und fiebrig zu sprechen anfing. Ohne Zusammenhang stürzte er eine lange Beichte vor ihr aus, von der sie wenig verstand. Endlich stand er auf. »Du weißt ja gewiß auch schon das mit dem Gaul?« fragte er ängstlich.

»Du hast den Gaul dafür hergegeben? Dann hätte mich der Löwenwirt von Amberg betrogen? Oder der Bote? Dem hab ich doch alles bezahlt, wie ich dir gesagt habe!«

»Nein, das nicht! Sibylla, ich hab das Pferd dem« – er stockte – »dem Savede lassen müssen.«

»Also doch der …«, hauchte sie entsetzt. »Ist der hier? Und wofür hat er's verlangt, Andreas?«

»Wenn ich ihm das Roß gäbe, sage er niemand, wo er mich gesehen hätte und – wie, das hat er versprochen ...«

»Er hat dich erpreßt, Andreas«, rief sie außer sich, »und geschwatzt hat er doch! Er ist auch hier in Nürnberg gewesen.«

»Ein Hund ist er«, keuchte Graff unbeherrscht, »der mich zugrund richtet!«

Andreas arbeitete nach dieser Aussprache wie besessen. Er reiste nicht mehr über Land und übertrug auswärtige Geschäfte einem jüngeren Verwandten. Sibylla ging in die Patrizierhäuser und bot ihre Dienste an. Sie unterweise die Jungfern im Malen und Sticken, verziere zudem selber Polster und Decken und male Holztafeln farbig aus. Auch die Gebetbücher schmücke sie und das Bild eines Rechtskonsulenten habe sie mit einem Blumenkränzlein verschönt, womit er wohl zufrieden gewesen sei.

Es fiel ihr schwer, schwerer als sie vorher gedacht hatte. Aber man mußte Geld aufbringen, für die Schulden des Mannes und für ein anderes Pferd.

Nicht lang vor Weihnachten schneite es, die alte Stadt sah ganz verwandelt aus; Sibylla schien sie befremdlich und ohne Behagen. Sie kam von einem ihrer Bitt- und Fragewege zurück; sie war mit Ausreden abgespeist worden, und manchmal hatte man sie sogar unhöflich abgewiesen. Als sie um die Ecke der Sebalduskirche bog, stand neben dem Ölberghäuschen in der frühen Dämmerung eine gebeugte Gestalt. Sie glaubte, es sei einer der Bettler, die sie manchmal hier gesehen hatte, und griff nach der umgehängten Tasche.

Da trat der Mann in den helleren Schein, der aus einem der Kirchenfenster fiel. Rötlich beleuchtet glänzte sein kahler Kopf, die Kappe hielt er in der Hand.

»Savede!« stammelte Sibylla.

»Ja, Savede! Frau Gräffin«, kam die fauchende Stimme aus

dem beschatteten Gesicht, »ich muß Euch warnen, darum komm ich!«

»Behaltet für Euch, was Ihr warnen heißt«, unterbrach sie ihn hastig.

»Leider geht's nimmer«, sagte er kichernd, »der Mann ist mir zu viel schon schuldig! Wenn Ihr's nicht wissen wollt, muß ich zum Gericht.«

»Was er Euch geschuldet hat, Savede, macht der Gaul wett.«

»Der Gaul? Ich muß lachen! Der deckt kaum das Ärgste. Aber wenn mich die reiche Gräffin nicht hört, erfährt's der Rat von Nürnberg, was für einen Vogel sie da warm hält, die Meisterin.«

»Schweigt!« rief sie heftig. Ein paar Leute waren stehengeblieben und starrten neugierig herüber.

»Wer zwingt mich zum Schweigen?«

Sibylla wurde schwindlig. Sie lehnte sich an die Kirchenmauer, dann taumelte sie seitwärts. Ein Vorübergehender sprang zu und fing sie auf, ein zweiter griff mit an. Man trug sie wie eine leblose Puppe in die Kirche und legte sie auf eine Bank. Savede war verschwunden.

Graff kam zufrieden heim, er hatte einen Auftrag der Stadt bekommen; seine Zeichnung des Spitalhofs sollte in Kupfer gestochen werden, weil der Rat sie einem Patrizier zu verehren gedachte.

Als Andreas ins Haus trat, lief ihm die alte Barbara entgegen. »Die Frau ist noch nicht zurück«, lamentierte sie, »und es ist schon Nacht, und in dem Zustand ist das gefährlich auf den schneeigen Straßen.«

Graff drehte sich ärgerlich um. Die frohe Laune war rar bei ihm geworden, jetzt war sie zerstört. Aber auch die Zweitmagd Lisbeth weinte; die Frau sei doch noch nie so spät gekommen, und sie bitte den Herrn um Erlaubnis, sie zu suchen.

Da wurde Andreas doch unruhig. »Lauf, dumme Gans!«

schrie er die Lisbeth an und fuhr in seinen Überrock. Er trat vors Haus und machte ein paar Schritte; doch er kehrte gleich wieder unschlüssig um, weil ihm eingefallen war, daß er gar nicht wußte, wo er überhaupt suchen sollte. So saß er brummend am Ofen oder lief sinnlos im Zimmer auf und ab.

Lisbeth hatte gehört, daß Sibylla zu den Häusern der Tucher, Pacher und Imhoff gehen wollte; auch der Geistliche von Sankt Sebald sollte besucht werden, dessen Töchter nach ihren Malstunden gefragt hatten. Im Tucherhaus wurde die kleine Magd flüchtig abgefertigt; die Frau Gräfin sei dagewesen, man habe aber keine Verwendung für ihre Künste. Ähnliches sagte man ihr bei den Pachern. Im Hause Imhoff wußte man nichts. Zuletzt lief sie, vor Angst und Kälte schlotternd, zum Pfarrhof von Sankt Sebald. Die Pfarrerin empfing sie selbst. Sibylla war nicht bei ihr gewesen. Noch während sie mit Lisbeth im warmen Flur redete und das Mädchen schnuppernd den Duft von Gebäck und Bratäpfeln einsog, kam die Mesnerin herein und berichtete, man habe ihr vor einer Weile ein bewußtloses schwangeres Weib in die Stube getragen, das zuerst in der Kirche gelegen sei. Sie habe gemerkt, daß die Frau vorzeitig niederkommen werde, und die Wehmutter geholt. Die sei jetzt bei ihr, aber es stehe schlecht, so lang vor der Zeit; ein Hündchen sei bei ihr und weiche nicht ...

Die Pfarrerin hatte selbst sechs Kinder und erwartete das siebente; sie lief der Mesnerin schwerfällig nach. Lisbeth folgte den beiden. »Meine Frau!« jammerte sie.

Man fand Sibylla noch immer ohne Bewußtsein, stark blutend. Ein Arzt wurde gerufen. Heulend lief die Kleinmagd ins Haus am Milchmarkt zurück. Dort traf sie Graff, der zum zweitenmal aufbrach, um Sibylla zu suchen.

Als er dann endlich vor ihrem Lager stand, erkannte sie ihn nicht.

Der Doktor, ein hagerer alter Mann, sah ihn kurz an und

sagte: »Euer Weib hat viel gelitten. Eine große Anstrengung oder ein böser Schrecken müssen sie soweit gebracht haben. Das Kind ist tot. Sie ist jetzt sehr schwach, heimnehmen könnt Ihr sie nicht.«

Graff saß hilflos und verzweifelt bei der Kranken; er tastete nach ihrer Hand. Aber sie hatte immer noch die Augen geschlossen, ihre Finger waren feucht.

»Es ist besser, Ihr geht jetzt, Herr«, sagte der Arzt, »sie könnte sich erregen, wenn Ihr da seid ...«

»Warum? Sie ist meine Frau«, murrte Graff.

Der Doktor bestand darauf, daß er heimgehe und die kleine Magd bei der Leidenden wache, wenn die Mesnerin ihr das Lager so lange lassen wolle. Die Pfarrfrau half, das Bettzeug aus ihrem Haus herüberzuschaffen, und brachte Wein und eine Suppe. Graff ging müde und gebeugt hinaus.

Zwei Tage danach wurde Sibylla in einem gepolsterten Wagen zum Milchmarkt gefahren. Lisbeth und die Pfarrerin begleiteten sie, der Fuhrmann half sie ins Haus tragen, wo die Alte Zimmer und Kissen gewärmt hatte; Minor schlich winselnd dem Wagen nach.

Graff war nicht da; erst als es dunkel wurde, kam er, schwer betrunken. Barbara hielt ihn auf. »Ihr könnt so nicht in die Schlafkammer, Herr«, sagte sie plötzlich energisch und faßte ihn am Rock. Er rumorte im Flur und fing an zu schreien; aber dann setzte er sich unvermittelt auf einen Stuhl und fiel schlaff zusammen. Er hatte in einer üblen Nürnberger Wirtschaft gezecht, dort übernachtet und am Tage weitergetrunken. Ängstlich beobachteten ihn die Mädchen. In der Werkstatt war niemand mehr, keiner im ganzen Haus, der dem Berauschten gewachsen war.

Sibylla horchte hinaus; man hatte ihr gesagt, daß das Kind »noch lange nicht lebensstark« gewesen wäre nach des Arztes Worten. Jetzt weinte sie in ihrer Kraftlosigkeit vor sich hin. Sie sehnte sich nach Frankfurt, nach Morells Güte – nach der kühlen Mutter sogar.

Vor ihrer Tür polterten Schritte. Graff taumelte verzweifelt hin und her und verlangte in sein Bett. »Was hat sie gemacht, die?« lallte er mit glasigem Blick. »Das Kind sei tot, sagen sie?!« Minor kroch ihm gilfend um die Beine; mit einem Tritt schleuderte Graff ihn in die Ecke. Er trottete endlich in die Küche und schlief auf einem Stuhl ein.

Gegen Abend rief man den Doktor. Er fand Sibylla matt und niedergeschlagen. Aber die schlimmste Gefahr war vorüber, die Blutung hatte nachgelassen. Er verschrieb ein langes Rezept, Wein und Eier, einen Trank aus Melisse, Eisen und Baldrian.

Draußen stand, als er aus der Kammer trat, Andreas mit gesenktem Kopf und hängenden Armen. »Ich hab ...«, versuchte er zu erklären.

Der Arzt sah ihn kaum an. »Ihr legt Euch neben die Frau, Jungfer«, sagte er zu der alten Barbara, »und den Mann bringet solange woanders unter – er weiß nicht, was er redet.«

Sibylla genas langsam, ihr zäher Wille war stärker als die Schwäche. Sie wußte, daß sie gebraucht wurde. Graffs Ansehen war nicht mehr das beste, man redete offen über seine Unbeherrschtheit. Auch in den Häusern, wo man Sibylla ihrer Kunst und ihres Wesens wegen achtete, wurde sie mit Ausflüchten vertröstet.

Weihnachten war inzwischen still vergangen. Ein Bote aus Frankfurt hatte feines blaues Tuch gebracht und von Morell einen ausgespannten seltenen Falter in einem Kästchen. Auch kandierte Früchte, Birnen und Quitten, hatte die Mutter dazugelegt. Sie komme im Frühjahr, schrieb sie, wenn es wärmer sei und die Reise auf den schlechten Straßen nicht mehr so gefährlich.

Der Seher Labadie

Sibylla malte viel; ihr Gesicht hatte einen strengen Zug angenommen, sie war fast immer blaß. Allmählich gewöhnten sich die Nürnberger daran, wenn sie ins Haus kamen, nur ihr die Aufträge zu geben und den Mann zu übersehen. Man fragte wenig danach, wie es ihm gehe, und wenn es einer tat, empfand er Sibyllas bedrücktes Verstummen und schwieg. Aber Graff wollte sich die Achtung der Landsleute erzwingen, die sein Vater und Großvater besessen hatten. Er trug kostbare Kleider und trat herrisch auf. Seine Entwürfe und Abrisse waren nicht schlecht, aber auch nicht mehr so schwungvoll wie zu Anfang, und der Ruf Sibyllas wuchs stetig, obwohl sie ihn nicht suchte und oft auf ihren Mann verwies, wenn eine Aufgabe in sein Gebiet fiel: Architekturen zeichnen, Landschaften stechen, kleine zierliche Gedenktafeln und schöne Schriften fertigen. Einmal ließ ein Ratsherr sie wissen, daß man nichts dagegen habe, wenn Graff wieder wegzöge. Das Andenken der Sippe bleibe dann ungeschädigt.

Sibylla erzählte ihm nichts davon; aber sie sprach ihm vorsichtig zu. »Wir sollten doch wieder nach Frankfurt gehen«, sagte sie, »dort hätten wir den Vater Morell, der auch beim Residenten wohl angeschrieben steht; mir könnte die Mutter raten, und Matthäus ist ein berühmter Maler. Er hat den Kaiser Leopold konterfeit und den Kurfürsten von Brandenburg. Ihm widerreden sie nicht so leicht.«

Graff sträubte sich zuerst; doch je mehr er spürte, daß ihn

die alten Bekannten mieden, daß seine krampfhaften Bemühungen nutzlos waren, desto mehr neigte er dazu, den bequemeren Weg zu gehen: Merians Ruhm und Sibyllas Können würden jetzt in Frankfurt eher wirken als hier.

Die alte Magd wurde krank. Der Arzt sagte ihm, daß sie sich nicht mehr erholen würde. Graff schwieg bekümmert. Mit ihr ging das letzte Stück Jugend von ihm fort, das letzte bißchen Weichheit und Verwöhntwerden, das er als Knabe genossen und seither nie mehr ganz hatte entbehren können.

Auch Sibylla kränkelte; sie konnte seit dem Unfall vor der Kirche nicht mehr so ausdauernd arbeiten wie vorher; die Hast im Haus und in der Malstube ermüdete sie schneller. Eine neue Magd fand sich nicht gleich. Viele hatten von der Trunksucht des Malers reden hören und mieden das Haus, und die kleine Lisbeth war noch zu ungeschickt, um die Küche zu führen. Das Geld wurde knapp; Sibylla drängte; einmal weinte sie sogar. »Ich kann nicht mehr wie früher«, klagte sie zögernd, »es geht über meine Kraft. Sieh's ein, Andreas. Fast mein ich, ein Kind sage sich wieder an.«

So wurde der Umzug beschlossen, ein Rückzug, wie sich Sibylla sagte. Diesmal trotteten die Pferde mit dem Hausrat langsam und schwerfällig, und niemand ritt hutschwenkend neben der Kalesche. Es war Juni, ein regnerischer Monat in diesem Jahr, und aus den glucksenden Pfützen auf der Straße sprangen Blasen. Die Wiesen dampften im lauen Nebel, Vögel strichen niedrig übers Land hin, und die Glockentöne, die Sibylla von fern hörte, klangen wie geduckt durch die feuchte Luft. Der Aufbruch war zuletzt überstürzt worden. Am Monatsanfang hatte einer der Gesellen die Nachricht mitgebracht, daß man das Seuchenspital vor den Toren wieder brauche und daß es dort kaum mehr Platz gebe. Man habe auch nächtlich ein paar Tote auf dem Anger vor der Mauer begraben müssen.

Graff wußte, was das hieß. Es war hohe Zeit, wenn sie die

Tore noch passieren wollten: aus einer verseuchten Stadt durfte keiner mehr hinaus. Bisher hatte man nur geflüstert. Über das Wesen der Sucht wurde nichts bekanntgegeben, wilde Gerüchte liefen um. Der Rat mahnte zur Vernunft, zum vorsichtigen Leben. Sibylla erfuhr durch die Maljungfern davon; sie schickte die Mädchen heim. Jede Versammlung sollte vermieden werden. Graffs Angst wuchs; sogar den Hund schaffte er heimlich beiseite, weil er fürchtete, er könnte die Krankheit einschleppen.

Als der schweigsame Zug – die Menschen im Wagen und die Fuhren mit dem Hausrat – nach langen Reisetagen in der Dämmerung an die Frankfurter Tore gelangte, wollten die Wächter ihn nicht einlassen, weil er aus Nürnberg kam. Graff mußte einen Boten bestechen und zu Matthäus schicken, damit dieser vom Rat die Erlaubnis erbitte. Stumm saßen die Eheleute nebeneinander und warteten. Sibylla zitterte in der kalten Kutsche. Sie hielt sich steif, ohne ihren schmerzenden Rücken anzulehnen. Ihr Gesicht war schmal, scharf zogen sich die Kerben um ihren Mund bis zum Kinn. Ihre Hände lagen weiß und festgefaltet auf dem schwarzblauen Rock. Graff spielte gereizt mit seiner Hutschnur und schaute aus dem Fenster.

Endlich war der Bote zurück: Eine Sondererlaubnis könne der Rat auf Ansuchen des ehrsamen Malers Merian nur dann geben, wenn ein Medikus die Einfahrenden untersuche und den Zuzug für unbedenklich halte. Matthäus hatte seinen Hausarzt mitgeschickt, da Morell und Johanna drängten; sie fürchteten für Sibyllas Gesundheit, wenn sie noch länger vor dem Tor im Regen warten müßte. Graff war ausgestiegen und hatte sich die Zeit mit den Stadtsoldaten vertrieben. Nach fast drei Stunden wurde der Weg frei zum Vaterhaus, in Sibyllas Heimat – in ein neues, altes, schwereres Leben ...

»Bleibet für Euch«, sagte der Arzt ernst, »esset nicht üppig, badet nie, haltet Euch zurück. Ihr tragt keine Zeichen der

Sucht; aber gewiß ist nichts, auch Gesunde können Keime verschleppen. Es sei ein Typhus in Nürnberg, erfuhr ich, doch könnt's auch Pestilenz sein in einigen Fällen. Vielleicht bewahrt uns der gesunde Luftgürtel der Stadt vor dem Einfließen der bösen Säfte!«

Frierend und verstört kamen die Reisenden ins Haus in der Domgasse. Es war keine Pest gewesen, was in Nürnberg umging; aber der Einzug bei den Eltern war auch ohne das nicht vergnüglich. Johanna Morell war gealtert, seit Sibylla fortgezogen war, faltiger und fahler war ihr Gesicht, ihre Stimme hatte ein heiseres verdecktes Hauchen angenommen, das nichts Lautes im Haus aufkommen ließ. Morell ging gebückt. Er hatte Unglück mit seinen Verkäufen gehabt, und unfähige Gesellen hatten ihm gute Stiche verdorben. Matthäus war von der Sorge um seinen Ruhm, der in Frankfurt bei kleinen Aufgaben verblaßte, wieder hinausgetrieben worden. Er empfahl sein Haus in der Galgengasse samt der Obhut über Antonia und die fünf Kinder dem gütigen Morell und reiste auf holperigen Wegen ins Brandenburgische.

Sibylla war den Eltern dankbar, daß niemand sie ausfragte. Graff schwieg mit gekränkter Miene; er war ungeschickt um Sibylla bemüht, aber das Vertrauen der ersten Zeit kam nicht mehr auf. Sie ängstete sich und liebte ihn in seiner Schwäche mit einer zärtlichen Nachsicht; daß er sich allein werde halten können, glaubte sie nicht mehr. Auf das Kind freute sie sich, denn auch Graff schien sicherer und gelöster, seit er davon wußte. Er empfand diese neue Schwangerschaft wie einen Freispruch von der Schuld an Sibyllas Leiden; er glaubte sich geheilt von allen Süchten und Versuchungen und vertrieb das höhnische Grinsen des Savede aus seinem Gedächtnis.

Sibylla arbeitete leichter. Die Vorfreude machte ihre Blütenranken lebendiger, und die Falterfarben gelangen leuchtend unter ihrer Hand. Das Gefühl, selber zu blühen und sinnvoll in die Zukunft zu leben, erfüllte sie mit Wärme, und wer mit ihr zu tun hatte, spürte das.

Im Januar wurde das Kind geboren, ein zartes kleines Mädchen mit flaumigem Haar und gedrücktem Näschen, duftend wie ein Pfirsich. Sibylla war glücklich. Die Pflege des winzigen Geschöpfs war wie ein beständiges frohes Sichhingeben, ein heller Jubel. Sie erholte sich zusehends.

Diesmal richtete man sich am Tauftag streng nach den Ordnungen des Rats und verzichtete auf allen Luxus. Johanna saß stiller als sonst neben Morell und hielt seine Hand, Antonia Maria kam allein, weil Matthäus noch in Brandenburg festgehalten wurde, Mignon erschien, Caspar Merian saß mager und müde am Tisch, die Gesellen und einige Malschülerinnen waren geladen und nach Rang und Alter plaziert worden. Ambros taufte das Neugeborene auf die Namen Johanna Helene nach der Großmutter. Es fiel kein Schatten auf das Fest, und Sibylla glaubte für ein paar Stunden, daß es weit und breit keinen gäbe. Aber sie bewegte sich gleichsam vorsichtig, sie mied manche Gegenden in der Landschaft ihrer Gedanken, wie man Talschluchten meidet, in denen Schlinggewächs und Disteln unübersichtlich wuchern. Nur Agathe fehlte ihr spürbar. Sie hatte wohl auch an die Freundin gedacht, als sie zum Rückzug riet. Aber die junge Frau war lange Zeit bei den Eltern des Magisters im Schwäbischen und kränkelte nach dem frühen Tod ihres ersten Kindes immer wieder. Sibylla hörte auf Umwegen, daß der Magister den Verkehr mit ihrer Familie nicht gern sähe, weil er von Graffs Umtrieben wußte; sie vermied es seither, mit Agathe Verbindung zu suchen.

Das folgende Jahr war angefüllt mit Arbeit, die nur mit genauer Planung zu bewältigen war. Keine Stunde durfte ungenutzt, kein Tag ohne erschöpfende Anspannung sein. Die Nächte mußten tiefen besinnungslosen Schlaf bringen, sonst fürchtete Sibylla ihre Stille.

Graff ritt wieder über Land. Er berichtete wenig, kam müde heim und brachte kaum einen Erlös mit aus seinen Geschäften.

Johanna Helene gedieh. Ihr rötlichbraunes Haar wurde schon zu einem kleinen Knoten auf dem Köpfchen gedreht, ehe sie gehen konnte; das Kleid, in dem sie die ersten Schritte versuchte, reichte bis zur Erde, und der kurze Oberleib steckte in einem zierlichen Mieder. Um die Handgelenke lagen Goldkettchen, die in den rosigen Falten fast verschwanden. Über die Füße, winzige Polster aus warmer samtiger Haut mit perlförmigen Zehen, zog Sibylla Schuhe aus hellblauer Seide. Es war ein lebhaftes Kind mit großen Augen, deren Pupillen – wie die der Mutter – ein wenig schief standen.

Johanna beklagte diesen kleinen Fehler mit wortreichem Bedauern. »Bei dir hat sich's gegeben«, sagte sie mit einem Blick auf Sibyllas starke graue Augen, »aber – ob's bei ihr auch so gut geht?«

Sibylla lächelte. »Unser Kind ist schön und wird immer schöner, das verstehe nur ich allein!«

Zwei Jahre vergingen in stillem Gleichmaß. Johanna plagte sich geduldig mit dem lebhaften kleinen Mädchen, das ihren Namen hatte. Jakob Morell war nicht gesund; sein zarter Körper litt unter den Anstrengungen, die er sich mit unaufhörlicher Arbeit zumutete. Die Verbindung mit den Niederlanden, die seinen Handel trug, erlahmte unter ewigen Grenzstreitigkeiten. Kleine Gefechte machten die Straßen unsicher, herrenlose Truppen verdarben die wertvolle Fracht der Planwagen. 1671 richtete er ein Gesuch an den Frankfurter Rat, man möge ihm eine Verkaufsausstellung gestatten. Er sei unverschuldet in Bedrängnis geraten und müsse Geld beitreiben. Sein Ansuchen wurde genehmigt, aber der feine stille Mann schämte sich.

Um dieselbe Zeit setzte sich Caspar Merian, der lange

krank gewesen war, wieder hinter den Werktisch neben Morell; Jakob schätzte ihn als einen erfahrenen und gewissenhaften Stecher. Beide Männer verband auch die Neigung zum Sektierertum; die kleinen Zirkel der »Brüder vom heiligen Leben«, der »Kinder des Lichts«, wie sie sich nannten, trafen sich in Bürgerhäusern. Sie besuchten sonntags die Kirchen, aber an den langen Winterabenden die mystischen Konventikel.

Im Februar 1672 wurde die Ankunft des Vaters Labadie gemeldet. Aufregung und Erschütterung wogten wie ein Sturm durch den kleinen Kreis, einer der Brüder kam flüsternd zum anderen mit der freudigen Botschaft. Morell stand vorzeitig von einer fiebrigen Krankheit auf und schleppte sich mit Schmerzen zu der Versammlung, um den Begnadeten zu sehen. Auch Sibylla ging mit, Caspar und die Mutter Johanna.

Die »Glieder« saßen stumm beieinander, dann begannen sie leise zu singen, als fürchteten sie die Feindschaft der offiziellen Geistlichkeit, deren Anzeigen den »Gesegneten des Herrn« von Ort zu Ort trieben. Man wartete zwei Stunden lang in ernster Spannung. Da bat einer der jungen Brüder um Schweigen. »Man höret das Summen des Geistes, Freunde«, sagte er geheimnisvoll. Alle lauschten. In der Stille ließ der Wind die Scheiben klirren.

Draußen fuhr ein Schlitten vor, die Torglocke schrillte. Der Hausherr, Kaufmann Eriolf Berner, stand auf, schwankend vor Erregung. Er erreichte den Ausgang, als schon ein hastiger ungleichmäßiger Schritt die Treppe heraufkam. Unter der Tür begegneten sich Gastgeber und Gast. Labadie stand auf der Schwelle, ein kleiner hagerer Mensch von ausgesprochen südländischem Typ, die runden Augen dunkel und von dichten schwarzen Brauen überwölkt; die leicht gebogene Nase in dem braunen Gesicht und der zierliche Spitzbart gaben ihm etwas Kavaliermäßiges, aber der glühende Blick sprach von Bereitschaft und Opfer für die jenseitige Welt. Auf dem Haar lagen Schneeflocken, er trug den Hut in der Hand.

Labadie trat mit raschen Schritten ein. Er sah sich um, warf mit einer jähen Geste den Radmantel auf einen Stuhl, stampfte das Eis von den Stiefeln und streifte die Handschuhe ab. Er beugte den Kopf zurück und überblickte seine stumme Gemeinde, jeden Einzelnen unwiderstehlich fassend in den Bann seiner Person.

Alle standen auf; Jean de Labadie winkte. Seine knochigen gelben Hände beschrieben ein Rund und trieben die »Glieder« zur geschlossenen Kette zusammen. Er selber bildete die Mitte, ein schmächtiger Mann voll suggestiver Kraft.

Morell hob den großen schwarzen Predigerhut auf, der ihm zunächst auf den Dielen lag; errötend tauchte er wieder zwischen den Gesichtern empor.

Labadie sah es. »Neiget das Haupt«, rief er mit einer spröden, belegten Stimme, »wie es jener Bruder tat! Reiniget Herz und Leben von der störzigen Unlust! Eure Sünden sind wie dicke Wolken zwischen euch und Gott. Denn rechtes Beten ist eine übernatürliche Handlung.« Er rollte das »r« und betonte die Endsilben, Morell hörte es gerührt; es war der französische Tonfall seines Großvaters Claude.

Jetzt begann einer aus der Schar leise zu singen, wie gezogen stimmten andere ein, bis der Raum von an- und abschwellenden Klängen summte und dröhnte; es tönte wie ein Bienenschwarm, während sich die Menschen an den Händen faßten und wiegend hin- und herschwangen. Auch Sibylla folgte bewegt der Führung des verehrten Meisters. Labadie hob die Arme und fiel mit einer Art Oberstimme ein, die auf dem gedämpften Gesang wie eine aufstrebende Ranke blühte. Plötzlich war sein Ton klingend und durchdrang alle anderen. Auch er wiegte sich jetzt langsam im Takt der Melodie; seine Blicke, immer im Reigen kreisend, hielten die Andächtigen fest. Dann brach er unverhofft in die

Knie. Polternd knieten auch die übrigen um ihn herum nieder.

Labadie legte den Kopf in den Nacken. »Jetzt, meine Seelen, schmecket den Balsam und lieblichen Geruch des Herrn«, rief er außer sich, »der sich uns nahet in Seiner Gnade!« Er stürzte zu Boden, breitete kreuzförmig die Arme aus und schlug die Stirn schluchzend gegen die Dielen; die Gemeinde tat es ihm nach.

Johanna und Morell knieten nebeneinander, Caspar entfernter von ihnen an der Wand; sein gütiges Gesicht war verklärt, es erstarrte in rauschhafter Ergriffenheit. Sibylla empfand ehrfürchtig die Inbrunst und Lauterkeit des Mannes, den man Gottes Geweihten nannte. Demütig bog sie sich nieder wie Morell. Aber eine leise Frage blieb in ihr wach; sie wagte sie nicht zu durchdenken.

Labadie sprang jetzt auf. »Dies«, rief er, »ist der Augenblick. Dies allein!« Mit dumpfem Stöhnen fuhr er zwischen die Freunde, streifte weihend ihre Stirnen, stieß die Hände in die Höhe und schrie: »Auf den Häuptern ruhet der Geist!«

Ein starres Schweigen lähmte alle. Erst nach einer Weile wagten die Gläubigen die Augen zu heben. Labadie lehnte ermattet gegen den Tisch. Er atmete angestrengt, Schweißperlen standen auf seiner Stirn. »Wir sind Flüchtlinge und Pilger auf Erden ...«, sagte er dann mit einer müden Stimme, als spräche er mit sich selbst. »Ihr sehet einen Gejagten in mir, Brüder und Schwestern.«

Man sammelte sich teilnehmend um den Meister, führte ihn zu einem Stuhl, und der Hausherr holte im Vorraum einen Becher und füllte ihn mit Wein aus einem bereitgestellten Krug. Labadie trank durstig.

Sibylla schaute mitfühlend auf den geplagten Mann. Er verzehrt sich, dachte sie. Sie sah die eingefallenen Wangen und hörte den pfeifenden Atem des Erschöpften. Jetzt empfand sie selber die dumpfe Schwüle in dem überheizten Raum. Sie trat ans Fenster und sperrte einen Flügel auf. Es wehte kühl herein, draußen sank ein flimmernder Vorhang von durchsichtigen Flocken.

Hinter sich hörte sie die Stimme des Predigers: »Sie geben uns keine Ruhe! Die Füchse haben Gruben, aber der Gesalbte des Herrn hat nichts, wo er sein Haupt hinlege ...«

Sibylla drehte erstaunt den Kopf. Mit wem vergleicht er sich? dachte sie befremdet.

Labadie fuhr emphatisch fort: »Hört zu, ihr Geliebten: Nach dem heiligen Springen, das zu Herford nach dem Abendmahl in unserer Gemeinde Platz griff, wüteten die Reformierten wider uns wie die geifernden Hunde. *Re*formierte Kirche? Sie hieße besser *de*formierte Kirche! Kein Ernst, keine Bußgesinnung ... Ich wandte mich an die Frau Äbtissin selber, die Pfalzgräfin Elisabeth. Der Kurfürst Friedrich Wilhelm von Brandenburg ist ihr Bruder und der Schutzherr ihrer evangelischen Abtei. Auch der Statthalter Moritz von Oranien hat seine Hand über uns gehalten – gottselige Männer und Frauen sie alle. Aber jetzt toben sie dennoch unablässig gegen mich, meine Widersacher. Den Jesuiten bin ich ein Abtrünniger und den Orthodoxen ein Jesuit!« Er legte das Gesicht in die Hände und verstummte.

Eriolf Berner näherte sich behutsam dem Tisch. »Herr«, sagte er zaghaft, »Ihr habt hier eine treue Gemeinde; wenn Ihr bleiben mögt, seid Ihr sicher verborgen.«

Labadie hob den Kopf.

»Nicht mehr«, rief er aufspringend mit wilden Augen. »Vor drei Tagen bei der Abreise ereilte mich die üble Meldung, daß wir ausgewiesen werden sollen.«

Alle schwiegen erschrocken.

»Warum das? Seither haben doch die Unseren noch Duldung genossen?« fragte Morell mit kummervollem Blick.

»Nicht mehr«, rief der Meister noch einmal. »Sie haben ertüftelt, daß man im Westfälischen Frieden besiegelt und verbrieft, es sollten nur drei Religionen bestehen in Deutschland: Lutheraner, Reformierte und der alte Irrtum der Katholiken. Die Quäker, Wiedertäufer und die Irrlehren der Antoinette Bourgignon und des Adam Boreel sind auch verboten und gedrosselt. Man hat dem Kurfürsten vorgestellt, wir brächten die Gefahr der großen Weiterung, des Aufruhrs und der Empörung und gar des Blutvergießens, wenn er uns nicht entferne ... Es sind Untersuchungen angeordnet von Seiner Kurfürstlichen Gnaden selber!«

Sibylla sah den Geschlagenen traurig an; das überzarte geistige Gesicht und der Ernst seines Wesens berührten Verwandtes in ihr. Nur sein Überschwang war ihr fremd. Aber – er war in Not, ein alter Mensch, der verfolgt wurde ...

Als sich die Brüder und Schwestern zerstreut hatten, blieb Labadie im Hause Berners zurück. Man fragte nicht, für wie lange, und jeder war froh, wenn er mit gutem Gewissen sagen konnte: Ich weiß nicht, wo der heilige Mann jetzt ist!

Langsam ging Johanna an Morells Arm durch die verschneiten Straßen, Sibylla und Caspar blieben hinter ihnen. Die junge Frau hielt eine Laterne und griff nach Caspars Hand, denn auch der Lichtschein, der seitlich an den Eltern vorbeileuchtete und den Weg wies, war für seine verbrauchten Augen zu schwach. Man sprach nicht; in allen klang das Erlebte nach, sogar Johanna in ihrer trockenen Art war davon berührt worden.

Im Haus trat Graff ihnen entgegen. Er nahm Sibylla das Lämpchen ab und löste ihre Rechte beinahe gewaltsam aus der des halbblinden Mannes. »Wo kommst du her? Sag!« drängte er ungeduldig.

»Andreas«, flüsterte sie, »ich bin so froh, daß du da bist. Ich muß dir viel erzählen.«

»Weiß schon«, sagte er, »der Schwärmer! Ich hab's nicht gern, wenn du dem nachläufst. Es schadet auch dem Geschäft ... Und mein Vater und Großvater waren den Sekten feind. Komm jetzt!« Er zog sie ins Zimmer.

Sibylla antwortete nicht; was sie selbst als ungesundes

Übermaß empfand, hätte sie nun eigentlich verteidigen müssen. Aber Graff würde nichts verstehen, weder Kritik noch Teilnahme.

Das Kind schlief schon lange, als auch Sibylla sich niederlegte. Sie hörte es atmen, während Graffs Schritte durch die Dielen heraufklangen, in pochender Unrast.

Sibylla grämte sich. Was hat er? Plagt es ihn, daß er so schroff war? Ich kann und will mir doch nicht verbieten lassen, was ich *muß*: den Vater Jean anhören und selber prüfen, was er verkündigt.

Die kleine Hanna bewegte ihre Ärmchen und drehte sich seufzend um. Sibylla beugte sich über sie und spürte den süßen Schlafdunst des Kindes. Murmelnd hob es das Köpfchen: »Mutter ...« Sie nahm den warmen Leib aus den Kissen und legte das geliebte Geschöpf neben sich; in ihrem Arm schlummerte es tiefer.

Wieder verging ein Jahr; Weihnachten hatte ein paar leuchtende Tage gebracht. Das Jahr 1673 fing unfreundlich an; kalter Regen mischte sich mit dem Schmutz auf den Frankfurter Straßen zu einem häßlichen Brei. Der feuchte Wind blies Schneewolken über den Himmel, und die Nächte waren ungewohnt lau und drückend.

Graff versuchte seinen Bilderhandel anzutreiben, aber er erreichte nicht viel damit. Sibyllas Malschule blühte; die Jungfern aus den reichen Häusern von Frankfurt kamen wie früher die von Nürnberg. An ihren Büchern arbeitete sie mit ruhiger Zähigkeit. Graff beobachtete ärgerlich, wie stetig sich alles unter ihren Händen entwickelte; manchmal ging er nörgelnd durch den Saal und kritisierte laut. Sie sah ihn dann bittend an, doch er konnte sich die billige Lust nicht versagen, sie vor den Malmädchen ein wenig herunterzusetzen. Er hätte sie sogar recht gern ganz aus der Werkstatt herausgeholt, wenn er im Hause einen Mangel gefunden hätte; da er keinen entdeckte, wuchs seine Verbitterung.

Die Stuben waren sauber wie immer, die Küche gut geführt, das Kind gedieh, schwatzte vergnügt und stellte drollige Fragen. Mit Singsang lief es um seinen Vater herum und sah ihn mit den Graffschen hellen Augen vergnügt an. Doch täglich sagte ihm sein Gefühl wieder von neuem, daß er sich vor Sibylla bloßgestellt habe, daß er in ihrer Schuld sei, daß ihre Liebe mehr nachsichtige Geduld sei als hingebendes Vertrauen, keine Sehnsucht mehr, keine Erwartung. Er sah mißlaunig, wie ihr Mund eine strenge Kühle annahm. Der Ertrag seiner Arbeit gab ihm keinen Trost für das verletzte Selbstgefühl: die Rechnungsbücher wiesen nur aus, daß die Frau Gräffin mehr Verdienst einbrachte als ihr Mann, und auch das laute Lob der Künstler und Gelehrten galt mehr ihr als ihm.

»Das ist nur, weil man ein Frauenzimmer selten malen sieht«, tröstete man ihn, wenn er sich im Wirtshaus den Ärger vom Herzen redete. »Aber gelehrte Weiber sind ein Greuel!«

Savede tauchte wieder in der Gegend um Frankfurt auf; wie eine Krähe witterte er die weichen Stellen im Gewebe und strich näher, um sie anzubohren. Er schlug jetzt einen vorsichtigen beratenden Ton an und hielt sogar darauf, daß Graff nicht zuviel trank.

Er hat sich gemausert auf seine alten Tage, dachte Andreas gutwillig, ich könnte Sibylla von ihm erzählen.

Aber Savede riet ab; das seien Abmachungen unter Männern, und er sehe ja, wie das Weib sich großmache; man müsse vorbauen, besondere Geschäfte treiben, die sie nichts angingen. Er verkaufte Graffs Skizzen auf dunklen Wegen und lieferte wenig Geld ab. Trotzdem lag Graff an diesem heimlichen Einkommen; er erfuhr nicht, daß Savede manches kopierte und auf eigene Faust verhandelte und daß er sich zudem als Zwischenträger und Kundschafter der kleinen Handelshäuser gut bezahlen ließ: er stahl Korn- und Weinproben aus Speichern und Kellern und lieferte gegen Geld Beweise für Ehebruch und Unterschlagung. Allmählich war sein Herumschleichen, sein Aufschneiden und Anschwärzen sogar Graff zuwider; aber der Alte brauchte nur beiläufig vom »Amberger Leuen« oder von den Ratsbräuchen und Zunftrechten zu reden, und schon ließ Graff den Kopf hängen und nahm alle Anmaßungen hin. Sein Versprechen beim Hochzeitsfest quälte ihn, er hatte oft den besten Willen gehabt, den Winkelmaler zu meiden; Savedes lähmende Gewalt zwang ihn jedesmal wieder zurück.

Sibylla war ohne Mißtrauen. Sie lebte einen streng eingeteilten Tag wie seither. Haus und Magd, Kind und Werkstatt forderten ihre Kraft; während die anderen nach dem Essen ruhten, entwarf sie neue Muster, und oft saß sie noch spät bei Kerzenlicht über einem Malauftrag. Tief in der Nacht – trotz Graffs ärgerlichen Einwänden – entstanden die letzten Bilder zu ihren Raupenbüchern. Selten gelang es ihr, einen Ruhetag einzuschieben; an den Sonntagen war sie müde und erfüllte mit Mühe die häuslichen Pflichten.

Graff erleichterte ihr nichts. Es war ein Nebeneinandergehen, ein langsames Stumpfwerden, ein aufreibendes Verschweigen des Wichtigsten. Aber die Nächte, die Sibylla wie ein gelehrter Eremit in ihrem Kabinett verbrachte, lesend, lernend und zeichnend, hatten doch eine verborgene Helligkeit. Sie lernte Latein, um die alten Fachbücher übersetzen zu können, und die Klarheit der fremden Sprache beglückte sie. Sie zwang sich wissenschaftliche Genauigkeit ab, peinlichste Sorgfalt, Aufzeichnen und Einfügen des Geringsten; keiner sollte ihr einen Fehler nachweisen, keiner die Nachlässigkeit der laienhaften Frau. Und sie atmete auf, wenn sie endlich zur Ruhe ging, weil ihr das Außerordentliche gegen alle Widerstände gelang.

Einmal, ein einziges Mal, brachte ihr Graff Blumen, helle Astern, die er in einem Bauerngarten gekauft hatte. Sie nahm sie dankbar, mit einem erstaunten Lächeln, einem halben Erröten. Am Abend ritt er wieder fort, in die graue silberig dämmernde Herbstnacht; er kam erst spät und schwer von Wein zurück. Ein anderes Mal schenkte er ihr einen Ring; es war ein Smaragd, ein kostbarer Stein, und Graff sah sie treuherzig an, als er ihn vor sie hinlegte. Aber auch diesmal erlosch ihre Freude, ehe sie recht aufgewacht war, denn er verbot ihr schon am folgenden Tag, den Ring anzustecken: er hatte nachträglich erfahren, daß Savede ihn einem undurchsichtigen Handel verdankte.

Im Frühsommer 1674 starb Labadie in Altona; zwei Jahre vorher war er mit den Getreuesten dorthin geflüchtet. Sein Testament machte in Abschriften die Runde bei den Brüdern und Schwestern; es begann mit den Worten: »Stetit ceciditque suo domino – er stand und fiel seinem Herrn.« Sibyllas ruhigerer Stimmung zeigte sich der blasse Mann mit den brennenden Seheraugen fast wie ein krankes Kind, das Hilfe brauchte. Aber seine »inbrünstigen Stürme auf das Herz der Welt«, wie sie seine Gedanken und Gebete nannte, ergriffen sie doch als etwas Starkes und Ursprüngliches, das nicht in Formeln erstarrt war. Die Gemeinde des heiligen Mannes lebte jetzt in Holland. In dem Dörfchen Wieuwerd zwischen Leeuwarden und Franeker in Westfriesland hatten die Schwestern van Somelsdyk, nahe Verwandte des Labadie, ihr Schloß und Landgut für die frommen Glieder bereitgestellt.

Sibylla hörte davon wie von verschollenen Geschichten. Caspar Merian und Jakob Morell freilich lebten ganz in der Welt der Sekte, und zuweilen strahlte auch auf Sibylla etwas aus vom Frieden der »reinen Gemeinde« und von ihrem einfachen vertrauensvollen Zusammenwohnen. Es war wie ein lockender Zauber, der ihr gehetztes Leben tröstlich ansprach.

Andreas war nur selten zu Hause. Gelegentlich trug man der einsamen Frau in ihre Werkstatt oder Küche das Geschwätz der Gasse herein, ein stadtbekanntes Weib wurde genannt, das man mit Graff gesehen haben wollte. Sibylla verbat sich den Klatsch und schwieg dazu.

Um die Sommermitte 1677 kam Andreas abends bedrückt heim; müde setzte er sich neben Sibylla. Sie hatte das Spinnrad vom Speicher geholt und drehte gelassen den Faden. »Ich ruhe aus dabei«, sagte sie, »es läuft so leicht und fast wie von selber, wie ein Bach; die Hände erholen sich vom krampfhaften Druck und Strich auf dem Kupfer und die Augen vom genauen Hinsehen.«

Graff gab keine Antwort. »... Es ist alles anders geworden«, sagte er nach einer Weile, »du hast keine Zeit mehr für mich.«

Sibylla sah auf. »Und du?« fragte sie mit trockener Stimme, ohne Bitterkeit. »Sind wir nicht schon lange immer nur nebeneinander hergegangen? Aber es ist doch auch ein wenig Miteinander dabei?«

»Ach, Sibylla«, murmelte Graff, »ich bin ja ohne dich nichts Ganzes mehr. Ist es nicht so, daß wir *ein* Fleisch sein sollen?« Er sagte das leise und traurig. Dann stand er auf.

Sibylla sah ihn erschüttert an. »Du sollst nicht allein sein«, sagte sie.

Im Mai 1678 wurde Sibyllas zweite Tochter geboren. Dorothea war ein rundes vergnügtes Kind mit glatter rosiger Haut, das kleine Gesicht unter den rötlichen Flaumhaaren schaute lebhaft und gespannt mit dunkelglänzenden Augen in die Welt. Sibylla hielt das Neugeborene im Arm und küßte das weiche Köpfchen. Es riecht wie Primeln im Frühling, dachte sie. Graff freute sich. Die Geburt war leicht gewesen, und das lebenstrahlende Geschöpf ließ keine Schatten aufkommen.

»Ein Pfand«, sagte Sibylla glücklich, und Graff lächelte. Er hatte sich seit einer Weile gewissenhafter als sonst um seine

Werkstatt bemüht; die Wirtsstuben mied er, zumal auch Savede dort nicht mehr zu sehen war.

Sibylla richtete selbst die Festtafel für die Taufe. Johannas Hände waren schon zu unsicher dazu, meist saß sie am Fenster neben Morell und sah den Vorbereitungen zu. Beide nickten vor sich hin: Das Kind Dorothea war ein Gottesgeschenk und brachte endlich alles ins gute Geleise.

Die Feier wurde im großen Atelier gerüstet. Die Wände leuchteten von langen roten Stoffbahnen, auf den Tischen funkelten Glas und Silber auf schwerem handgewobenem Leinen.

Mit den ersten Junitagen kam wärmeres Wetter. Der Bürgermeister schickte Rosen und Nelken; die kleine Hanna pflückte auf den Wiesen Kamillen und Gänseblümchen und legte sie auf den Teller ihrer Mutter.

Das Fest nahm seinen Gang. Ein Tanz, kein Gang! dachte Sibylla heiter, meine Freude ist die Musik dazu. Die helle Melodie tönte laut in ihr, als sollte ein dumpferer Klang überhört werden, den sie nur vernahm, wenn sie still wurde. Der Pfarrer war ein eifriger Mann und hatte der kleinen Dorothea alle Mahnungen und ernsten Gebote zugerufen, die sich finden ließen. Die Gefährdung der unverfälschten Wahrheit war den Taufgästen eindringlich dargestellt und ihr heiliger Eifer angespornt worden.

Graff stand stolz und prächtig neben seiner Frau, eine blonde Perücke bedeckte fast ganz den breiten Spitzenkragen, sein leicht gedunsenes Gesicht war gerötet, die wasserblauen Augen feucht. Der treue Mignon war da, blasser als sonst, mit grau gewordenen Schläfen. Morell war gekommen, gestützt auf Matthäus Merian, der immer noch der »Junge« hieß, im Schatten des größeren Vaters, und es unwillig ertrug. Er war als glänzender Kavalier aus Brandenburg zurückgekehrt und prangte in gelber Seide, neben sich Antonia Maria, meergrün rauschend, in runder, gesunder, strotzender Körperlichkeit. Die Verwandten kamen, der

Seidenhändler und Wirt Morell, ein junger Abgesandter des Ruitmerschen Hauses und die vierzehnjährige Jungfer Clara Regina Imhoffin aus Nürnberg, die schon seit Monaten bei ihren Frankfurter Verwandten zu Besuch war und während dieser Zeit Sibyllas Malschule eifrig besuchte.

Das beherrschte Gesicht der jungen Mutter schien weicher als sonst, ihre klugen Augen schimmerten. Sie hielt das warme Händchen der kleinen Hanna fest, während das Kind ernsthaft den Geistlichen betrachtete und in seinem steifen Brokatkleid aussah wie eine kostbare Puppe.

Auf dem Heimweg vom Gottesdienst machte sich Sibylla Vorwürfe, daß sie nicht aufmerksam genug zugehört hätte: sie war wie in einer fröhlichen Wolke eingehüllt gewesen; die verdeckte alles andere und ließ ihr keinen Raum mehr für Grübeleien.

Sie dachte voll Erwartung an das Mahl; Graff hatte nachgegeben, als sie ein üppiges Speisen und Trinken ablehnte und dafür lieber einige gelehrte Männer einlud. Er schwieg auch beim Essen, als sie mit ihnen diskutierte über Dinge, von denen er nichts verstand; er setzte sich neben Mignon und begann ein lautes Gespräch über malerische Techniken. Die Gamben und Pfeifen freilich wollte Sibylla auch diesmal nicht entbehren; sie zirpten und summten ganz fein, während man aß.

Sibylla bog sich zu dem Professor Arnold hinüber, der zum erstenmal Gast in ihrem Hause war, einem großgewachsenen Mann von zweiunddreißig Jahren, mit hoher Stirn und lebhaftem gutgeformtem Gesicht. Er war Nürnberger und hatte auf der berühmten Hohen Schule zu Altdorf studiert; jetzt lehrte er, nach vielen Auslandsreisen, in seiner Vaterstadt die Rede- und Dichtkunst und die historischen Wissenschaften. Er war als Diakonus der Kirche dunkel gekleidet und trug sein langes blondes Haar ohne Perücke über dem weißen Gelehrtenkragen.

Ihre Wangen glühten, als sie sagte: »Und es ist doch ganz einfach, vor jedermanns Augen liegt's da!«

»Man sollt's meinen, Frau Gräffin«, der junge Gelehrte legte die Hand an die Kette auf seiner Brust, »aber Ihr merket selber, man glaubt's nicht, zumal wenn es ein Frauenzimmer zu beweisen suchet.«

Der hagere Doktor Sternhut, der Sibylla gegenübersaß, richtete sich auf. Sie wartete gespannt: Sternhut war seiner Systematik wegen bekannt, mit der er die Naturwissenschaften betrieb. Er hatte schon mit dem verstorbenen holländischen Insektenforscher Swammerdam korrespondiert und ihm Verworrenheit und Mangel an Ehrfurcht vor den Traditionen der Antike vorgeworfen.

Jetzt winkte er dem Diener ab, der seinen Becher neu füllen wollte. »Es ist in der Tat eine schwierige Materia«, sagte er nachdrücklich, »wir haben die Zeugnisse der Alten, die anders lauten. Und eh ich's nicht selber erfahren habe, glaube ich nichts.«

Sibylla schaute ihn überrascht an; noch bevor sie erwidern konnte, fuhr er fort: »Denkt nur an den Ovidus, wie er die Zeugung des Skorpions beschreibt; ich hab's selber übersetzt:

Wann man dem Krebs die Scher' bricht ab
Und legt's ins Erdreich in ein Grab,
So wird in kurzer Zeit davon
Gezeugt ein grimmer Skorpion!«

»Und Ihr meinet«, warf Sibylla lächelnd dazwischen, »wie mit dem Skorpion müßte es auch mit den Sommervögelein gehen? Es ist aber ganz anders, das hab ich oft gesehen und andere sehen lassen. Die halten Hochzeit, und das Weibchen legt Eier, aus denen die kleinen Raupen schlüpfen, ganz winzige Dinger; die fressen von den Blättern, wo sie ausgekrochen sind, und wachsen. Und dann spinnen sie sich ein in ein Wams von hellen Fäden wie Seide und schlafen darinnen; manche auch in einem ›Dattelkern‹, einer braunen härtlichen Hülle, so lang, bis ihre Zeit da ist. Danach sprengen sie die Haut, die abfällt wie ein altes unnützes Gewand, und steigen hervor – mühselig, wie ein Leib aufersteht aus dem Grab ...«

Sie spürte, wie sie schaudernd vor dem Bild stockte, das mehr war als eine Phase der Falter.

»Das ist der wunderlichste schönste Augenblick«, setzte sie leise hinzu, den Kopf zu Graff gewendet, der schweigend dasaß und dumpf zuhörte.

»Wenn sie ausschlüpfen«, sagte Sibylla dann, »und die kurzen feuchten Flügel zittern, wenn sie sich ausbreiten und emporheben, ganz leicht in die Luft – es ist, wie wenn ein Kind zum erstenmal die Augen aufschlägt und seine Mutter ansieht ...«

Graff räusperte sich. Er warf den Kopf herum. »Das ist ein anderes Ding, Sibylla, ein Kind und so ein – Gewürm, und wenn's zehnmal Flügel ansetzt. Die solltest du nicht vergleichen, den Menschen mit seiner göttlichen Seele und das Getier!«

Sibylla sah ihn traurig an.

Sternhut stimmte ihm zu. »Der berühmte Caspar Wolph sagt sogar, daß etliche Geschöpfe ihren Ursprung allein aus der Erfäulung haben, zum Exempel die Flöhe, Läuse und dergleichen unvollkommene Geschöpfe. Und die Falter sind nicht weit davon, meine ich. Da hilft nichts: Frauen sind Phantasten, sie denken nicht gern und vermischen den Wunsch und den Effekt.« Er hob mit einer herablassenden Miene sein Glas gegen Sibylla und lächelte.

Graff nickte, als sähe er seine Würde wieder hergestellt.

Da stand Arnold auf. Die Taufgäste staunten ihn an, man kannte den Professor der Rhetorik und Poesie und wußte, daß sein Ruf weithin reichte.

Arnold verbeugte sich gegen Sibylla. »Gestattet«, sagte er

höflich, »daß ich unserer Hausfrau auf eine besondere Weise gedenke! Ich habe ihre Werke gesehen, ihre feinen Stiche, und ihre Malerei studiert, ihre Texte gelesen. Darüber habe ich ein Poem geschrieben, das ich heut vorzulesen gedachte. Vielleicht endet's die Zweifel. Eine kleine Huldigung ...«, fügte er mit einer Geste hinzu. »Erlaubet!«

Sibylla umgriff ihr Glas fest. Sie beobachtete fast ängstlich, was Graff tun würde, der finster auf seine Hände hinunterblickte, während der Professor ein Blatt aus der Tasche zog.

Arnold begann:

>*»Es ist verwundernswert,*
>*Daß ihnen auch die Frauen*
>*Dasjenige getrauen,*
>*Zu schreiben mit Bedacht,*
>*Was der Gelehrten Schar*
>*Soviel zu tun gemacht!*
>*Das hat dir, Engelland,*
>*Mein Teutschland nachgetan*
>*Durch kluge Frauenhand.*
>*Was Swammerdam verspricht,*
>*Was Harvey einst verloren,*
>*Kommt jedermann zu Ohren –*
>*Daß ein kunstreiches Weib,*
>*Das alles selbst geleist'*
>*Zu ihrer Zeit Vertreib ...«*

Arnold stockte und hielt sein Papierblatt näher an die Augen.

»Kaum über dreißig, und schon fehlt's am Augenlicht«, tuschelte eine alte Frau am Tischende. Arnold errötete leicht; er hatte das Geflüster verstanden. Dann deklamierte er lauter und neigte sich über den Tisch zu Sibylla.

*»Es mag auch Spanien
Bustamantin hoch loben ...«*

»Das ist auch so ein Büchermann, den keiner kennt«, hauchte die Alte wieder.

»Bustamantin hoch loben«, wiederholte der Redner mit einem mahnenden Blick,

*»Wir halten gleiche Proben
Und zeigen, was da kann
Durch seiner Tochter Fleiß
Der werte Merian!«*

Arnold setzte sich mit einer neuen Verbeugung, und Sibyllas Gesicht erhellte ein Lachen.

Sie hob gegen jede Gewohnheit ihr Glas und rief laut über die Tafel hin: »Auf meinen Vater! Auf den werten Merian!«

Alle tranken ihr zu, auch Graff. Dabei sah er, wie Matthäus lässig die weiße beringte Hand aufs Tischtuch legte; er trommelte gelangweilt mit den Fingern und lächelte undeutbar. Nur Morell und neben ihm die besorgte Johanna sahen freundlich und dankbar zu dem berühmten Gelehrten auf.

»Versgedrechsel«, murmelte Graff undeutlich, »Namen ..., Namen ...«

Arnold hielt das Glas hoch. »Sie lebe – sie lebe mit allen Wesen, deren Leben *sie* erst sichtbar gemacht hat!«

Morell stand auf. Wärmer und einfacher als der Professor der Rhetorik sagte er: »Eine kleine Mutter für alles Geschöpf, für Blumen und Falter!«

Antonia warf die Lippen auf; in ihrem Haar glänzten weiße Perlen. »Und was sagt der Hausherr zu einer so gelehrten Frau?« fragte sie anzüglich und sah Graff gespannt an, den sie längst beobachtet hatte. »Ihr habt wahrhaftig eine tüchtige Ehewirtin! Unsereins hat genug zu schaffen mit den Kindern und dem Haushalten...«

Merian schaute auf seine Frau hinunter, unangenehm berührt.

»Das leistet sie alles im Nebenher«, meinte der gute Morell, als Graff schwieg.

»Nebenher? War doch Zeit genug – es sind ja zehn Jahr seit dem letzten Kindbett!« Antonia nickte hindeutend der kleinen Hanna zu, die eben mit einem Blumenkrug hereinkam.

Graff hörte, wie ein neugierig-gieriger Ton mitschwang; er spürte die Frage nach der ungestörten Ehe. Mit rotem Kopf sprang er auf, nicht mehr fest auf den Füßen. »Ich mag's schon lang nicht, das Lateinlernen, Geschriftel, Gepinsel an den Büchern! Sie soll für meinen Verlag schaffen, dazu die Kinder und das Haus hüten. Das ist genug für ein gutes Weib. Ich werd's verbieten – verbieten werde ich's! Da wißt ihr meine Meinung.«

Sibylla fuhr zusammen. Abraham Mignon zog den Freund auf den Stuhl zurück.

»Nun, nun«, murmelte Arnold verlegen; er schämte sich für Graff.

In Sibyllas Augen stiegen Tränen; sie wischte mit der Hand über die Wange, dann stand sie auf.

»Das hättest du nicht sagen sollen, Andreas«, rief sie laut, »hast nichts vermissen brauchen im Haus und sonst – du nicht!«

Graff verlor alle Beherrschung.

»Und ich verbiet's«, schrie er, »kein gelehrtes Getue kommt mir mehr vor, kein Getier und Gewürm!«

»Andreas! Das...«

Die Männer am Tisch mischten sich ein: Morell und Merian, Mignon und die beiden Gelehrten, Arnold und Sternhut. Auch die Geistlichen und die Herren vom Rat steckten die Köpfe zusammen. Der Magister und der

Mathematikus des Gymnasiums verschränkten die blassen Hände. Alle redeten durcheinander.

Indessen stand Sibylla steif und mit geschlossenen Lippen hinter dem Tisch; sie sah Graff an. Der fühlte sich übertönt und überschrien. Sein schwammiges Gesicht wurde noch dunkler als vorher.

»Gehorsam ist sie mir schuldig«, keuchte er, »sie hat zu tun, was *ich* will!«

Sibylla sagte mit halblauter Stimme: »Nein, Andreas, mein Suchen und Forschen und Malen laß ich mir nicht verbieten, auch nicht von dir, Mann.«

Plötzlich schwiegen die erregten Stimmen. Graff empfand unklar, wie sinnlos es war, Sibylla zu widerstehen. Er setzte zum Sprechen an, brachte ein heiseres Stöhnen zustande und drehte sich jäh um. Die Tischnachbarn beiseite drängend, raste er zur Tür, riß sie auf und taumelte wie gestoßen hinaus.

Sibylla saß zusammengesunken hinter dem weißen Tischtuch mit dem silbernen Gerät. Sie sah Morell aus weit offenen Augen an, unfähig aufzustehen. Johanna verbarg ihr Gesicht in den Händen.

Merian stieß den Stuhl zurück. »Komm«, rief er, »das Geschrei ist nichts für dich, Antonia!« Er nahm die zitternde Frau an der Hand und zog sie mit sich.

Jetzt fing ein hastiger Aufbruch an. Nur ein altes Weib in riesiger weißer Haube blieb stehen und trat neben Sibylla, die noch immer reglos dasaß; aufgeschreckt erkannte sie die Hebamme. »Frau, kommt zu Euch, so ein Ärger tut der Milch weh. Bleibt da – ich hol das Kind!« Die Alte schlurfte hinaus.

Als das runde lebendigwarme Bündel in Sibyllas Arm lag, öffnete sie mechanisch ihr Kleid und schlug den Spitzenkragen zurück. Sie reichte dem runden Mündchen die Brust, drückte den Säugling fest an sich und spürte, wie die winzigen Lippen aus ihr Nahrung saugten, als wären sie beide immer noch *ein* Wesen. Während sie auf das handgroße Apfelgesicht hinuntersah, versank alles Kränkende. Andächtig und scheu strich sie über die weiche Faust, die wie eine rosenfarbige Muschel neben dem Ohr lag; sie atmete auf wie in einem frischen Luftzug. Die zehnjährige Hanna lief herein und sah großäugig zu, wie die neue Schwester gestillt wurde; Sibylla preßte ihre Stirn an die Schulter des Mädchens.

Verleumder

Graff hatte das Pferd im Stall unordentlich gesattelt und war aufgesessen. Kaum wußte er recht, was er trieb, als er das Tier zu einem wilden Galopp peitschte. Erst als die Chaussee wie ein Band unter ihm hinfloß, merkte er, daß er auf Eschersheim zu ritt. Das Roß kannte den Weg; die »Herberge zum Greifen«, in der Graff oft getrunken hatte, lag an der Straße.

Der Wirt stand vor der Tür; er stellte sich dem Gaul in den Weg, faßte in die Zügel und brachte den langsamer Trottenden zum Stehen. »He, Graff!«

Andreas riß verstört die Augen auf; dann hob er das Bein über den Pferderücken und sprang ab, stand einen Augenblick schwankend da und tastete nach der Mauer. Der Wirt nahm die schleifenden Riemen auf und zog das Tier zum Stalltor. Graff taumelte in die offene Wirtsstube, aus der Rauch und Weindunst drangen. Drinnen saßen spielende Männer um zwei lange Tische. Der Wein machte ihnen heiß, sie hieben die Karten auf die Holzplatten, warfen Stühle und Trinkbecher um und schrien. Graff drängte hinein, die dicke Luft war ihm vertraut. Neben ihm stand einer auf; er erkannte Savede. Der Alte drehte den Kopf schief und grinste mit breitem Mund. »Habt Ihr Kindstauf gehalten? Es hat lang gedauert seit dem letzten Mal!«

»Fängt es schon wieder an?« brummte Graff wütend. Aber Savede trat ungesehen hinter ihn und streckte seine Zeigefinger wie Hörnlein über seinen kahlen Schädel; die andern grinsten.

»Setzet euch«, rief einer von den Spielern, ein dürrer Mensch mit einer langen Nase, »ihr scheint zwei kurzweilige Kumpane zu sein!«

Graff schwieg verdrossen.

Der Hagere stieß ihn an. »Ihr seid doch der Eheherr der gelehrten Frau, die sticht und druckt? Aber – zieht sie nicht auch Gewürm im Keller und Spinnen im Ehebett?«

Man lachte derb. Graff knurrte wütend.

»Sie malt schön«, beschwichtigte einer neben Savede, »ich hab eine kolorierte Tafel gesehen, die sie gefertigt hat.«

Das Schankmädchen stellte einen Krug vor Graff hin, Savede langte zu. »Ich brauch's, Andreas, hab argen Durst heut«, sagte er frech.

Graff fuhr auf, sagte aber nichts. Savede zog ihn am Ärmel. »Dir hat's das Wort verschlagen, he? Hat das Weib zuviel geredet daheim?« Er lachte meckernd.

»Laßt ihn«, mischte sich die Magd ein, »er hat einen trübseligen Humor heut!«

»Ein Wunder ist's nicht«, näselte Savede, »wenn einer von der Tauf kommt und ist nicht gewiß, wem's Kind gehört!«

Graff zuckte zusammen; mit einem heißen Blick starrte er in Savedes verkniffenes Gesicht. Plötzlich warf er den Becher um und stemmte sich am Tisch hoch. »Gleicht mir aufs Haar«, schrie er außer sich, »wem soll's sonst gleichen?«

»He, he«, dämpfte Savede, »man hört so allerlei Dinge, aber nicht von Buhlfreunden, wie sie sonst bei den Eheweibern aus und ein gehen …«

Die Männer sahen sich verblüfft an. Savede lächelte tückisch. Graff ließ sich ein neues Glas bringen und stürzte den schweren Wein hinunter wie Wasser.

»Ist's den Leuten zu verübeln«, fragte Savede leiser, »wenn sie reden? Hat Euer Weib nicht Tag und Nacht mit dem Gewürm und Geschmeiß zu tun, die doch nur *einen* Herrn kennen, den Ungenannten? Hat sie nicht Kästen voll von dem Getier ohne Seele?«

Der dürre Banknachbar merkte auf. »Armer Mann«, murmelte er, »habt Ihr dergleichen des öfteren wahrgenommen?«

Graff schaute ihn verständnislos an. »Was? Ich weiß nicht, was Ihr meint!«

»Doch, Graff, das wißt Ihr wohl!« redete Savede dazwischen. »Wenn man Teufelsgezücht pflegt und dem Eheherrn zehn Jahre lang nicht gern zu Willen ist, wenn man Dinge tut, die sonst kein Weibsbild vermag ...«

Graff stierte ihn an wie ein Gespenst. Der Mund blieb ihm offen, er drehte sich schnell um, als stände etwas Feindliches hinter ihm. »Ihr meint ...« Sein benebelter Kopf faßte kaum, was die anderen andeuten wollten; sein Mund verzog sich wie zum Weinen. »Aber – das *kann* sie doch nicht tun ... Savede! Sagt jetzt – Ihr kennt sie –, das ist nicht wahr!« Seine Stimme klang kläglich.

Die Tischgenossen rückten weg, einer murrte: »Das sind böse, schwere Anklagen, Savede ... Hütet Euer loses Maul!«

Savede lächelte dünn. »Wir haben bloß gefragt!« Dann wies er auf den mageren Mann am Tisch. »Der ist mit solchen Fragen wohl vertraut, er war Rechtskonsulent und hat in der Theologia Kenntnis erworben.«

»Es sind Anzeichen, nur Anzeichen, nichts Sicheres ...«, sagte der Fremde, seine Reden verwischend, »dennoch: der Hochmut macht verdächtig, von dem Ihr gesprochen habt!«

Graff griff sich an die Stirn. »Ich habe derlei seither nie bemerkt!«

»Armer Mann«, sagte der ehemalige Jurist wieder, »Euch wird sie auch bezaubert haben; sieht so aus, sieht genau so aus!«

»Ihr meint Zauberei? Ein Hexenstück wär sie?« Savede wiederholte gellend die gefährlichen Worte.

Einer der Männer ging hinaus, ein einfältiger Kerl mit einer Knollennase, ein Stadtbote und Hilfsbüttel, wegen

Trunksucht entlassen und ohne Stelle. Savede sah ihm nach und unterdrückte ein Schmunzeln.

Graff hielt seinen Kopf mit beiden Händen. »Laßt mich gehen«, stieß er verzweifelt hervor.

»Wohin?« fragte der dürre Banknachbar arglistig. »Zu Eurer Frau? Die es wissentlich mit solchen Weibern halten, sind mitschuldig. Paßt auf, Maler Graff!«

Andreas ächzte wieder, dann nahm er die Schankmagd am Arm. »Mach mir eine Kammer droben zurecht, Margret! Ich geh nicht heim.«

Sie lachte laut. »Gleich, Herr, die Wirtin soll's nicht wissen. Eine gute Kammer auf einem langen dunklen Gang ...«

»Still, blöde Gans«, fuhr der Maler sie an. Aber sie war schon draußen.

Merian der Jüngere kam aus einer Ratsversammlung heim. Er schickte Antonia zu den Kindern und blieb grübelnd am Ofen sitzen. Dann rief er den Hausburschen herein. Der Junge war ihm ergeben wie ein Hofhund.

Matthäus trat an den Tisch, schrieb und siegelte. »Du läufst mit dem da zur Madame Gräffin«, sagte er streng, »legst es *ihr* in die Hand, niemand sonst, und verschlossen, wie's ist. Sagst kein Wort, gehst gleich wieder heimzu!«

Er gab ihm ein Papier, das er mit einem Hemdknopf gestempelt hatte.

Wenig später erbrach Sibylla den Brief. An ihren Fingern klebte noch das rote Wachs, das sie losgemacht hatte. Sie las und spürte, daß sie steif wurde wie unter einem kalten Wind.

Merians Briefchen war kurz:

»Hüte Dich, es ist ein Gerede von Zauberei über Dich umgegangen, ich hab's niedergeschlagen, es wühlt aber sicher verdeckt weiter. Du solltest verreisen – ich kann Dir dazu helfen. Verbrenn meinen Brief!«

Unsigniert, als Petschaft ein Knopf – aber sie kannte die

Handschrift. Dann erst begriff sie ganz: Zauberei! Hexenwerk! Das ist der Widerwille gegen alles Andersartige, Überlegene, fuhr es ihr durch den Kopf. Dummheit und Neid tarnen sich mit Bibelworten. Die Männer nehmen mir übel, was ich als Frau leiste, und die Frauen sind eifersüchtig auf die scheeläugige Bewunderung der Männer. Alles Neue ist unbequem und strengt an – da ist's dann gleich schwarze Magie und Eingebung des Bösen. Ach, wär Andreas einer, der sich stellt! Ein Ehemann sollte sein Weib schützen, wenn das Gerücht wie ein Schleimfluß nach ihr greift. Er ist schwach, freilich, aber ... »Andreas!« stöhnte sie auf. Mit einmal stand ihr das breite Lachen des Savede vor Augen, als träte er leibhaftig vor sie hin. Er ist's, von dem das alles ausgeht, dachte sie trostlos. Er haßt mich, seit ich den Andreas von ihm fortgeholt habe, damals nach seiner großen Trunkenheit; und seit sie ihn wegzerrten vom Hochzeitsmahl und seit ich schwanger ging und ihm nicht zahlte, an der Sebalduskirche zu Nürnberg. Weil er mir unrecht getan hat, haßt er mich: er *muß* mich schwarz malen vor sich selber und vor den anderen, sonst wär's ja erwiesen, daß er's bloß aus Bosheit getan hat! Immer steht er hinter uns wie ein Nebelspuk, hinter dem Graff und hinter mir ...

Ihr Mund öffnete sich, das strenge Gesicht löste eine Welle von Schmerz. Sie warf sich auf ihr Bett und weinte. Es brach und strömte aus ihr hervor wie eine Quelle aus der Tiefe, was in vielen Jahren zusammengeronnen und gestaut war aus bittern Tropfen, hundert Rinnsale unterdrückter Tränen.

Wenn nicht Antonia wäre, ginge ich zum Matthäus, überlegte sie. »Du solltest verreisen«, schrieb er. Die Töchter, die Eltern, die Druckstöcke und Textblätter, das Haus und sein verlorener Schatten! Andreas! Kein Mensch, kein Rat, keine Wärme ... Ihr Blick fiel auf die Klinke an der Kammertür; dahinter schliefen die Kinder, arme ahnungslose Geschöpfe. Sie werden mit mir verfemt, dachte sie erschreckt. Sie erhob sich und legte die Finger auf das kühle abgeschabte Metall, drückte den Griff nieder – doch ehe sie öffnete, zog sie die Hand zurück. »Die beiden sollen schlafen, aber ich will mich wehren«, murmelte sie. Wehren ... Sie sah sich selber wie eine lächerlich kleine Schachfigur, eine elfenbeinerne Königin im Ansturm der schwarzen Trabanten, vor den Türmen, die vierschrötig anrückten, vor den Winkelzügen der pechfarbenen Rösser, auf dem Feld allein. Denn der weiße König blieb ängstlich in seinem gedeckten Winkel.

Sie faßte nach dem pelzgefütterten Umhang am Haken. Dann lief sie auf die dunkle Straße hinaus. Auf Umwegen kam sie zur Galgengasse. Das Pflaster war naß. Mit Herzklopfen stand sie auf dem Steinflur. Aus den Ritzen der Stubentür floß Licht; sie hörte die Stimmen des Halbbruders und der Antonia Maria. Gehetzt wandte sie sich wieder zum Tor. Aber dann zögerte sie doch. Er *muß* mir raten, dachte sie zitternd. Der Schlamm deckt mich zu: Verhöre, Kerker, Ketten, Hunger, wieder Verhöre. Die peinliche Befragung: Nenn einen Namen, du Hexenstück! War *die* beim Teufelstanz? Die Magd? Die Schülerin? Die Freundin? Schrauben, Gluteisen, Stacheln ... Anklagen: sture gedankenlose Torheit, Bosheit, Dämonenfurcht. Savedes Geschwätz, Andreas' Feigheit – wer bleibt da fest? In Holland sind vor vier Wochen erst viele Frauen verbrannt worden, auch Männer, auch Kinder!

Matthäus, ach, ich *kann* doch nicht rufen, ich *kann* nicht anklopfen bei dir!

Die Stimmen wurden lauter, sie verstand Worte. Jetzt hielt sie es nicht mehr aus – sie wollte nicht horchen. Da fiel ihr ein Signal ein, das er aus ihrer Kinderzeit kennen mußte. Sie trat auf die Straße zurück, nah unters Fenster, und miaute leise wie eine Katze.

Matthäus erschien in der erhellten Hintertür. Durch die Löwenperücke fiel das Licht. Er war allein. »Sibylla?« fragte er halblaut.

»Matthäus«, kam es aus der Dunkelheit flehend zurück. Dann stand sie vor ihm. »Ich danke dir sehr«, brachte sie hastig und stockend heraus.

Er zerrte sie in den verschatteten Vorgarten. »Antonia soll's nicht wissen«, flüsterte er.

Sie duckte sich scheu.

»Ihre holländische Sippe ist auf einen guten Namen bedacht, und sie haben viel Anhang, auch bei den Höfen ...«

Sibylla lächelte traurig in der Dämmerung. »Woher hast du's?« fragte sie unterdrückt.

»Der Pinzheimer hat es mir gestern vertraut, in einer Eschersheimer Schenke habe man übel geredet von dir; das hätt einer gehört, der früher Ratsbote gewesen ist, der Klaus Becher, und es dem Pinzheimer weitergesagt ...«

»Weißt du das Wirtshaus?« fragte sie. »War's der ›Greifen‹?«

»Kann sein, er hat's daher. Warum?« Dann fragte er nicht weiter.

»Graff sitzt oft im ›Greifen‹«, hatte sie einmal gesagt. Sie gab auch keine Antwort, starr und weiß stand sie vor ihm.

Er schaute unruhig zum Haus hinüber. »Antonia war krank, sie soll sich nicht erregen. Ich habe gesagt, ich wolle nach der wilden Katze sehen, sie totschlagen, ich könne das Gewimmer nicht mehr ertragen ...« Er fuhr im gleichen Ton fort, als gelte es dem Tier: »Du mußt weg, Sibylla, so bald es nur geht!«

»Und meine Kinder?«

»Nimm sie mit, laß sie da – wird sich schon jemand drum kümmern«, er stockte. »Wir vermögen's nicht, das muß dir klar sein, wir haben selber das Haus voll davon. Geh jetzt, Sibylla, eh mich jemand mit dir sieht!«

»Mit einer Hexe«, hauchte sie.

»Ich wollte dir ja helfen«, sagte er schon im Wegwenden, »du kannst Geld haben, fünfzig Gulden oder so. Hol's morgen ab zur gleichen Zeit, da, unterm Randstein, ich tu's in einen Ledersäckel ...«

Er fertigt mich ab mit seinem Reichtum, dachte sie. Sein Ansehen ist ihm näher als ich ... »Gut so, Matthäus«, sagte sie lauter, als sie wollte, »leg das Geld nieder, soll's eine Katze finden« – er sah sie verblüfft an, während sie ihm schon den Rücken drehte –, »ich hol's nicht ab!«

Er zuckte die Achseln, eine heiße Welle stieg ihm in die Stirn, dann ging er rasch zur Tür zurück. Wärme schlug ihm entgegen und der bekannte Geruch, den das ganze Haus angenommen hatte, seit Antonia regierte: nach Lavendel, nach Honig, nach feuchter Wäsche und Seifentalg ...

Sibylla ging gesenkten Kopfes durch die Straßen nach Hause und flüsterte vor sich hin: »Niemand kann mir Unrechtes nachsagen. Da sollen sie nur kommen und fragen! Die Maltöchter zeugen für mich, die in der Werkstatt, mein guter Vater Morell, die Mutter ... Da sind die Freunde, Mignon, Arnold, Ambros, auch die Ausländer, die mein Werk anerkannt haben, der verstorbene Swammerdam, der Insektenforscher, und Deventer, der Arzt; von beiden habe ich Briefe aus den Niederlanden. Und wenn sich der Matthäus zehnmal meiner schämt, als hätte ich die Sippe verunehrt, mein Vater wär zufrieden!« Sie stapfte trotzig weiter. »Den Obristen könnt ich um Fürsprach bitten, dem ich das Zelt ausgemalt habe mit Ranken und mit Faltern; ich weiche ihnen nicht aus.«

Sie trat ins Haus. Den großen Schlüssel hatte sie vergessen abzuziehen, er steckte im Schloß. Vertrauter Duft der Malfarben kam ihr entgegen, Rauch vom erloschenen Herd und Dunkelheit. Sie tastete nach dem Leuchter an der Wand, suchte auf dem Sims nach dem Zunder. Als sie anzündete, fiel ihr der Mantel zu Boden. Sie bückte sich. Im Aufrichten spürte sie einen Luftzug, die Stubentür öffnete sich von innen. Da stand einer, vom Licht der Lampe noch nicht erfaßt; sie schreckte zurück.

»Es tut nicht not, daß Ihr Lärm schlagt, Frau« – eine belegte Stimme: Savede!

»Was sucht Ihr bei Nacht in unserem Haus?« fuhr sie ihn an. Er kam näher: Schnapsgeruch, eine geschrumpfte, geduckte Gestalt ...

»Wo ist Graff?« schrie sie, greller als sie wollte, auf ihn ein. »Eilt Euch, redet, und dann geht!«

»Sachte, Madame«, Savede stand jetzt bei ihr, »der Andreas kommt so bald nicht mehr heim, er ist gescheiter geworden. Ihr solltet da nicht so herrisch tun; habt's ja erwarten können, daß nicht *alle* blind sind!«

»Was soll das heißen?«

Sie zitterte vor Zorn.

Savede setzte sich auf die Bank im Flur und streckte die Beine aus. »Das wißt Ihr besser als ich; und wenn der Graff sich nicht selber schaden will, muß er's zeitig angeben – beim Rat, meine ich. Sonst kommt er mit hinein ... Das dauert so nicht mehr lang ...« Er sah sie von unten her lauernd an, während sie steif vor ihm stehenblieb mit dem Licht in der Hand.

»Hat der Graff das gesagt?« Sie beugte sich hinunter und leuchtete ihm ins Gesicht.

Die grauen Stoppeln glitzerten, seine Nase warf einen spitzen Schatten schräg über die Wange, die Augen waren fast geschlossen. »Liegt Euch dran, was der sagt?«

Ja, ja, dachte sie, immer noch liegt mir daran, trotz allem immer noch!

Savede richtete sich auf. Sein Fuselatem streifte Sibylla. »Den seid Ihr los, den Graff – für ganz!« Er glitt zur Haustür und huschte hinaus; durch den Spalt streckte er noch einmal den Kopf. »Ihr habt ja soviel schöneren Umgang jetzt, mit dem Herrn aller Lüste selber!«

Sibylla fielen die Arme schlaff herunter, die Leuchte klirrte auf die Fliesen. »Schlamm!« Keuchend brach sie auf der Bank zusammen.

Savede schlurfte draußen weiter, zum Haus des Matthäus. Man ließ ihn ein. Eine Weile tuschelte er und hob beschwörend die Arme; dann ging er, von der aufgeregten Antonia gedrängt, mit reichlichem Schweigegeld in den Taschen. Niedergeschlagen stand Merian nachher neben seiner entsetzten Frau.

Sibylla saß lange auf der Flurbank. Schließlich stand sie auf, streifte mit dem Fuß die Scherben der Laterne weg und schleppte sich zum Tor, schloß von innen ab und rieb die Hände am Rock – die Klinke hatte Savede angefaßt. Ein dumpfer Ekel machte sie schwindlig. Sie wischte über ihre Augen. Alles kommt wieder, dachte sie aufgescheucht, damals war ich auch so beschmiert, im Morast, als mich der große Setter fand. Heut kommt nicht einmal mehr der Ajax ... Wie einen fernen Trost sah sie den großen Hundekopf vor sich, die runden braunen Augen unter den Fellwülsten, das Tiergesicht ohne List und Laster, im Sumpfgraben – und mit den Blütenbüscheln am Hals, mit Graffs Gedicht ... »Des' Haupt und Herz so nahe ...« Andreas! Andreas!

Sie stieg die Treppe hinauf, Stufe um Stufe; knarrend ächzte das alte Holz. Sie suchte keine Kerze, fand greifend ihre Tür und tastete ins Bett. Sie kam sich auf einmal alt vor mit einunddreißig Jahren.

Sibylla verreiste nicht; sie arbeitete weiter. Nachts, wenn alles still war, saß sie bei Kerzenlicht über ihrem großen Werk. Sie nannte es: »Der Raupen wunderbare Verwandlung und sonderbare Blumennahrung«. Seit mehr als fünf Jahren mühte sie sich ab, brennend vor Eifer und ehrfürchtigem Staunen, hingerissen und hart zugleich. Ihre Texte klangen fast wie Briefe, unmittelbar und ohne lange Überlegung hingeschrieben, aber exakt und zuverlässig. Jetzt lag das Blatt mit dem Nachtpfauenauge vor ihr; am plumpen Leib saßen die übergroßen braungetönten Flügel mit den rosigen Zackenrändern und den dunkleren Augenflecken. Breite Fühler standen an dem weißpelzigen Kopf.

Sie beugte sich über ihr Papier und schrieb: »*... da nun solche großen und dicken Mottenvögelein hervorgekommen sind, welche auch eine Holzfarbe hatten, sich aber den ganzen Tag nicht bewegten, sobald man sie aber angerührt, flogen sie mit ihrem Kopf an die nächste Wand und fielen zu Boden. Also daß ich meine, sie können bei Tag nicht viel sehen; derentwegen man sie auch wie sonst andere Mottenvögelein nicht viel um die Mittagszeit, sondern nur gegen Abend und um die Nacht (wie oftmals bei anderer Raupen Beschreibung schon erwähnt) fliegen sieht; es sei denn, daß sie beunruhigt oder von jemand aufgetrieben werden.*«

Sie heftete den Text an das farbig getönte Blatt und sah mit liebevollem Wohlgefallen darauf. Dann nahm sie noch einmal den Federkiel und fügte einen Satz an: »*Als ich vor vielen Jahren diese große und von der Natur überaus nett gezeichnete Motte das erstemal sah, habe ich mich nicht genugsam über ihre schöne Schattierung und abgewechselten Farben verwundern können ...*

Ich war also damals, als ich den Mottenvogel bekam, mit so großer Freude umgeben und so vergnügt, daß ich's nicht genug beschreiben kann«, setzte sie mit großen Schriftzügen darunter. Hier, im Umgang mit den schönen, wunderbar entstandenen Geschöpfen, floß ihr ineinander, was sonst von zwei Polen her an ihrer Kraft zerrte: Mütterlichkeit und Künstlertum. Sie saß eine Weile, die Hand über den Augen; die Lider brannten vor Übermüdung, ihre Finger zitterten. Sie stand auf und räumte ihr Gerät zusammen.

Morgens fehlten drei Malmädchen im Unterricht. Keine entschuldigte ihr Ausbleiben. Sibylla wunderte sich. Sie fragte die vier übrigen – niemand wollte etwas Genaueres wissen.

»Wenn es keine Seuche ist ...«, murmelte die Magd, die man auch ausgeforscht hatte.

»Was weiter?« Sibylla sah sie scharf an. Das Mädchen wurde rot. »Geh nur«, sagte Sibylla ruhig, »dann weiß ich genug.«

Anderntags waren noch drei Plätze leer. Die schmächtige, verwachsene Isabella, die als Letzte geblieben war, saß traurig vor ihrem bemalten Denkbüchlein; rote und grüne Zweige verzierten den Deckel, Sibylla tuschte ein paar goldene Schnörkel hinein und zeichnete die Umrisse eines schönen Falters zwischen die Blüten. Dann ging sie zur Werkstatt hinüber, wo ihre Kupferstiche in die Presse gebracht werden sollten; sie wartete, bis die nassen Abzüge herauskamen, legte ein feineres Papier auf die farbfeuchten Blätter und ließ sie noch einmal drucken – zarte schattenweiche Linien zeichneten sich auf dem saugfähigen zweiten Blatt ab, so daß es fast wie ein Aquarell wirkte, mit seidiggrauen Konturen. Sie malte solche Bögen besonders sorgfältig aus, fein und duftig, wie es Blumen und Schmetterlingen anstand. »Kupferstiche sind sonst so grob, daß man meint, es seien Bäume, nicht Blumenstengel«, sagte sie. Mit ihren Abzügen trat sie in die Malstube hinein.

Die zarte Isabella saß weinend vor ihrem Tisch. Sibylla ging besorgt auf sie zu.

»Was hat denn die Jungfer?« fragte sie.

»... weil es doch heut das letztemal ist, daß ich bei Euch bin, Madame Gräffin.«

»Warum sollte es das letztemal sein?«

»Der Herr Vater gestattet's nimmer«, murmelte das Mädchen verstört.

»Was sagt er denn?« Sibylla setzte sich und deckte die Augen mit der Hand zu.

»Er sagt, was die anderen sagen«, Isabella stockte. »Ich glaub's nicht, und er auch nicht ganz; aber es schade meinem Ruf, meint er, wenn man später darüber reden könnt ...«

Sibylla stand auf. »Dann lauf heim, Kind, es tut mir leid um dich!« Sie ging durch die Malstube und die Werkstatt wie im Schlaf, sah sich nicht um, ob die Jungfer noch da war, und stieg die Treppen hinauf. »Wie wenn ich ansteckend wäre – ja, es ist eine Seuche, weiß Gott! Aber krank sind die anderen.«

Um die Mittagszeit kam Hanna aus der Schule, die ein Magister zu Sankt Egidien hielt. Sibylla sah gleich, wie aufgeregt und zerzaust das Mädchen war. Vorsichtig fragte sie, was ihr fehle.

»Sie sagen arge Dinge über Euch, Frau Mutter«, flüsterte Hanna ängstlich, »und ich hab die Katharina Vollmerin verprügelt deswegen.«

»Du hast jemand geschlagen – du, ein Mädchen?«

»Ja, wenn sie doch sagt ...«

»Ich weiß, was sie sagt«, Sibylla hielt ihr den Mund zu, »und ich weiß auch, woher's kommt.«

»Ich will nicht mehr zum Magister Schwertbondel, Mutter!«

»Nein, bleib bei mir, wir treiben die Zoologia und Botanik, und ich lehr dich das Rechnen.«

Hanna lachte erleichtert.

Seit Dorotheas Taufe waren viele Monate vergangen; das böse Gerücht hielt sich im Finstern, doch wagte niemand, Sibylla vor dem Rat der Hexerei anzuklagen. Sibylla Gräffin – oder Merianin, wie sie sich jetzt fast immer nannte – wurde von vielen gemieden. Ihr Aushalten wurde ihr einmal als Zeichen des guten Gewissens angerechnet, das anderemal sprach man von Verstocktheit und teuflischem Hochmut.

Graff war viel in Nürnberg, trieb sich auch mit Handelschaften um Frankfurt herum. Eines Abends stand er vor dem Haus, zögernd, sehr bleich, in abgerissenen Kleidern. Sibylla erkannte ihn im Dunkeln.

»Andreas?« rief sie bestürzt.

»Wenn du mich krank einlassen magst ...«, bat er leise; er schluckte.

Sie sah ihn an, schickte Hanna hinaus und deckte den

Wiegenkorb der Jüngsten zu. »Komm herein«, sagte sie dann, »wenn du Hilfe brauchst.«

»Es ist eine Lebersucht«, murmelte er, immer noch neben der Tür stehend, »ich kann das Gegessene nicht bei mir halten, habe einen wüsten Schmerz unter den rechten Rippen und spei Galle; oft werd ich auch ganz gelb, kann keinen Wein mehr trinken, sonst wird's noch ärger ...«

»Du hast schon lang zuviel getrunken, Andreas«, sagte sie mit einem teilnehmenden Blick, als läge nichts zwischen seinem Aufbruch vom Tauffest und heute.

»Ich hab auch keinen einzigen Taler mehr, mir zuzusetzen«, stotterte Graff mit hilflosen Augen.

»Leg dich ins Bett, ich hab Arbeit die Nacht durch im Kabinett. Geh nur!« Sie drehte sich um und ließ ihn allein.

Als er die Kammertür zuzog, klangen ihre festen Schritte auf dem Gang. In ihrem Arbeitsraum hörte er sie noch eine Weile mit Tisch und Stühlen hantieren, dann wurde es still; er schlief erschöpft ein.

Anderntags brach er früh auf. Sibylla merkte es am Knarren der Treppe, verließ ihr Zimmer und leuchtete ihm stumm. Als er sie ansah, die Hand am Türgriff, schob sie ihm einen Beutel mit Eßwaren zu. Er duckte den Kopf und ging.

Eine Woche später erfuhr Sibylla von einem der Stadtreiter, daß er Graff auf der Nürnberger Straße begegnet sei. Er wolle dort Arbeit suchen, wo er bekannter wäre, habe er gesagt, und man solle das seine Frau wissen lassen – vielleicht, daß sie seinetwegen an die alten Freunde schreiben möge.

Sibylla fuhr die Röte ins Gesicht. Daß er sich so bloßstellte vor einem fremden Kerl! »Es ist gut, Stadtreiter«, sagte sie laut und gab dem Mann den Botenlohn. Dann setzte sie sich neben das Bett der kleinen Dorothea und schrieb an die Freundin und Schülerin, die Jungfer Imhoff aus dem Nürnberger Patrizierhaus. Aber sie wagte nicht anzudeuten, wie es um Graff stand. Der Brief klang fast so, als wären die Eheleute im besten Einvernehmen ...

»*Mademoiselle*«, schrieb sie mit ihrer klugen, etwas hastigen Schrift – dann zögerte sie lang und füllte schließlich den Bogen fast ganz mit geschäftlichen Abmachungen, dankte für Aufträge und erwähnte ihre Malereien, die die »*hochwerte Jungfer wohl werde empfangen haben*«. Fast verlegen klangen die paar Sätze, die Persönliches berührten. »*Neues weiß ich nicht, als daß mein Mann Lust hat, nach Nürnberg zu reisen; wie bald das aber geschehen wird, weiß ich noch nicht. Wenn Sie gern noch etwas haben möchten, so belieben Sie, es uns zu berichten. Dann soll er meine hochwerte Jungfer wie auch alle die Ihrigen aufsuchen, und bitte ich, wenn er einen guten Rat nötig haben sollte, daß Sie sich ihn empfohlen sein lassen, denn er wird ihn wohl vonnöten haben. Ich bitte auch, Ihre ganze Familie von uns allen auf das Freundlichste zu grüßen, und verbleibe, indem ich Sie Gott empfehle,*
     Mademoiselle votre très humble servade
      Maria Sibylla Gräffin.«

Es war ihr heiß wie nach einem steilen Aufstieg, als sie den Brief faltete und das Siegel darauf drückte. Die Jungfer Imhoff wird's nicht spüren, hoff ich, wie meine Gedanken sich verwirrt und verknäuelt haben, als ich das schrieb, und daß es bloß eine barmherzige Lüge ist, wenn ich mich diesmal noch Gräffin nenne. Wenn sie ihm nur Arbeit gibt und das Ansehen, für so ein großes Haus zu malen, dachte sie.

Arnold

Maria Sibylla arbeitete an den letzten Korrekturen ihres Raupenbuches. Sie besserte hie und da an einem Wort, suchte noch einmal den treffendsten Ausdruck, blätterte in den Lexiken und fügte genauere Standortsbestimmungen an. In einem Lateinbuch fiel ihr das Gedicht in die Hand, das Professor Arnold bei Dorotheas Taufe deklamiert und ihr als Einführung für ihr Werk vorgeschlagen hatte. Sie las die kunstreichen Verse von neuem, freute sich über die glänzende Reihe berühmter Naturforscher, unter denen sie selbst genannt wurde, und über die Ehrung ihres Vaters, der oft genug anspornend oder mit liebevoller Kritik in ihren Gedanken gegenwärtig war. Arnold hatte ihn mit Überlegung erwähnt. Er könne ihr leichter den Eingang in die Männerwelt der Wissenschaften bahnen, sagte er, wenn er sie als Tochter des großen Städtestechers vorstelle. Auch Arnolds eigener Ruhm und Name mußten ihrem Werk mehr Geltung verschaffen.

Sie wußte nicht gewiß, ob sich der Gelehrte auch für ihren persönlichen Ruf einsetzte; fast schien es so, denn das Gerede über sie versickerte allmählich. Sibylla schloß es aus den freundlicheren Mienen der Krämer und Marktweiber, dem neuen Zulauf der Schülerinnen und aus den Grüßen der Geistlichen.

Auch Matthäus Merian sorgte durch geschickt verteilte Gelder dafür, daß der Klatsch verstummte. Er hatte, von Antonia Maria gedrängt, den Nürnberger Rat auf Savedes unsaubere Geschäfte hingewiesen. Das genügte, um dem Schwätzer wegen einer kleinen Unterschlagung den Prozeß zu machen: man setzte ihn fest und hielt ihn mit mäßiger Strenge.

Die »merkwürdige Frau mit ihrem verdächtigen Gewürm« verlor allmählich ihre Wichtigkeit; Anderes, Neueres war inzwischen geschehen, der plötzliche Tod eines Ratsherrn, von dem es hieß, er sei vergiftet worden, und eine Kinderkrankheit, die viele Häuser mit Trauer schlug.

Jahre vergingen, in denen nach außen alles fast war wie früher. Nur Graff kam nie mehr heim. Er führte ein unruhiges und undurchsichtiges Wanderleben; wenigstens trug er seit seinem letzten Besuch keine Gerüchte mehr herum. Er habe sich sogar einmal – das wurde Sibylla berichtet – heftig für sie eingesetzt, freilich in einem Kreis, an dem ihr nicht viel gelegen war, unter Trinkern und Raufbolden in einer Dorfspelunke; aber er hatte es doch getan ... Auf ihre Anfragen antwortete er nie, und für seine Familie mit Geld einzustehen, fiel ihm nicht ein.

Sibylla half sich und den Kindern mit dem, was ihre Kunst einbrachte, mit dem Ertrag der Malschule, mit den Geschenken Caspars und der Mutter – und mit einem kleinen Zuschuß, der aus der Kasse des Nürnberger Gymnasiums kam, »für die neue Wissenschaft, welche die hochwerte Madame Merianin mit ihrem Beschreiben und Darstellen verbessern hilft.«

Plötzlich erschrak sie: Ob hinter dem Geld nicht die Fürsprache des Professors stand? Ich muß ihn fragen, wenn er wieder in Frankfurt ist, dachte sie bestürzt. Denn das darf nicht sein, ich will nicht, daß er mich unterstützt.

Ihre Gedanken gingen jetzt oft zu Arnold; sie meinte, es müßte ihr gelingen, ihn herbeizuziehen, und scheute doch wieder davor zurück. Da begegnete sie ihm wirklich. Es war an einem windigen Maisonntag, auf den Wiesen vor der Stadt, wo sie Insekten und Futter für ihre Raupen suchte.

Die Frankfurter spazierten in Grüppchen am Mainufer entlang. Sibylla hatte einen leichten Holzkasten umgehängt, ihr farbloses Alltagskleid war vom Bücken und Kriechen zerknittert. Ein paar Damen gingen an ihr vorbei, die rückwärts gerafften Überröcke gebauscht, die Locken aufgebunden, Schnallenschuhe an den Füßen. Neben ihnen stiegen die Kavaliere mit wallender blonder Haarpracht mißmutig über den unebenen Rasen, weiche Hüte in der Hand, faltenreiche gegürtete Röckchen über den Spitzenhemden, Schleifenwerk an Schultern und Nacken: ein girrender wogender Schwarm geputzter Leute. Sibylla lächelte nachsichtig hinter der käferbunten Gesellschaft her. Vor ihr stapfte das Kind Dorothea, immer noch rund und kräftig wie als Säugling, an der Hand der schmalaufgeschossenen Schwester.

Als Sibylla sich nach einer Raupe bückte, die an der Wegseite ins Gras kroch, sah sie, daß die Schar stehengeblieben war und zu ihr herüberschaute. Unter ihrem Blick verstummte das halblaute Gerede; aber in den Augen der Leute lag Neugier und Widerwille. Eine Dame fing ihre deutende Bewegung gerade noch ab; einer der Männer sagte laut: »Gehn wir, das lohnt nicht!«

»Das lohnt doch«, hörte Sibylla im Weitergehen eine Frauenstimme, »auf derlei Dinge sollte man ein Auge haben! Wenn das schon am hellen Tag geschieht und geschehen darf ...«

Sibylla hieß ihre Kinder zurückbleiben und machte einen Schritt auf die Redende zu. »Ich kenne Euch nicht, Madame«, sagte sie, »und Ihr werdet mich auch bloß vom Hörensagen kennen ... Was sollte es sein, das Euch so erregt hat?«

Niemand antwortete. In den Augen der Dame stand Verlegenheit und Empörung zugleich, auffordernd drehte sie sich nach ihrem Begleiter um. Ein blaßblonder Bursche trat vor, den Stutzerhut unter den Arm geklemmt, mit rotgefütterten Stiefelstulpen über hellblauen Hosen. Man sah ihm an, wie ungern er seine Hemmung überwand.

»Ich muß Euch sagen, Frau Gräffin, daß die hochwerte Frau Balzerin recht hat«, rief er krampfhaft, »wenn sie es unziemlich nennt, daß Ihr am Sonntag im Werktagshabit im Strauchwerk herumrutscht und was weiß ich welche Brut einheimst. Das üble Getier ...«

»Am Werktag habe ich die Zeit nicht dazu«, widersprach Sibylla ärgerlich. »Das große Raupenwerk muß heraus. Es soll in Nürnberg verlegt werden wie hier und in Augsburg; ich arbeite so schon des Nachts dran, habe noch das Haus und die Kinder ...« Das verstehen sie ja nicht, ich rede gegen eine Wand, dachte sie plötzlich. Aber – wenn sie nur abgelenkt werden.

»Meine liebe Frau Gräffin«, ein großer fülliger Mann trat aus dem Haufen der drängenden Menschen, »es steht geschrieben: ›Du sollst den Feiertag heiligen!‹ Und es heißt auch: ›Weh dem, der Ärgernis gibt!‹«

Sibylla erkannte den Pfarrer von Sankt Bartholomä. »Gewiß, Hochwürden«, sagte sie geduldig, »ich weiß, daß ich gegen das Sonntagsgebot gefehlt habe; versteht mich doch, ich bitt Euch!«

Er musterte sie unschlüssig. Dann gingen seine Augen in betrübtem Einverständnis zu dem Galan der Balzerin.

Jetzt wagte sich die Dame wieder vor. »Sie gibt's zu! Aber – wenn das alles wäre ...«

Der Geistliche wandte sich mit traurigem Blick an Sibylla: »Es ist leider nicht harmlos, Frau Gräffin, was gegen Euch steht!«

Da fiel Sibylla ein, was ihr eine der Maljungfern kürzlich zugetragen hatte: Daß eine Gesellschaft von Sektierern in der Stadt aufgetaucht sei, unter der Führung einer unheimlichen Frau, die gegen die Hexerei predigte; sie habe großen Zulauf und viel Glauben gefunden, wo sie sich zeigte; auch die Geistlichkeit sei beunruhigt und von neuem hellhörig geworden.

Der Pfarrer trat auf sie zu. »Gräffin!« rief er beschwörend,

»was treibt Euch an, das Gezücht zu hegen und zu pflegen, als wären's Kindlein in der Wiege? Wer heißt Euch so tun? Wo steht in der Schrift, Würmer und Gezücht sollt man um sich haben?«

Sein großflächiges Gesicht wirkte ehrlich bekümmert. Kein Haß lag darin, nur Sorge, die Betrübnis des alten Lehrers, der seine Schüler auf falschen Wegen sieht.

»Es sind doch auch Gottes Geschöpfe«, sagte sie müde.

»Mißbrauche Sie nicht den heiligen Namen mit diesem Mund«, zeterte ein ältliches Weib hinter ihr. »Das sind die gottlosen Reden aus des Labadie Küche! Ich kenne sie wohl.«

»Antoinette de Bourgignon!« Der Pfarrer fuhr entsetzt zurück. »Was tut Ihr hier? Ihr seid doch seither in Husum gewesen, im Schleswigschen?«

»Der Geist wehet, wo er will!« widersprach die Frau gellend. Sie hatte eine seltsam glatte, leuchtend weiße Stirn, einen großen aufgeworfenen Mund und blitzende dunkelblaue Augen. Ihre Bewegungen waren fahrig, aber voll wilder Energie. Sie war hager, fast dürr, ungefähr sechzigjährig.

Der Menschenschwarm wich zurück. Man hatte von der »Tochter Gottes« gehört, von der »herrlichsten Jungfrau«, »Seiner letzten Barmherzigkeit«, die im holländischen Noortstraant eine Sekte gegründet hatte und ihre treuen »Kinder« unter einem scharfen Regiment hielt. Man betrachtete sie mit Neugier und Angst.

Jetzt trat der Geistliche auf Antoinette zu. »Laßt diese da«, er wies auf Sibylla, »sie ist *mein* Gemeindeglied!« Er versuchte, die Eifernde wegzudrängen.

»Sie gehört dem verdammten Kreis an, der mich verfolgt und lästert. Sie ist verflucht!« Das tobende Weib wirkte wie ein Rauschtrank; die Leute drückten sich enger aneinander, man warf böse Blicke auf Sibylla.

Hinter den aufgeregt Wogenden schluchzte ein Kind.

Sibylla erkannte Dores Stimmchen. »Laßt mich durch«, bat sie. »Meine Töchter!«

Der Pfarrer stellte sich ihr in den Weg. »Ich kann's leider nur tun, wenn Ihr Buße leistet, Frau Gräffin.«

»Was wollt Ihr?« Sibylla griff durch die Menschenmauer, ein paar Männer machten ihr Platz. Sie zog ein Händchen an sich heran – Dore klammerte sich an sie, Hanna hing, ganz schwach vor Angst, an Sibyllas Schulter. Sie breitete die Arme um die weinenden Mädchen, die jetzt inmitten des Kreises standen. »Ich werde Strafe zahlen, Herr«, versprach sie umgewendet, mit mühsamer Beherrschung.

Ein Wagen fuhr vorüber.

»Buße! Buße!« heulte die Bourgignon.

»Schweigt doch, Frau!« Der Pfarrer hielt Antoinette zurück, aber sie schüttelte ihn ab, spie ihm vor die Füße und schrie: »Es ist nicht der Wille Gottes, daß Ihr sie für Geld freigebet! ›Den Zauberer sollst du nicht leben lassen!‹ heißt es in der Schrift. Brennen soll sie, brennen!«

Jetzt wandte sich der Pfarrer angewidert ab; er wich gegen die Straße aus, wo die Kutsche gehalten hatte.

»Nehmt mich mit, ich bitt Euch«, drängte er den Herrn im Fond, »ich bin der Pfarrer Mösch von Sankt Bartholomä und werde von zwei fanatischen Weibern belästigt.«

Der Mann öffnete den Schlag; im gleichen Augenblick erkannte er Sibylla. »Kommt herein und fahrt zu, Euer Ehren«, sagte er im Aussteigen. Es war Arnold. Der Fuhrmann schlug auf die Pferde ein.

Sibylla stand, ihre Kinder an sich drückend, in dem immer noch anschwellenden Gewühl der Aufgeregten.

Antoinette reckte die mageren Arme.

»Brennen! Brennen!« rief sie.

Arnold ging auf sie zu, ein großer ruhiger Mann im langen Schoßrock des Gelehrten. Er nahm eine der fuchtelnden Hände und hielt sie fest. »Seid Ihr nicht Mefrouw de Bourgignon aus Husum?« fragte er. »Habt ihr nicht zweiundfünfzig Waisenmädchen aus Rijssel der Hexerei angeklagt und hättet sie auf den Scheiterhaufen gebracht, wenn nicht Geistlichkeit und Rat Euch gehindert hätten?«

»Sie *waren* des Teufels!« kreischte Antoinette. »Gott hat *mich* eingesetzt als Seine Bevollmächtigte und *mir* alle Seine Geheimnisse kundgetan.«

Die Menge, durch Hinzulaufende verstärkt, murrte und summte wie ein wütender Bienenschwarm; aus Antoinettes glühenden Augen sprang der Funke über. Mainschiffer zwängten sich brutal zwischen die geputzten Nichtstuer, breite Gestalten mit hochgeschobenen Ärmeln, Weiber vom Kai, ein Trupp neugieriger Zecher aus der Uferwirtschaft.

Arnold sah die Gefahr. Er wandte sich an zwei Studenten, die er im Trubel erkannte. »Habt ihr nicht in Leyden die Naturwissenschaften getrieben? Ihr dort, ihr waret erst neulich bei mir, eurer Poetika wegen?« Er fragte ganz gelassen und ließ sich unmerklich näher zu Sibylla hinschieben.

Sie sah angstvoll im Kreise um sich her, als die Bourgignon plötzlich wie ein Raubvogel auf sie zuschoß und den Raupenkasten packte; das Band riß. Die Rasende stülpte die Kiste um, stürzte Blätter und Insekten auf den Boden und trampelte wild darauf herum. Ein weiter Bogen öffnete sich um sie, angeekelt wichen die geputzten Damen vor den zuckenden, kriechenden, flatternden Insekten zurück, die Schiffer und Schankmägde starrten verblüfft auf die harmlose Beute ...

Eine Welle von Befangenheit ging durch die Menschen. Arnold benutzte den Augenblick, griff nach der wimmernden Dorothea, hob sie hoch, nahm Sibyllas Arm und schob die blasse Hanna vor sich her. Als Antoinette von ihrem Zerstörungswerk abließ, waren die vier verschwunden.

Sie erschlaffte so jäh, wie sie aufgefahren war; ihre Augen gingen verstört in die Runde. Dann lehnte sie sich zusammensinkend an einen der Nächststehenden. Da quoll aus dem Schwarm um sie her ein Keil vordrängender Gestalten heran, zwei Frauen und ein bärtiger Alter. »Jungfrau, unser aller Mutter!« riefen sie singend im Chor. Antoinette erkannte ihre Freunde und drehte sich zu ihnen um. Der Mann stützte die Schwankende und zog sie aus dem Blickfeld der Gaffer.

Inzwischen hatte Arnold die schweigende Sibylla mit den Kindern bis an die Mainbrücke geführt. Dort setzte er das jammernde kleine Mädchen nieder und blieb aufatmend stehen. »Verzeiht, ich mußte schnell etwas tun – sie waren wie Wölfe, und das Weib versteht zu schüren!«

»Wir sind Euch sehr dankbar, Professor.« Hanna nickte zu den Worten ihrer Mutter.

»Wenn es Euch recht ist, Frau Gräfin, begleite ich Euch mit den Töchtern hinüber; ich wohne seit kurzem in der Helfergasse. Indes wird mein Gespann zurück sein, das ich dem Pfarrer geliehen habe. Ihr könntet damit sicherer heimkommen.«

Sibylla stimmte zu. Auf den sonntäglich leeren Straßen begegneten ihnen nur einzelne Spaziergänger, die fragend auf den elegant gekleideten Mann und die zerzauste Frau im braunen Hauskleid sahen. Arnold ging voraus; er schloß auf und rief die Haushälterin.

Sibylla trat zögernd ein. Überrascht betrachtete sie die Gelehrtenstube: die gewölbten Scheiben, die das bläulich gefilterte Licht einließen, große Tische, vollgepackt mit Papierstapeln und Folianten, Linsen und Lupen; am Fenster Zinnbecher mit Federkielen, Tintenfässer, Streusandbüchsen und ein Krug mit seltenen Blüten – Sibylla erkannte frühe Akelei zwischen feinen Gräsern.

Sie sank müde auf die Fensterbank. Die kleine Sechsjährige lehnte sich an die Schulter der Mutter und ließ verschlafen das Köpfchen sinken. Arnold hob das Kind vorsichtig auf und trug es zu seinem Bett, das im Alkoven hinter einem goldgewirkten Vorhang stand. Dann holte er Wein aus dem Wandschrank und setzte Gläser daneben. Noch einmal rief er ungeduldig nach der Frau, die ihm die Wirtschaft führte.

Sibylla ergriff zaghaft den vollen Weinkelch, den ihr Arnold entgegenhielt; sie war wie betäubt. Ein Fremder muß uns retten, Graffs Frau und Kinder ... Erst jetzt wurde ihr die Bedrohung bewußt, der sie eben entronnen war. Das Grauen schlug von neuem mit Krallen nach ihr. Der Verdacht, zum erstenmal aufgesprüht und erstickt, hatte unter der Decke weitergeschwelt, bis ihn die Hexenbannerin neu anblies wie eine große Schwefelflamme – und jetzt brodelte er aus unbewußten Trieben und dunklen Instinkten, ein dumpfer Qualm.

Die Tür ging auf; eine alte, schrumplige Dienerin humpelte herein. Man sah ihr an, daß sie ungern kam; auch Arnold schien das zu spüren. Er nahm ihr den Teller voll Äpfel ab und stellte ihn vor seine Gäste auf die Tischplatte. Hanna griff zuerst zu, sie war hungrig. Sibylla winkte ihr ungehalten, ließ sie aber dann gewähren; sie selbst war zu erschöpft, um zu essen.

Die Alte verschwand rasch und bekreuzigte sich unter der Tür. Draußen fuhr der Wagen vor. Arnold sprang auf, sein blasses gespanntes Gesicht sah zersorgt aus. Er rief den Kutscher herein, dann beugte er sich zu Sibyllas Stuhl hinunter.

»Seid Ihr denn sicher dort, wo Ihr wohnet?« fragte er behutsam.

»Sicher? Wo sind wir sicher?« gab sie zurück. »Sicher ist nichts, sicher ist keiner, Professor, es sei denn in den Augenblicken, da wir wissen, wir hätten dem Bilde Gottes einen Zug zugefügt für die nach uns ...«

Arnold sah sie groß an.

»Wißt Ihr das auch?« fragte sie. »Er will sich finden lassen in allem Wirrwarr, in den Geschöpfen Seiner Hände, ob sie Menschen sind oder Blumen oder« – sie lächelte – »kleine Sommervögel!« Warum rede ich soviel? dachte sie erschreckt. Der Tumult hat mich aufgeregt und aus meiner stillen Bahn geworfen; aber ich habe das Gefühl, *er* müßte mich verstehen.

Arnold sagte nichts; er hielt Hannas Rechte einen Augenblick fest, strich dem rotbackigen Schwesterchen über die Haare und brachte die drei zum Wagen. Aus dem Eckfenster lugte die alte Frau mißmutig auf den Abschied der Merianschen. Sie stellte überrascht fest, daß ihr Herr der Gräffin nicht die Hand gab und sie ihm auch nicht.

Arnold stand noch eine Zeitlang an der Haustür und sah dem Wagen nach.

Graff ließ nichts von sich hören. Er mag in Nürnberg noch keine Erfolge gehabt haben, dachte Sibylla, und wird erst Botschaft schicken, wenn er Rühmliches zu melden hat – wird vielleicht auch nie Botschaft schicken, fügte sie in Gedanken hinzu.

Sie setzte ihre Arbeiten fort, führte die Wirtschaft wie immer und achtete, wenn ihr die Übermüdung noch Zeit dazu ließ, beiläufig auf die Zeichen von draußen. Im Haus fühlte sie sich bewahrt, im Haus ihres Vaters, des großen angesehenen Merian.

Matthäus schwieg; er hatte einmal angefragt, ob sie noch da sei. Aber dann nahmen ihn die eigenen Sorgen in Anspruch.

Heimlich tat Sibylla manches in ihre Kisten und Truhen, was sie bei einer schnellen Abreise brauchen konnte; sie legte Wäsche beiseite und sparte die sauberen Kleider auf. Immer noch wollte sie abwarten, zusehen, hoffen, daß die Vernunft dem bösen Umtrieb den Weg verlege.

Ehe sie sich ganz entschieden hatte, wurde Morell krank. Von einer seiner vielen Reisen nach Utrecht war er bleich und abgemagert zurückgekommen, hatte wenig verkauft, schlechte Wagen und halblahme Pferde gehabt und sich erkältet. Bald wurde er immer matter: Es war kein Fieber, das ihn aufzehrte, sondern nur das leise Verflackern, das allmähliche Aufhören aller Antriebe und Aufschwünge. Er lag und versuchte zu lesen. Sibylla saß oft bei ihm. Seine Frau Johanna stützte ihn, wenn er träumend flüsterte und undeutbare Gesichte erzählte. Dann wieder sank er ins Kissen wie ausgelaugt, lag mit halbgeschlossenen Augen da und stöhnte.

Eines Morgens schlief er ein. Die tiefgesenkten Lider zitterten, der Mund brach auf, die Finger lösten sich.

Johanna sah einen Schimmer über die Stirn gehen, spürte etwas wie ein Streichen und Straffen auf den vertrauten Zügen, ein glättendes Leuchten – und verstand plötzlich, daß er nicht mehr bei ihr war ... Sie faltete ihre alten Hände und betete.

Sibylla wartete jetzt schon seit Wochen auf ein Lebenszeichen ihres Mannes. Endlich schrieb sie an die Schülerin und Freundin Clara Regina Imhoff in Nürnberg, der sie Graff in jenem vorsichtigen Brief empfohlen hatte; sie fürchte, ein Bote habe seine Nachricht verloren, und mache sich Sorgen. Vielleicht sei es der hochwerten Jungfer möglich, ihr etwas Beruhigendes mitzuteilen.

Sie fragte sich selber, welche Unruhe sie noch einmal und so dringend nach Graff forschen ließ, als wollte sie sich die Brüchigkeit der Bindung beweisen. Aber sie hatte wenig Zeit zum Nachdenken.

Die Mutter war nach Morells Tod sichtlich verfallen, sie schleppte sich durch die Tage, als läge ein Schleier zwischen ihr und der Wirklichkeit; hilflos hängte sie sich an die Tochter, tat nichts, ohne Sibylla zu fragen, und kam oft zu ungelegener Zeit in die Malstube oder die Druckerei. Auch da hatte Sibylla jetzt mehr zu tun als seither; zwei Gesellen blieben aus, die Malmädchen kamen unregelmäßig und mit scheuen Mienen, sogar der Farbenhandel lahmte; schließlich kündigte auch die Magd.

Eines Tages erschien der Pfarrer Mösch bei Sibylla. Er

habe lange gezögert, sagte er, und eigentlich die Frau Gräfin zu sich bescheiden wollen, wie es der Brauch sei; aber er habe Mitleid mit ihr und den Kindern, da eine solche Vorladung aufgefallen wäre. So komme er selber und, wie er hoffe, ohne viel Aufsehen zu erregen.

Sibylla saß dem breiten gedrungenen Mann in ihrem Malraum gegenüber. Sein rotes Gesicht verriet ein heftiges Temperament und leidenschaftlichen Eifer für seine Sache.

Sie kannte das Lied; müde ließ sie die Hände fallen. »Ich *hab* keine Zauberei getrieben, Herr Pfarrer, und keine böse Gemeinschaft gepflegt, bloß gearbeitet bis an die Grenzen meiner Kraft und Gottes Geheimnissen in Ehrfurcht nachgespürt ...« In ihrer Stimme klang Ungeduld.

»Euer Eheherr hat Euch verlassen?«

»Ja, Gott sei's geklagt, er hat mich allein gelassen mit den Töchtern!« Sie hatte nicht mehr die Kraft, Graffs Benehmen zu beschönigen. »Ich hab ihm nachgeforscht und erst neulich geschrieben an meine Freundschaft zu Nürnberg, man möge mir doch Nachricht geben über ihn.«

»Aber Ihr müßt doch wissen, Frau, *was* ihn vertrieben hat?«

»Er ist unstet gewesen von je, er wollte selber stark sein und hat's nicht vermocht ... Ich hab ihn sehr lieb gehabt!«

»Das soll man Euch glauben? *Er* hat anders ausgesagt, Sibylla Gräffin!« Der Mann stand auf, schlug zornig auf den Tisch. »Er hat Euch schwer belastet, als ihn ein Amtsbruder zu Nürnberg befragte; das Zeugnis des Eheherrn wiegt viel.«

»War er denn nüchtern?« fragte sie verzweifelt.

»Das ist nicht meine Sache! Aber wenn's eine Anzeige gibt, seid Ihr verloren ... Ja, erschreckt nur, Frau, besser so als ganz in den Fängen des Bösen bleiben!«

Sibylla schrie auf. »Könnt Ihr mich denn nicht endlich in Ruh lassen? Ihr *wißt* doch, daß es nicht wahr ist!«

»Wollt Ihr sagen, ich lüge?« Damit hob der aufgebrachte Herr sein langes Gewand vom Stuhl und ging mit dröhnenden Schritten hinaus.

Hanna Graff lag mit einem Halswehfieber im Bett; kurz nach ihr wurde auch Dorothea krank. Sibylla war dankbar, daß die spärlicheren Geschäfte ihr mehr Zeit für die Kinder ließen. Sie kochte Tee und machte Umschläge. Endlich erholte sich Dorothea, die Jüngere, zuerst. Hanna, die in einer Krise steckte, wie sie in ihrem Alter häufig ist, litt schwerer an den Folgen des Fiebers. Arnold schickte einen Arzt, der kein Honorar annahm. Als es den Kindern besser ging, kam ein Bote mit einem Korb erlesener Früchte, anderntags sandte der Professor ein Blumenkränzchen für die kleine Dorothea. Sibylla nahm das alles stumm hin; sie bat nur den Arzt, ihm ihren Dank zu sagen. Immer noch sah sie in Gedanken den Gelehrten an seiner Haustür stehen, verstummt und blaß, unfähig, ihre Hand zu nehmen – wie sie selber erfaßt von einem undeutbaren Strom, von verschlingenden Wirbeln ...

Dann konnte auch Hanna wieder aufstehen, ihr spitzes Gesichtchen sah fast grünlich aus, als sie zum erstenmal am Arm der Mutter in die Malstube wankte. Dorothea spielte schon wieder am Boden, baute aus bunten Garnknäueln ein Eiernest in einem Korb zusammen und lachte vergnügt der großen Schwester zu. »Ostereier auf Moos«, rief sie.

»Jetzt ist Herbst, Dore«, sagte Hanna und lächelte schwach, »kein Ostern.«

Ein klarer glasschimmernder Septembernachmittag goß blasses Blau über den Himmel; die Pappeln am Mainufer waren gelb und glänzten wie Flitter in der Abendsonne. Hinter den Zäunen brannten die Herbstfarben der Astern und Georginen: Karmin, Purpur, Scharlach ... Braune Blätter lagen auf dem Grund des kleinen Gartenteiches, als Sibylla vorbeiging. Der Ruitmersche Garten! Sie hatte ihn schon vor ein paar Jahren gekauft, als der Graf gestorben war und keiner der Erben sich um das Stück Land kümmerte. Jetzt verwilderte er allmählich, niemand hatte Zeit, ihn zu pflegen. Für Sibylla war er ohnehin ein Stück Vergangenheit, das sie nicht ändern wollte. Vergangenheit, Vergänglichkeit, dachte sie jetzt. Merkwürdig fremd wurde ihr die drängende Zeit, unwichtig die kleinen Pflichten, fern und verschwommen die eigene Gegenwart.

Da hörte sie ein Gespann vorfahren. Die Pferde hielten am Vordertor des Hauses. Man rief nach ihr. Sibylla erkannte schon beim Gang durch den Flur Arnolds Wagen. Der Kutscher brachte seine Grüße, der Herr Professor lasse fragen, ob die Madame Merianin nicht eine kleine Ausfahrt in die Mainauen zu machen Lust habe; nach der vielen Krankheit im Haus werde es ihr wohltun, hoffe er.

Sibylla sah zurück in den Garten. Ein kleiner Ausschnitt leuchtete durch die beiden offenen Flurtüren: rote Astern, gelbes Laub – der Garten der Kinderzeit, wo ich die Tulpen stahl, ein Rausch, ein Augenblick herrlichen großen Aufschwungs, damals – am Morgen ... jetzt ist Abend, Abgesang; die Schatten warten ...

Sie sagte Hanna Bescheid, legte ein warmes Tuch um die Schultern und stieg ein.

Der Main war schon dunkel, ein Boot glitt lautlos das Ufer entlang, ein schmaler Streifen. Der Wagen rasselte über die Brücke. Drüben fuhr er langsamer, kühler Wasserdunst kam herauf, Geruch nach nassen Wiesen, Froschlaute, ein Vogelton ... Die Dämmerung nahm schnell zu; Sibylla lehnte gelöst in den Polstern der Kutsche.

Da hielt das Gefährt. Sie sah erstaunt hinaus. Am Wagenschlag stand Arnold und faßte nach dem Türgriff. »Verzeiht mir, Sibylla«, sagte er mit halber Stimme, »ich habe Euch hier erwartet – erwarten müssen! Ich weiß nicht, ob Ihr aussteigen wollt?«

Sie öffnete und bog sich zur Seite. Er setzte den Fuß aufs Trittbrett und schwang sich neben sie. Dann klopfte er dem Fuhrknecht auf den Rücken, der seither wie ein Standbild stillgesessen hatte. »Ich fahre allein heim, Jorge, und bringe die Madame sicher zurück. Kannst gehen, wohin du magst.«

Jorge kletterte vom Bock; er hatte ein Mädchen in der Uferwirtschaft.

Sibylla saß stumm neben Arnold; sie hörte ihn leise atmen, ein zarter Geruch aus seinen Kleidern war vertraulich neben ihr. Dann tastete sie nach seiner Hand.

»Ich vertraue Euch ganz«, sagte sie, »so hab ich noch nie jemandem vertraut.«

Er legte seine Stirn in ihre Handfläche; sie spürte mit der freien Rechten sein Haar, glitt mit schwebenden Fingern über seinen gebeugten Nacken und legte ihr Gesicht an das seine.

»Ich weiß es schon lange«, flüsterte er.

»Ich spürte auch, daß es kommen mußte«, gab sie zurück, »es bleibt uns nichts, als das zu sagen.«

Arnold fuhr auf. »Viel bleibt uns, viel zu tun, Merianin«, sagte er laut.

Draußen wurden die wartenden Gäule unruhig. Er beugte sich vor und griff aus dem Fenster nach dem Leitseil.

»Ihr werdet Euch trennen von ihm, vom Graff, kein Jurist wird dagegen sein – unzählbare Gründe habt Ihr ... Und dann bitte ich Euch, meine Frau zu werden, wenn – wenn Ihr's so wollt!« Er sagte das alles stockend, während er unachtsam mit den Riemen hantierte. Dann wandte er sich um. Sibyllas Augen glänzten. Er sprang auf und nahm die Zügel. Die Pferde zogen an. »Wir fahren«, rief er singend, »wir fahren weit hinaus, von allem fort, von allem.«

Die Hufe klapperten leicht auf dem Ufergras. Sibylla saß lächelnd im dunklen Wagen. Arnold lenkte ihn in die nächtliche Ebene – er wußte selbst noch nicht, wohin. Endlich hielt er; er trat an die Wagentür, machte auf und hob Sibylla heraus. Sie schlang die Arme um seinen Hals und fühlte sich getragen; sie schloß die Augen und grub ihre Wange an seine Schulter.

In den folgenden Wochen forschte Arnold nach Graff. Er reiste nach Nürnberg und suchte zugleich den Rat eines befreundeten Juristen. Er schickte oft Botschaft und ließ manchmal durch seinen Fuhrknecht kleine unauffällige Geschenke bringen, die er vor seiner Reise bereitgestellt hatte.

Dann kam er zurück. Abends stand der Wagen vor Sibyllas Tür; sie stieg ein. Wieder saß sie allein im Dunkeln; ihre Hand fühlte übers Polster, als müßte Arnold doch da sein.

Es ging in die Uferauen wie damals, und wieder stand Arnold am Schlag und schickte den Fahrer weg. Wie damals schwiegen die Liebenden und hielten sich aneinander.

Aber dann griff Arnold nicht nach den Zügeln, um fortzureisen von allem Umgebenden; er sagte rauh: »Ich habe mit Graff gesprochen. Er tut's nicht, er hält dich fest. Er tut's um keinen Preis!«

Sibylla saß steif neben ihm und wartete.

»Ich habe alles versucht«, sprach Arnold weiter, »ich habe ihm sogar Geld geboten; obwohl er zuerst stutzte und zögerte, schien mir's doch, als fände er deinen Ruf und deine Arbeit lohnender ...«

»Ach, laß doch«, konnte Sibylla endlich sagen. Sie schämte sich für Graff. Kraftlos hing sie in Arnolds Arm, ohne eigenen Willen, gelähmt von Glück und Angst.

»Ich habe dann mit dem Rechtskonsulenten gesprochen; es gibt wohl Wege, es durchzusetzen, und die müssen wir suchen!« Arnold faßte nach ihren Händen. Er mühte sich, im Finstern die weiße Fläche ihres Gesichts zu erkennen. Kalter Wind fuhr um den stehenden Wagen, fauchte durch die Ritzen und machte die Pferde unsicher.

Arnold trat hinaus und führte die Kutsche in den

Weidenschatten; der halbe Mond warf ein fahles Licht auf den Weg. Das Handpferd bockte. Er zerrte. Das Gefährt schwankte auf dem nassen Uferweg.

Sibylla hielt sich drinnen am Sitz. Arnold schlang das Leitseil um einen Stamm und kam zurück. Sie saß noch immer, in einem unwirklichen Schweigen und Hindämmern befangen. Ich gehe wie im Traum durch das alles hindurch, dachte sie verwundert; ich greife nicht ein, ich werde gezogen, ich gleite ...

»Ach, Arnold, liebster Mensch«, sagte sie plötzlich laut, »wohin geht diese tonlose weglose Mondfahrt? Hat sie denn ein Ziel?«

»Sie wird ein Ziel haben, Sibylla«, rief er ungeduldig. »Wir müssen vorwärtstreiben; zwing ihn, daß er dich losläßt, und komm zu mir! Du weißt, die Kinder, ich hab sie gern. Du selber bist mir ... kann ich's denn immer noch nicht ganz sagen? Sibylla, rede doch!«

Sie stöhnte. »Ich weiß genau, was ich tun muß, wenn ich's erreichen will: alles preisgeben, seine Trunksucht, seine Untreue, seine Grobheiten und was er den Kindern getan hat, und die Verleumdungen auch ...«

Arnold hatte begierig zugehört. »Davon hast du nie gesprochen«, sagte er erschüttert. »Aber – das nutzt uns, das *muß* ihn ins Unrecht setzen. Sie trennen eine Ehe ungern, das Gesetz verlangt schwere Beweise; handgreiflich soll es sein, deshalb muß man's aufschreiben, und du mußt schwören – alles Einzelne, alles Gemeine, damit auch die Geistlichen zustimmen.«

Sibylla sagte nichts; Arnold drängte. Ich habe doch einmal geschworen, dachte sie.

Schließlich bat sie um eine Frist, sie müsse sich alles überlegen.

An diesem Abend gingen sie wortlos und bedrückt auseinander, als er ihr nahe bei ihrer Wohnung aus dem Wagen half.

Hanna war noch wach. Seit ihrer Krankheit schlief sie unruhig. Sie hörte die Mutter kommen und rief sie herein.

»Wo warst du, Mutter?«

»Laß doch, Hanna, schlaf! Ich habe eine Beredung gehabt ...«, sagte sie gehemmt.

»Du hast oft ›Beredungen‹ und Zusammenkünfte«, flüsterte das Mädchen mit einem bösen Unterton. »Daß meine Mutter so etwas tun kann ...«

»Hanna!«

»Ja, ›Hanna‹!, Ich bin bloß nicht taub genug.«

Sibylla erstarrte; sie legte die Arme um das Kind und hob es zu sich heraus. »Komm ins Zimmer herüber, ich rede mit dir!«

Drüben saß das magere Mädchen fröstelnd an die Wand gelehnt, mit abwesendem trotzigem Gesicht, und sah an der Mutter vorbei.

»Du bist noch sehr jung, Kind«, sagte sie, »du wirst mich vielleicht nicht verstehen, aber sieh, der Graff ...«

»Der Vater!«

Sibylla erschrak. Sie spürte den Trotz der Sechzehnjährigen, dem mit Zureden nicht beizukommen war: Hanna widerstand ja nicht aus Überlegung.

»Du hast doch selber oft geklagt, wie ungut dein Vater gegen seine Kinder war!«

Hanna sah sie verletzt an.

Ich nehme dem Kind jetzt mehr, als mir selber genommen worden ist! dachte Sibylla entsetzt; Graff ist ja ein Stück von ihr, sie kann ihn nicht wegwischen aus sich selber, ohne sich zu verlieren. Ach, Arnold, was soll ich tun, um es recht zu machen?

»Hanna«, sagte sie bittend, »er hat uns doch im Stich gelassen, er kommt nicht heim. Ich verstehe ihn nicht mehr.«

»Und da geht *meine* Mutter heimlich zu einem anderen Mann?«

»Jetzt schweig aber, vorwitziges Ding«, rief Sibylla heftig,

»und sprich nicht in Dinge hinein, die du nicht beurteilen kannst!«

»Schweigen kann ich ...«, hauchte Hanna verbissen vor sich hin; ›aber dann sind wir Feinde!‹ hörte es Sibylla unausgesprochen nachklingen.

Sie nahm noch einmal die Hand des Kindes. »Nicht heimlich, sieh, dir sag ich's doch wie einem Freund! Wir werden heiraten, und der Professor wird euch ein lieber Vater sein. Nur muß der Graff erst beistimmen; solange ...«

»Wie kann ein Vater zugeben, daß die Mutter sich verrät und – ihre Kinder?« rief Hanna mit übertriebener Wichtigkeit.

»Niemand verrät euch doch!« Sibylla zwang sich mühsam zur Geduld. »Versprich mir, noch eine Zeitlang zu warten und nicht darüber zu reden. Hanna, ich will dir ja alles sagen, das versichere ich dir.«

Mit verschlossenem Gesicht ging das Mädchen in die Kammer; Sibylla blieb gequält zurück.

Am nächsten Abend war der Wagen wieder da. Sibylla gab dem Kutscher eine Nachricht mit: Sie könne nicht fahren, Arnold möge Geduld haben, es sei nichts Ernstliches geschehen.

Arnold kam selber, von Hanna mit argwöhnischen Augen beobachtet, von der kleinen Dorothea lachend begrüßt. Sibylla führte ihn ins Malkabinett und schloß die Tür.

»Ein Brief von meinem Juristen«, sagte er hastig, »er braucht jetzt Angaben. Du solltest alles aufzeichnen, was der Graff Übles getan und gesagt hat – erschrick nicht, überwind dich dazu, mir zulieb und uns zulieb!«

Sibylla sah ihn scheu an. Es ist ein Blick, als würde sie gegen ihren Willen in die Enge getrieben, voller Verzweiflung, dachte er befremdet. »Sibylla? Liebste Frau!«

Sie winkte ängstlich mit den Händen und schaute zur Tür.

Unsere Sprache ist uns hier verboten, ging es ihm durch den Kopf, wie rufe ich sie an?

»Arnold, ich *kann* das nicht niederschreiben, und ich will's nicht. Den Graff so ins helle Licht zerren und mich mit ihm ... Ich – ich kann's um keinen Preis!«

Arnold war blaß geworden. Er beugte sich zu der Sitzenden. »Weißt du, daß du mich damit aufgibst, Sibylla?«

Sie antwortete nicht, warf sich nur über den Tisch und blieb reglos. Arnold wagte nicht, laut zu reden; er stand steif und schwer neben ihr, legte dann die Hand auf ihren Rücken und spürte betroffen, daß sie zusammenzuckte. »Komm noch einmal, ich schick den Jorge«, bat er.

Sibylla bewegte sich nicht.

Als der Wagen tags darauf vorfuhr, ließ Sibylla sagen, daß sie krank sei und niemand sie besuchen dürfe. Sie lag in ihrer Kammer, ihr Atem ging stoßweise, und ihr Herz hing wie ein Fremdkörper in der Brust. Sie hatte mit aller Kraft versucht, aufzustehen und sich, so gut es ging, in die Malkammer zu schleppen. Aber der Schwindel zwang sie zurück ins Bett.

Hanna pflegte sie behutsam; es sah fast aus, als fühlte sich das Kind mitschuldig am Zusammenbruch der Mutter.

Arnold versuchte mit einem Brief, den er in der Werkstatt abgeben ließ, zu ihr vorzudringen.

»Gib ein Zeichen«, schrieb er beschwörend, »laß mich nicht im unklaren!«

Sie las das Billett und hörte den Zweifel darin, ob sie wirklich krank sei. Ach, ihr Leib war klüger gewesen als ihr Hirn. Er hatte endlich nachgegeben. Sie überließ sich dem erlösenden Erschlaffen, dämmerte einen Tag hin und in den zweiten hinein. Möge Gott mir ein Licht aufstecken, mich in der Ruhe reifen lassen wie ein verpupptes Insekt! Mög ich eine Klarheit gewinnen, die nicht nur meine ist!

Sie wartete auf irgendeinen Wink. Aber vor ihrem Fenster taumelte nur ein später Schmetterling vorbei und segelte durch die halboffene Scheibe herein wie durch einen Kulissenspalt, von der lauen Ofenluft angezogen. Er setzte sich auf den Blumenkasten, breitete die braungetupften Flügel aus und drückte sich flach an, zitternd, als sauge er die Wärme der Erde gierig in sich hinein.

Sibylla kannte das Bild: in den letzten Sonnenstreifen drängten sich die überreifen Falter zu Wirbeln und Flecken zusammen, und im Staub der Straße suchten sie beieinander Geborgenheit ...

Am vierten Tag ihrer Krankheit ließ sich der Pfarrer Ambros melden, der vor neunzehn Jahren Sibylla mit Graff getraut hatte. Er war inzwischen ganz zur Labadistengemeinde übergegangen, lebte mit vielen Brüdern und Schwestern auf Schloß Waltha beim holländischen Dörfchen Wieuwerd, hatte sein Vermögen der brüderlichen Vereinigung geschenkt und fühlte sich befriedigt und beglückt durch seinen Dienst dort.

Die reformierte Kirche sah ungern den Abfall ihrer Geistlichen zu Labadies Kreis. Doch duldete man die Anhänger des »Vaters Jean« immer noch lieber als die der Antoinette de Bourgignon, die der Prediger Borchardt eine »Saudistel« genannt hatte. Inzwischen war die heißherzige Streiterin gestorben. Ihre Freunde zerstreuten sich. Wie viele Fromme empfanden auch die Labadisten mehr Erleichterung als Kummer über das Aufhören ihrer bissigen Angriffe.

Ambros hatte bei einem Besuch in der Stadt von den Zaubereigerüchten erfahren, die über Sibylla umgingen. Er und fast alle seine Amtsgenossen waren vom ständigen Einfluß des Bösen überzeugt: Hexerei schien ihm ganz wirklich.

Aber daß Sibylla einer neidischen Verleumdung zum Opfer gefallen war, erkannte er schon an der Art, wie man ihm die Geschichte zutrug. Auch der Pfarrer Mösch, mit dem er aus seiner Amtszeit her noch eine lose Verbindung unterhielt, hatte ihm besorgt von der schwarzen Wolke berichtet, die über Frankfurt schwebe, da man es ja erwarten könne, bis einer die Gräffin anzeige – »Gnad ihr Gott, wenn er noch eine Gnade für sie bereit hat!« –, und daß dann das Hexenbrennen angehe; denn auf der Folter, man wisse es ja, zeige eins der argen Weiber das andere an, und meist sei die Brut verfilzt und verschwänzt unter der Decke der Wohlanständigkeit.

Ambros sagte wenig. Er halte die Gräffin nicht für hexerisch, eine Aura der Reinheit gehe von ihr aus; auch scheine ihm viel Mißgunst im Spiel dabei.

Mösch sah ihn schräg an, als wollte er andeuten, wie anfällig der ehemalige Amtsbruder sei. »Man sollte das Unzuverlässige nicht gutheißen«, sagte er scharf, »und noch weniger das Unzulässige!«

Als Mösch fort war, ging Ambros zur Domgasse. Erst im Haus hörte er von Sibyllas Krankheit, aber man versicherte ihm, daß er gerade deshalb willkommen sein werde.

Er fand die Frau sehr matt, ihre Augen waren mit einem Schleier überzogen, die Lippen hatten einen bläulichen Ton. Sie winkte mit der Hand, Ambros möge sich setzen. Er tat es mit einem bekümmerten Blick.

»Mein Besuch wird Euch ermüden, Madame Gräffin«, sagte er, »aber ich finde nicht oft Gelegenheit, nach Frankfurt zu kommen.«

»Ihr habt uns getraut, Herr Pfarrer«, antwortete sie mühsam, »und es ist billig, daß Ihr am Ende der Ehezeit wiederkommt.«

»Ist Euer Eheherr gestorben? Ich hab nichts dergleichen gehört.«

Sibylla spürte das lautere, mitfühlende Wesen des Geistlichen; sie erinnerte ihn an die Traupredigt und gestand ihm, was sie damals schon empfunden hatte und doch nicht wahrhaben wollte: Graffs Schwäche. Sie wiederholte Ambros seine eigenen Worte: »Zweierlei Überwältigung ist da zu vermerken, die eine aus der Kraft, die andere aus Schwachheit.«

»Ich habe immer noch an seine Stärke geglaubt«, sagte sie, »daß er einen Willen habe und eigenes Genie in der Kunst. Es war aber alles Schein, er ließ sich treiben wie ein Knabe.«

Ambros saß am Bett, den grauen Kopf geneigt, die Hand vor den Augen; erschüttert hörte er zu.

Endlich war alles Notwendige gesagt. Ambros suchte nach einer Antwort. Aber aus seinem Trost wurde eine Warnung: er erwähnte zögernd den schlimmen Verdacht, den Mösch ihm zugetragen hatte.

»Ich weiß«, Sibylla lächelte, »auch das hat der Graff angehört und hat nicht widersprochen.« Sie hielt plötzlich erschrocken ein, als hätte sie zuviel gesagt. »Ja«, sie richtete sich auf, »ich müßte etwas tun, seit Jahren schon, das Stillesein legt man mir aus als – Eingestehen; aber wer glaubt mir, einer Frau allein?«

Ambros besann sich eine Weile. Dann fing er vorsichtig an, den Frieden in Wieuwerd zu preisen, die urchristliche Gütergemeinschaft, das gottselige andächtige Leben dort. Er sprach von den Leuchten der Sekte, von dem berühmten Deventer, dem Arzt und Forscher, der Sibylla geschrieben hatte, von der – leider heimgegangenen – Anna Maria van Schurman, der Hochbegabten, die mühelos alle Sprachen beherrscht, gemalt, gestickt, musiziert und gedichtet habe und deren großes rühmliches Leben zum Opfer für die Gemeinde geworden sei. Um ihr Krankenlager habe ein Duft des Trostes geweht, so daß alle zu ihr geeilt seien, nicht sie, sondern sich selber zu trösten. In ihrer »Euderia« aber habe sie das Wesen und Streben der reinen Gotteskindschaft zu Waltha kurz vor ihrem Ende unnachahmlich beschrieben, – »in einem seligen Zustande und in ihrem sechzigsten Lebensjahr«.

Sibylla gab Ambros dankbar die Hand. »Vielleicht habt Ihr mir einen Weg gezeigt«, sagte sie beim Abschied.

Dann schlief sie unverhofft ein; ihr Kopf sank zur Seite,

ihre Hände lagen weich gefaltet auf der Brust, sie war zu schwach, um nachzudenken ...

Abends verlangte sie Schreibzeug. Sie kritzelte und strich aus und begann wieder: sie schrieb an den »Menschen, dem sie ganz vertraute«.

Dann rief sie Hanna und bat, den Brief gleich zum Professor zu bringen. Das Mädchen gehorchte folgsam, ohne zu fragen. Sibylla blieb schwer atmend auf ihrem Bett zurück. Sie hatte das Unmögliche getan, sie hatte die Kette zerrissen. Nichts Menschliches, kein Verlangen nach Erfüllung hielt sie jetzt mehr. Niemand blieb hinter ihr, wenn sie der Krankheit erlag, als – die Kinder. Aber die Mutter Johanna war da, Caspar Merian und auch Matthäus, der ihnen helfen mußte, schon um seines Ansehens willen. Sie wollte nicht mehr nachdenken – etwas rann unaufhaltsam aus ihr fort, ein Sturzbach, ein strömendes Verebben, ein Rinnsal ... Glanz, Freude, Lebenskraft ... Ihre Augen wurden groß, sie keuchte.

Johanna Morell hörte den schrecklichen Laut. Sie stieg sonst selten mit ihren alten Füßen die Treppe hinauf; aber sie hatte erfahren, wohin Hanna geschickt wurde, und gespürt, daß Sibylla litt. Schon eine Weile stand sie horchend auf der Schwelle. Jetzt riß sie die Tür auf und fiel jammernd übers Bett. Drunten hörte man ihr Rufen. Ein Geselle kam hastig gelaufen; Matthäus und Caspar seien weggeritten – was er helfen könne?

Johanna schickte ihn zum Arzt. Sie hielt Sibylla im Arm, bis er da war. Polternd hörte man den Burschen mit dem Doktor heraufkommen; dann roch es nach Aufgüssen und starken Essenzen, nach Wein und Duftkraut. Dore wurde gerufen. Sibylla lehnte mit schmerzender Brust hilflos in den Polstern.

Da ging die Tür. Hanna Graff trat erschrocken ans Bett. Sie wagte kaum zu sprechen: Der Professor habe den Brief gelesen und stumm genickt; er habe sie nur fortgewinkt. Der

Arzt schaute fragend auf. Zögernd legte er ein Rezept neben das Lager, um das Mögliche zu tun; es schien ihm selber zu wenig.

Sibylla blieb mit den Kindern allein. Sie standen unbeholfen vor ihr, Hanna weinte; Dores Gesichtchen war ungewohnt ernst. Sibylla schloß kraftlos die Lider und ließ den Kopf zur Seite fallen; und fast widerwillig sah sie doch wieder auf, preßte die Lippen zusammen und schob sich höher. Ihr Blick umfaßte die beiden, als tränke sie Kraft aus dem vertrauten Bild. Da drückten sich die Kinder stumm an sie; sie holte tief Luft, zum erstenmal seit vielen Stunden.

Sibylla erholte sich langsam. Der Arzt besuchte sie täglich; einmal streifte er über Dores Haar und gab Hanna die Hand. Ehe er ging, schickte er ein bewunderndes Lächeln zu Sibyllas Bett hinüber.

Ein paar Tage später kam Arnolds Antwort auf ihren Brief, ein Gedicht:

Mit Schmerzen lag ich wach, mit bittern Tränen
Erwartet' ich mein tödlich Los,
Mich mied der Schlaf, aus dem kein Balsam floß,
Denn Morpheus achtete mein Sehnen.

Jetzt fiel der Schlag; ich weiß, er mußte fallen,
Mich treffend mit Achills versehrender Gewalt,
Da lieg ich Unglückseligster von allen
Und hör von meinen Wänden widerhallen,
Was unaufhörlich mir im Herzen hallt:

Die Allersehnteste kommt nie zurück,
Die zarte Hand entzieht sich meiner Hand,
Das Auge, mir einst herzlich zugewandt,
Verschließt sich mir und meidet meinen Blick.

> *In Hades' Reich bin ich hinabgebannt,*
> *Nichts hoffend, wünschend, wollend, ohne Ziel.*
> *Nun, da der Schlag, der mich vernichtet, fiel,*
> *Bin ich ein Schatten in der Schatten Land.*

»... in Hades' Reich bin ich hinabgebannt ...«, las sie noch einmal. Mit einem zarten Lächeln legte sie die Verse weg. Er kann's schon wieder in die Form zwingen. Wie schnell er Abstand gewinnt! Mag ihm die Wunde sanft vernarben ...

Sie strich über das Blatt. »Was *schwer* ist, laß mir, du großes Kind, liebster Mensch!«

Wieuwerd

Zwei rumpelnde, wackelnde Kutschen zogen im Frühnebel über die niederrheinischen Landstraßen. Der selten milde Novemberanfang war ohne Schnee gekommen; die Bäume wehten mit strähnigen Zweigen über den grauen Wiesen. Die Ebene troff von Feuchtigkeit; auf der Straße standen Pfützen, unter den Pferdehufen spritzten kleine Fontänen auf, und der Fuhrmann des vordersten Wagens wickelte sich mißmutig in seinen dicken, verfärbten Radmantel.

»Ich hab's Euch hundertmal gesagt, Madame«, brummelte er, »daß man in dieser Jahreszeit keine Reisen tut, zumal mit einer alten Frau und zwei Kindern.«

Aus dem Wagen kam keine Antwort, der Unzufriedene hatte auch keine erwartet, denn die Leute im Fond konnten ihn gar nicht hören. Sibylla schlummerte halb in der dämpfigen naßkalten Luft; aber es war nicht mehr das Gefühl der Verborgenheit in dem geschlossenen Wagen, mit dem sie aus dem unfreundlichen Frankfurt aufgebrochen war, unerreichbar für neugierige Blicke und für die drängenden klammernden Bilder der eigenen Erinnerung – in der bequemen Karosse, die Agathe, die Jugendfreundin, ihr für die erste Wegstrecke geliehen hatte. Jetzt fuhr sie durch die fremde unsichtige Weite wie über ein Meer von Ungewißheit, neben sich die fiebernde alte Frau und das Kind Dorothea, das die Großmutter mit erstaunten, ängstlichen Augen beobachtete.

Hanna saß mit dem Ohm Caspar im zweiten Gefährt, das

ein junger Roßknecht lenkte. Man war schon lang unterwegs, nächtigte gelegentlich in den Gasthöfen an der Straße, die ein Dach und eine Mahlzeit boten, und war dann jedesmal so müde, daß nichts mehr galt als der Schlaf, selbst wenn das Lager nicht ganz sauber war. Sibylla hatte auch für diese nie erfahrenen Schwierigkeiten vorgesorgt, reine Tücher für die Betten und Wein in einem winzigen Fäßchen mitgenommen, von dem auch die Kinder tranken, da es hieß, er »verbessere die Säfte, wenn sie sich dem bösen Anhauch der Pestilenzen zuneigen wollten«.

In Waltha wurden sie erwartet. Schloß und Siedlung gehörten zum Besitz der Geschwister van Somelsdyk, dreier Schwestern und eines Bruders, der seit ein paar Jahren Gouverneur der niederländischen Besitzungen in Südamerika war. Wie die »Gemeine vom gottseligen Leben« in Holland, so waren auch die Gründer und Siedler in Surinam getrieben worden durch den Willen, anderen »im Glauben vorzuleuchten«, wie es in ihren Lebensregeln hieß. Aber drüben, in den Kolonien, hatte der Kampf um den Landbesitz, um Rentabilität und Gewinn bald die religiösen Motive überwuchert; Englands Konkurrenz und der Widerstand der ausgesogenen Einwohner, die durch rebellische Negersklaven verstärkt wurden, ließen die friedlichen Siedler immer mehr zu Soldaten und die Pflanzer zu Unterdrückern werden. Reiner und brüderlicher war der Geist im heimatlichen Friesland geblieben.

Sibylla hatte nach Waltha geschrieben, sie sei gewillt, sich der Gemeinde der Brüder und Schwestern zu weihen, bringe auch ein Vermögen von etlichen hundert Gulden mit, zudem ihre Arbeitskraft. Ihre alte Mutter sei wohl noch imstande, zu spinnen und zu nähen, und ihre nunmehr siebzehnjährige Tochter Hanna solle dort in allem Hauswerk unterrichtet werden, sofern sie nicht ihr beim Sammeln und Malen beistehe. Denn sie bedinge sich aus, daß sie ihre Forschung und Schreiberei weiterführen könne. Ansonsten gebe sie sich aber ganz dem Willen der Bruderschaft vom gottseligen Leben anheim und unterstelle sich der Führung des hochwerten Pater Yvon, der, wie sie erfahren habe, die Nachfolge des Vaters Jean de Labadie würdig angetreten habe.

Yvon hatte ihr darauf Frieden und Geborgenheit – auch für die Ihrigen – verheißen.

Aber die Reise dauerte lang, und Sibylla sah angstvoll in das Gesicht ihrer kranken Mutter und manchmal mit Sorgen zu dem unwilligen Fahrer hinauf. Die Ebene zog sich endlos hin. Kanäle, voll von trübem Eiswasser, lagen geradlinig zwischen fahlfarbigen Weiden. Hie und da trieben Männer in der frühen Dunkelheit ihr schwarzweißes Vieh zum Stall. Jedesmal wenn der Wind umschlug, fürchtete man Frost. Dann würde die Weiterfahrt unmöglich werden und ein langer Aufenthalt in den Herbergen zu teuer.

»Wir sind schon im Niederländischen«, sagte Sibylla beruhigend zu der weinenden Mutter, die sich an sie klammerte. »Es dauert noch drei oder vier Tage.«

Der alte Kutscher wandte sich auf dem Bock um. »Madame«, sagte er verweisend, »das hier ist erst die Gegend um Arnheim, wir zockeln noch fast eine Woche bis nach Friesland. Die Gäule müßten wir längst wieder wechseln.«

Johanna Morell sank seufzend auf ihren Sitz zurück. Sibylla verstummte niedergeschlagen.

Die Kinder riefen sich von Wagen zu Wagen zu. »Dore, eine Windmühle – dort! Nein, weiter vorn, im Nebel!«

»Hanna, Hanna!« Die dicke Siebenjährige kreischte beglückt. »Ein Gaul und noch ein Gaul und noch einer!«

»Verdammt«, schimpfte der Fuhrmann, »die haben die Jungfohlen jetzt auf der Koppel! Gibt's denn das?«

Die ungelenken Tiere umsprangen plötzlich den Wagen, die Zugpferde blieben stehen und drehten die Köpfe; der Mann stieg ab. Auch der zweite Wagen hielt an. Mit großen Schritten kam der Pferdeknecht herbei, ein struppiger

Hund hinter ihm. Im Dunst tauchten graue rundwellige Schattentiere auf, Schafe, die auf den Weiden Gras suchten. Man hörte ihr Blöken.

»Wir sind im Tierland«, sang Dorothea vergnügt, »im Windmühlenland und im Tierland!«

Der Holländer trieb seine jungen Rosse zurück; es war ein blonder rotgesichtiger Bursche in Holzpantoffeln.

Aus der grauen Ferne hob sich ein Bauwerk ab, langgestreckt, bräunlich, ein Stall. Daneben unterschieden die Reisenden im Näherkommen ein Wohnhaus, das Dach schimmerte, gesättigt von feuchter Luft, aus dem Dunst: helles Karmin, samtiger Rosenton ... Sibylla erkannte die Farben, die sie so seltsam anrührten, sie wußte, wo sie das schon einmal gesehen hatte, früh, ganz am Anfang: auf den Bildern, die ihr Vater sammelte, unter denen der Name Rembrandt stand. Fast wie eine Vision wuchsen da vor ihr drei Bäume empor, greifendes Geäst in der weiten Landschaft, haarfeine verworrene Zweige, borkige Rinde am Stamm. »Die drei Bäume«, dachte sie erschreckt, »Stich von Matthäus Merian nach Rembrandt Harmensz van Rijn«, das Meisterstück ... Ihre Not fiel wie eine Last über sie her – Graffs Lügen, sein Schweigen, sein Verleugnen und Verleumden – und dann stand der neue unverheilte Schmerz wieder da, Arnolds Abschiedslied, der Verzicht auf das Warme und Helle, die Fahrt ins Unbekannte, Undurchschaubare ...

Es war kälter geworden. Ein paar Tage lang warteten die Merians in einem Wirtshaus, das nicht weit von Zwolle an der Straße lag; die Stadt selber wollte der Fuhrknecht meiden, weil man ihm von einer Ruhr in den Mauern erzählt hatte. Sibylla drängte zum Aufbruch, sobald Johannas Fieber nachgelassen und die Pferde sich erholt hatten.

Draußen blies jetzt ein harter Wind. Der Wirt gab den Frauen warme Decken – sie könnten sie zurückschicken, wenn die Fuhre heimkehre, sagte er. Die Kinder saßen zusammengepreßt unter dem Planendach, Caspar Merian blieb mit der Greisin allein im ersten Gefährt, Sibylla bei den Mädchen, sorgsam um sich schauend, immer bereit, den Kutscher anzutreiben, wenn sich irgendwo Kranke am Weg zeigen sollten; aber die Seuche schien schon im Erlöschen.

Der Weg führte über Kampen, die See lag breit und sanft gewellt vor ihnen. Die Kinder schrien entzückt auf: im Dämmer des frühen Abends ragten die Masten der Fischerboote aus dem Wasser, das in durchscheinendem Silber glänzte. Am Ufer hin zogen sich vereiste Streifen wie lange weiße Federkiele.

»Ans offene Wasser kommen wir nicht«, sagte der Mann, »aber jetzt seh ich bald ein Ende ab. Ihr könntet in der Stadt ein Schiff nehmen über die Zuidersee, dann wäret Ihr schneller in Leeuwarden, und von dort sind es nur wenige Meilen bis zum Walthaschloß.«

Sibylla merkte ihm an, wie wenig Lust er zur Weiterfahrt hatte; die verseuchte Gegend jagte ihm Angst ein, und die Sorge um Wagen und Gäule, die man ihm in einem gesperrten Landstrich leicht hätte beschlagnahmen können, drückte ihn. Sie versuchte flüsternd, mit Caspar zu beraten, während der Mann seine Pferde tränkte. Aber der ältere Stiefbruder, jetzt nahezu blind, tastete nach ihrer Hand. »Mach's, wie du willst, Sibylla – frag Gott, nicht mich.« Er war der stillste, gläubigste Mensch, den Sibylla je gekannt hatte, aber kein Halt, keine Hilfe mitten im fremden Land.

»Wenn Ihr uns verladen und das Schiff dingen helft ...«, sagte sie zögernd zum Bock hinauf.

Das könne er schon, murrte der Kutscher, er kenne die Schiffer in der Stadt, und das Umpacken sei weiter kein Kunstwerk – bei der geringen Fahrnis.

Der Ort war ein graues Fischernest; am Wasserrand schmolz der Schnee in gelblich trüben Mulden. Der Abendwind warf schieferblaue Wolkenballen gegen das Land. Im Hafen lag ein Schiff.

Die Wagen hielten. Schwerfällig stiegen die beiden Alten

aus, dann Sibylla, die Mädchen und der Kutscher mit dem Knecht; der zeigte ihnen die verräucherte Wirtsstube, in der sie ausruhen konnten. Am Ausschank war ein hölzernes Geländer, darüber ein Bord mit buntem Glaswerk und bauchigen Zinnkrügen; grobes Tongeschirr bedeckte den einzigen schmutzigen Tisch.

Die Wirtin brachte Obstmus und Eierfladen. Allmählich erwärmten sich die durchfrorenen Frauen, Caspar nickte ein, nur Hanna und Dorothea löffelten eifrig und säbelten mit großen stumpfen Messern die gelben Pfannkuchen in Stücke.

Inzwischen verhandelte der Fuhrmann mit den Bootsleuten. »Morgen früh«, rief er herein und ließ sich aus Angst um seine Gesundheit den Schnaps vor die Tür bringen. Dann ging er zum Hafen, um die Reisekisten zu verstauen.

Sibylla machte sich an die Arbeit; sie stellte sich neben den Wagen und kämpfte gegen den kalten Wind an, der ihr in die Röcke fuhr, sah Kisten und Koffer durch, ordnete und zählte, bis alles im Trockenen war. Als sie in die dumpfe Stube zu den Ihrigen zurückkam, hatte sich ein Rudel schreiender Matrosen dort niedergelassen. Caspar taten die kranken Augen im Rauch weh, er stand auf. Sibylla und die Mädchen führten gleich hinter ihm auch die müde Johanna in die Kammer, in der sie alle schlafen sollten.

Morgens trieb dünner Schnee über die Gasse, als die fünf an die Hafenmauer kamen. Beim Bezahlen hatte der Wirt Sibylla zugeflüstert, man halte das Fieber der Frau Morell für verdächtig, und wenn sie nicht rasch aufbrächen, werde man sie alle als Verseuchte im Spital festhalten. Sibylla mahnte zur Eile. Bald darauf saßen sie im Boot, stumm aneinandergedrängt.

Auf der See wehte es kühler; die Segel füllten sich prall, die beiden Schiffer hantierten kräftig mit den Tauen. Drüben lag das Land, ein schieferfarbener Streifen, kaum verlockend. »Wir machen gute Fahrt«, sagten die Männer.

Johanna lag unter Deck im Laderaum. Wenn sich das Schiff schräg stellte, fingen die Fässer an zu rollen; man hatte eine Barrikade aus Säcken um sie her gebaut, die sie schützen sollte. Die Luft war modrig und dick; sie hustete rauh.

Nach der Ankunft in Leeuwarden mietete Sibylla einen neuen Wagen und frische Pferde. Die Fahrt durchs freie Land war schön. Schwache Sonnenstrahlen strichen über die Grasebene, ein blauer Fleck hob sich aus dem winterlichen Wolkengeschiebe. Johanna Morell stemmte sich auf; Sibylla saß neben ihr und stützte sie. »Es wird leichter, Kind«, sagte die alte Frau, »wir werden's bald geschafft haben.«

Die Kinder freuten sich an den Kähnen, die neben der Straße durch die geradlinigen Kanäle gestakt wurden. Windmühlenflügel zeichneten sich wie große Schleifen vor dem schillernden Himmel ab; die Luft flirrte. Der Boden gluckste schwammig.

Jetzt holten die dicken Brabantergäule kräftiger aus. Schon am frühen Nachmittag rasselten die beiden Kutschen über die Dorfstraße von Wieuwerd. Hohe kahle Bäume umgaben die Siedlung, die strohgedeckten Hütten schoben sich eng an das Herrenhaus, aus den roten Ziegelkaminen stieg der Rauch in die schwere Luft. Vor der Schloßtreppe standen ein paar Frauen und sahen den Ankommenden entgegen. Man hob Johanna Morell vom Wagen und trug sie ins Untergeschoß, und Sibylla führte ihre Töchter einem großen gelbgesichtigen Mann zu, der aus dem Portal trat. Caspar Merian tastete sich hinter ihnen her, von einem der Kutscher geführt.

»Ich heiße Euch willkommen im Labadistenkreis«, sagte Vater Yvon mit fremdem Akzent. »Ihr werdet bei uns den Frieden des Herrn verspüren, den die Welt entbehrt.«

Die Mädchen knicksten. Sibylla drehte sich nach Caspar um und stellte ihn vor, sie berichtete von Johannas Krankheit und von der langen schwierigen Reise. Yvon hörte abwesend zu und verabschiedete sich rasch. Er ließ ihr das Badehaus zeigen, man brachte neue, steif gestärkte Kleider von schwärzlichem Braun herbei, weiße Krägen und Hauben, Wäsche aus dickem Leinen und derbe Schuhe aus der eigenen Werkstatt. Um Caspar kümmerte sich einer der Brüder; er wurde sofort von den Frauen getrennt. Auch Johanna lag jetzt in der Krankenstube allein. Die Art ihres Siechtums müsse erst genauer festgestellt werden, meinte der Doktor van Deventer, von dem der Diakon Ambros Sibylla erzählt hatte – ein einst berühmter Mann, der der Welt entsagt hatte, wie es hieß.

Als die Fuhrleute entlohnt und ausgeruht und die Pferde getränkt und gefüttert waren, vertraute Sibylla ihr Gepäck einem Dienenden an, der sich ihr schüchtern vorstellte: Er sei eigentlich Kandidat der Rechte, seit einigen Monaten jedoch übe er sich hier in der Demut vor dem Herrn.

Abends sammelten sich alle Brüder und Schwestern in einem großen kahlen Saal zum Essen. Die Tischordnung war genau festgelegt. Die Leitenden saßen an einer gesonderten Tafel, hinter ihnen die Männer, dann die Frauen und neben der Tür die Kinder. Yvons getragenes Gebet erinnerte Sibylla an Labadies Andachten; er redete fließend, mit starker Stimme, die an- und abschwoll wie ein Bergbach zwischen Stromschnellen und Felsstürzen, und übersah dabei seine Herde. Sibylla kniete neben ihren Töchtern. Die Form nimmt er vom Vater Jean, überlegte sie, nur er selber ist anders – ich muß ihn erst verstehen lernen ... Kaum hörte sie noch, was Yvon sprach; sie war müde zum Umsinken.

Dann wurde gegessen. Man verzehrte schweigend den Haferbrei, der aus einer plumpen Schüssel geschöpft wurde, aß das schwere Brot und die Bratäpfel in der Sahne, die es zum Empfang der Neulinge gab, und trank einen Kräuteraufguß, der den Wein ersetzte.

Nach der Mahlzeit ließ Yvon Sibylla in ein Nebengemach rufen, das ihm als eine Art Verwaltungsraum diente. Er saß hinter einem geschnitzten Ebenholztisch und ließ die Frau stehen.

»Ihr habt schriftlich den Willen bekundet, in unseren Zirkel einzutreten«, stellte er in trockenem Ton fest, »und Euer Gut und Können der ›Gemeine vom geheiligten Leben‹ anheimzugeben ...«

Sibylla nickte abwartend.

»Wir dienen hier dem Herrn! Kein eigener Wunsch, kein Dünkel, keine Sonderart darf sich aus dem Haufen erheben ...« Er sah Sibylla forschend an. »Es ist keines mehr denn das andere. Die Kinder stehen unter der Zuchtrute des bestallten Lehrers, zumeist führe ich sie selbst. Alle Türen bleiben immer geöffnet. Freundschaft und Feindschaft sind verwiesen von unseren Grenzen. Wo sie sich finden, entscheiden alle unter Gebet, ob sie bestehen können vor des Herrn Augen. Vereinigung zwischen Gläubigen und Unbekehrten sind ein Greuel vor dem Herrn, Ehen aus der Welt draußen sind hier nichtig. So sich etliche Erkorene zusammenfinden und gesegnet werden in der Gemeine und die Frauen Kinder gebären, geschieht es ohne Schmerzen zum Zeichen der Erwählung. Ob Ihr unter diese Lieblinge des Herrn gezählt werdet, wird sich erweisen müssen, vorab an dem Grad des Verzichts auf eigenes Gut und eigenes Handeln. Demut herrscht in der Gemeine!« Sein bräunliches Gesicht unter den ergrauenden blauschwarzen Haaren wirkte wie aus Holz geschnitten, eine strenge Falte teilte die Stirn, die Brauen waren dicht und voll und wuchsen über der Nasenwurzel zusammen; ein Spitzbart verdeckte das Kinn unter den vollen feuchten Lippen, die sich beim Reden wölbten. Unhemmbare Energie ging wie ein elektrisches Strömen von Yvon aus.

Sibylla empfand einen leichten Widerwillen. Sie senkte die Augen und dachte an die kleine Familie, die sie hierher mitgenommen hatte; sie dachte an ihre Arbeit. Dann schaute sie dem Mann ins Gesicht.

»Ich fühle mich noch als eine Lernende, Bruder Yvon, und werde mich erst nach und nach einfinden in die Weise der Gemeine. Wenn Ihr mir ein Führer darin sein wollt, danke ich's Euch. Aber meine Töchter denke ich selber zu erziehen, wie auch – Ihr werdet Euch dessen erinnern – die Bedingung gestellt worden ist, daß ich meine Malerei und Forschung hier weitertreiben kann. Für die Pflege meines Halbbruders Caspar Merian und vor allem für die kranke Mutter will ich sorgen. Dazu bitte ich um Erlaß eines Teils der Gabe, die Euch sonst gänzlich zufließen soll.«

Yvon hob befremdet den Kopf. Er hatte eine so selbständige Sprache noch nie gehört, seit er nach Labadies Tod die Siedlung leitete; aber es schien ihm unklug, mehr dagegen zu sagen als: »Wir werden sehen, Schwester Sibylla, ein Zehntel des Einschusses soll Euch vorläufig verbleiben.«

Sibylla lieferte danach den größten Teil ihres Vermögens ab, Gelder aus dem Elternhaus und Selbsterworbenes, und behielt nur den erlaubten kleinen Rest zurück. Der Jungfer Imhoffin in Nürnberg hatte sie vor der Abreise eine Summe zukommen lassen mit der Bitte, sie für Andreas Graff aufzuheben, bis er ihrer bedürfe.

Sibylla fiel das Einleben nicht besonders schwer; sogar die Dürftigkeit und Härte dieses Lebens für Gott wurde ihr leichter, als sie erwartet hatte. Der prachtvolle Pomp des alten Malerhauses, die Gemälde, Porzellane und getriebenen Geräte, die Freude an rauschenden Farben und geschwungenen Linien, an modischen Gewändern und eleganten Frisuren – das alles fehlte ihr kaum. Yvons düsterer Eifer schien ihr aus dem gleichen gläubigen Antrieb zu kommen, dem sich auch der weise Deventer unterwarf. Sie nahm es willig hin, daß so viele Stunden der nüchternen Arbeit geopfert werden mußten, dem Waschen, Säubern, Spinnen, Weben; ihre immer sprungbereite Phantasie ruhte dabei aus.

Die empfindsame Hanna fügte sich zuerst nicht ganz ohne Aufbegehren in die Ordnung, aber Dore faßte das

Neue als ein willkommenes Spiel auf und gewann die Menschen um sich her mit ihrer unbeirrbaren Lustigkeit.

»Ich werde eine richtige Bäuerin«, sagte Sibylla zu Caspar, der sie in den Ziegenstall begleitet hatte. Hanna sah ihr ein wenig kritisch zu, wenn sie die beiden langhaarigen Ziegen melkte, die man ihr zugewiesen hatte. Sibylla lernte die Besorgung der Tiere bald, ihre geschickte Hand und ihr Gefühl für die Kreatur halfen ihr dabei.

Yvon ließ sich über die neue Hausgenossin berichten. Er riet ihr, alle Bildung zu vergessen und Verstand und Willen aufzugeben; Sibylla glaubte – erschöpft und geborgen – an sein Rezept. Was mein Leben erschwert hat, dachte sie, war das Anderssein. Wenn ich das Unauffälligste tue, lassen sie mir den Frieden.

Weihnachten rückte näher; im Labadistenkreis hatte die Adventszeit ein besonderes, für die Angekommenen ganz ungewohntes Gepräge. »Die Brüderschaft stellt gleichsam im Bilde des Herrn Magd vor«, sagte Yvon, »und bereitet sich wie eine Hoffende auf Sein Kommen zu.« Demgemäß wurde die strengste Stille gepflegt, kein lautes Gespräch, keine lebhafte Bewegung sollte die große Zuversicht stören. Selbst Yvons Predigten hatten etwas von dieser gesammelten Erwartung. Man schritt abends in einem schweigsamen Zug durch den knirschenden Schnee und summte wiegende Melodien. Die karge Kirche wurde mit langen gelben Wachslichtern geschmückt, und vor dem nüchternen Altar baute der alte Deventer mit Hanna eine Krippe auf: holzgeschnitzte Figuren, die er früher einmal aus Italien mitgebracht hatte, bunte kettengeschmückte Könige, Hirten, in bewegten Gesten erstarrt, Hunde mit sanften Gesichtern, Kamele, Pferde und Eselchen. Hinter dem Stall brannte eine rote Laterne, die durch das malerische Gemäuer schien, und im Halbdunkel thronte Maria, in einer edlen demütigen Gebärde über die Krippe geneigt. Josef stand neben ihr, nicht wie ein Zimmermann, sondern als würdiger Schützer und Nährvater des himmlischen Knaben. Zwischen den hölzernen Falten lag das Kind; Sibylla dachte an eine Christrose, wenn sie es stumm betrachtete. Die Krippe, ein winziger Rest von Schönheit und Fülle im nüchternen Alltag, zog sie unwiderstehlich an. Deventer hatte diese Ausschmückung mühsam genug bei Yvon durchgesetzt. Einmal im Jahr, sagte der alte Mann, sollte auch die beschwingte Freude in Wieuwerd Raum haben, nach dem Sehnen und Harren der Vorweihnachtszeit; er sei Arzt und kenne die Menschen.

Noch ehe der Gottesdienst begann, stand er mit Sibylla in der menschenleeren Kirche davor. Liebevoll beschaute er die Figuren.

»Es ist etwas wie Glück«, sagte sie zu ihm, »wenn ich den Linien mit meinen Augen nachgehe: der reinen ausgewogenen Form.«

»Harmonie beruhigt«, antwortete Deventer und rückte einen bärtigen Hirten zur Seite, »und das Gleichgewicht der Formen beherrschen die Romanen.«

»Ich hörte einmal ein Gespräch meines Stiefvaters mit seinem Freund an, der auch Maler war. Flamme und Form – so ungefähr sagte der Freund – seien die Pole der Kunst, Antrieb und Anmut. Als junges Ding habe ich nur das verstanden: Flamme, Schwung, das wilde Neue. Jetzt macht mich das zweite vollkommen still: das schöne ruhende Gleichmaß.«

»Es ist beides«, sagte Deventer, wie damals Mignon, »wer könnte es trennen?«

Am Vorabend des Festes brannten die Lichter, und die rötlich beglänzte Figurengruppe schimmerte zwischen den Vorhängen. Brüder und Schwestern wanderten im Zug das Kirchenschiff entlang. Yvon stand hager und verschattet im Predigtstuhl. Während des Gesanges beobachtete er lauernd seine Gemeinde. Als er zu sprechen anfing und sich die

Köpfe immer noch gegen die lockende Lichtquelle wandten, schlug er plötzlich dröhnend auf den Kanzelrand.

»Es ist genug damit«, rief er, »löschet die Flämmchen und verhänget das Geschnitzte! Wendet euren Sinn weg von dem papistischen Zierwerk, das Euch abzieht vom wahren Vertiefen und Versenken in Gottes Geheimnis!«

Erschreckt duckten sich die Menschen, und Deventer, der um seine kostbaren Plastiken fürchtete, stand schnell auf und warf den Behang über Maria und Josef und das göttliche Kind. Aber die Hirten und die Könige mit Kamel und Pferd und Hund streifte das Tuch zu Boden. Deventer bückte sich hastig. Was er da in der Eile ergreifen konnte, verbarg er unter dem Mantel. Nur der Mohr rollte polternd über die Stufen und schlug auf die Fliesen. Sein rundes schwarzes Haupt sprang ab. Sibylla und Hanna verfolgten das Schauspiel gespannt. Auf einmal war Dore vorn und hob den dunklen König auf; auch sein kleiner goldgezierter Kopf lag nicht weit. Sie raffte alles in die Schürze und lief zu ihrer Mutter zurück. Deventer schlich gebückt in seine Bank. Die Kerzen qualmten.

Yvon schloß den Gottesdienst ohne Übergang ab; er hoffe, daß die morgige Andacht allein der »Christgeburt im Herzen« diene, mahnte er streng. Man möge sich darauf einstellen und nicht davon abweichen. Dann ließ er seine ängstlichen Hörer psalmodieren – es klang dünn und verschüchtert – und führte sie selbst zum Tor.

Dore nahm die zerbrochene Majestät mit in die Schlafkammer. Mutter und Töchter klebten den gelockten Ebenholzschädel sorgfältig wieder auf den schlanken Hals.

Das Christfest verlief wie immer. Doktor van Deventer hatte seine Figuren zusammengeräumt und verwahrt. Er schwieg über Yvons Bilderstürmerei, sogar gegen Sibylla, obwohl ihn seit der dramatischen Feier ein wortloses Einverständnis mit ihr verband. Wenn er sie bei seinen ärztlichen Visiten besuchte, trug er jetzt manchmal Bücher unter dem Rock. Yvon gegenüber nannte er solche Gänge »Kontrollen« und erklärte ihm, daß er auch die Gesunden ständig unter Augen haben müsse; und der heilige Mann, der unbeschadet seiner Kampfnatur voller Seuchenangst war, hielt viel davon.

Sibylla las eifrig; Yvons Befehle hatten ihr Gewicht für sie verloren. Seit er die Aufstellung der Krippe verboten hatte, ließ sie seine Anweisungen nur noch für den äußeren Tageslauf gelten. Begierig wie ein brachliegender Acker tat sie sich dem Geistigen auf und dem Schöpferischen.

Der Abschied von Arnold und dem alten Frankfurt hat mich zerrissen und schmerzhaft gepflügt, überlegte sie, danach habe ich lange geruht. Vielleicht kann ich jetzt besser aufnehmen, wonach ich suche.

Der Arzt wies sie auf den »schlesischen Engel« und seine religiösen Schriften hin. Sie las den »Cherubinischen Wandersmann« des »Angelus Silesius«, und vieles Verschüttete wachte wieder in ihr auf: Weigels und Boehmes Ideen, von denen sie schon im Vaterhaus angerührt worden war. Das Verlangen nach Aussprache bedrängte sie; aber nicht einmal Deventer mochte sie ihre kühnsten Gedanken zeigen.

Arnold! dachte Sibylla. Er könnte mir helfen. Mehr als ein Jahr ist vergangen, seit ich fortgefahren bin – wenn es mir gelingt, gefaßt und wie von fern an ihn zu schreiben ... *wenn* es mir gelingt! Der Brief beschäftigte sie lang; Tage und Nächte saß die Formgewandte darüber, bis sie die richtigen Worte gefunden hatte, Worte, die nichts weckten, was nie mehr aufwachen sollte, und die aussprachen, was sie als ihren Weg ahnte, den Weg zur Gestalt, wie Gott ihn mit ihr vorgehabt hatte.

Es kam keine Antwort.

Vielleicht ist er auf Reisen, überlegte sie, vielleicht fehlt ihm noch die Gelassenheit, ich selber habe sie ja kaum gewonnen ... ich will geduldig warten.

Deventer spürte trotzdem, wie unruhig sie war. »Ihr müßt

Euren Geist beschäftigen, Schwester Sibylla«, meinte er. »Bruder Yvons Verordnungen sind nicht für alle Glieder gleich heilsam.« Er berichtete ihr von den »Gedanken über die Religion«, die der berühmte Mathematiker Blasius Pascal geschrieben hatte. Er, Deventer, habe sie eben gelesen, angeregt durch einen gelehrten Freund aus Leeuwarden. »Pascal hat uns wichtige Dienste getan«, pries Deventer, »ein allseitig Begabter, der Geometrie und Chemie verstanden und weitergebracht hat und sonderlich die religiöse Erkenntnis. Mir sagt er damit am meisten.«

Sibylla hörte eifrig zu. Sie wurde sehr still; auch mit den Töchtern sprach sie weniger als seither. Ihre nachdenkliche Stimmung rührte freilich nicht nur von den Gesprächen mit Deventer her. In ihren nächtlichen Träumen war sie jetzt fast immer in der Heimat: sie sah den Main, die Kirchen und Fachwerkhäuser und hörte die Glocken ...

Da kam ein Schreiben aus Frankfurt. Antonia Maria ließ wissen, daß Matthäus vor wenigen Wochen verstorben sei. Es war ein kurzer und kühler Brief, den ein Schreiber nach Diktat verfaßt hatte. Aber in Sibylla rief er wie ein Uhrenschlag alles Herzliche und Bittere wach, was in dem Namen des großen Halbbruders beschlossen lag. Frankfurt wurde ihr gegenwärtig in der schmucklosen Kammer, die Werkstatt, der Garten vor dem Haus des Matthäus, aus dem er sie weggeschickt hatte als Hexe. Auch die Bilder des Vaters kamen wieder herauf, jenes Gemälde, auf dem ihn Matthäus so lebendig erfaßt hatte und sie selber mit dicken Ärmchen und schiefen Äuglein – als Kind, das zum Vater läuft. Sie suchte aus ihrem Gepäck zusammen, was sie an Briefen und Bildern mitgebracht hatte: Zeichnungen des Vaters Merian und Skizzen des Bruders. Bisher hatte sie sie niemand sehen lassen. Die »Geschwister vom Gemeinsamen Leben« waren gelehrte und hochgebildete Leute, und neben ihnen arbeiteten auch Handwerker und ehemalige Bauern in den Werkstätten und Webereien, nur Künstler waren nicht darunter. Die Frau, der sie ohne Bedenken die Stiche des Vaters vorgeführt hätte, Anna Maria van Schurman, war tot und ruhte unter dem Rasen vor der Kirche von Wieuwerd.

Jetzt zeigte sie Hanna die kostbaren Stücke. »Sieh, Kind, das hat mein Vater entworfen: ›Jeremias weissagt über Jerusalem‹. Und da – aus seiner ›Biblia und Chronik‹: ›Pharao läßt die Söhne der Hebräer ertränken‹. Und hier: ›Die ersten Zigeuner in Deutschland‹ ...«

Hanna nahm geduldig die Blätter zur Hand und schaute eins nach dem andern an. Der Großvater Merian war ihr fremd, und den Vater hatte sie nur noch als verschwommenes Bild im Gedächtnis, mit Flecken, die sie sich nicht recht eingestehen wollte. Auch zwischen ihr und der Mutter war eine Schranke, seit sie ihr damals ihre heimlichen Gänge vorgeworfen hatte; Sibyllas Krankheit war dem Mädchen wie eine eigene Schuld vorgekommen: ihr Mißtrauen hatte ja die Leidende noch mehr gequält. Sie hätte ihr das gern gesagt, aber die ernste Frau mit den gegerbten Zügen saß neben ihr, als hätte nie ein frauliches Gefühl sie ganz durchglüht.

Hanna sah von dem Stich in ihrer Hand fragend zu Sibylla hinüber. Mächtig und unerreichbar, streng und stärker als die anderen – so ist sie – und war doch auch weich und sanft und voll Liebe.

Sibylla empfand etwas von dem zögernden Strom der Sehnsucht und des zaghaften Vertrauens in der Tochter, die sich ihr lange innerlich entzogen hatte. Sie hat nie einen Vater gehabt, auch Morell konnte ihn nicht ersetzen. Und ich – was alles kam zwischen meine Kinder und mich – es war keine Zeit mehr für Sorgfalt und Zärtlichkeit.

»Hanna«, sagte Sibylla unvermittelt, »ich möchte dich gern zum Sammeln und Konservieren haben; die Falter brauchen Pflege. Und das Malen – du hast keinen ungeschickten Pinsel geführt, Kind!«

Hanna errötete. »Ich tät's gern, Frau Mutter«, sagte sie schüchtern, »wenn Ihr's wollt und mich anleitet!«

»Du mochtest es nicht, wenn ich allein saß und malte hier in der Stille – war's nicht so?« Hanna nickte verlegen.

»Du wärest lieber dabei gewesen?«

»Ja!«

Sibylla lächelte. »Naturkunde«, sagte sie, »die müßte dir doch Freude machen? Die Tiere, ihr Wesen und Leben? Ich hab es selber wie eine heilige Aufgabe gelernt, Gottes Willen nachgespürt in ihnen.« Sibylla sah abwesend vor sich hin, legte eins der Bilder um das andere in die Mappe zurück und stand auf. »Wir wollen doch gleich morgen früh nach der Andacht mit dem Stechen anfangen«, sagte sie, »es ist nicht schwer, ich zeige dir alles ...«

Wie lieb sie jetzt ist! dachte Hanna glücklich. »Bloß, Mutter«, flüsterte sie, »die Betstunden des heiligen Vaters Yvon, die er für uns Junge abhält, da darf ich nicht wegbleiben.«

»Warst du denn bei seinen Abenden? Ich hab dich oft gesucht in den letzten Tagen, aber zuletzt dachte ich, du seiest im Wäldchen oder mit Dorothea am Fluß.«

»Nein, er sagte, er meint ..., es sei gut für uns.«

Sibylla nahm sich vor, diesen Übungen einmal von weitem zuzuhören, da sie für Erwachsene verboten waren; irgend etwas in der Stimme der Tochter hatte sie gewarnt – ein schwärmerisch-angstvoller Ton, den sie bisher nicht an ihr kannte.

Eine Woche danach wurde sie in das sogenannte Besuchszimmer gerufen, einen kühlen Raum mit Steinfliesen und gewölbter Decke. Hochlehnige Stühle waren planlos hineingestellt, eine Holzbank lief an der Wand entlang. Farblose Fenster mit spitzen Wölbungen gaben dem Licht wenig Durchlaß.

Als Sibylla eintrat, erhob sich ein großer breitschultriger Mann und streifte den Umhang ab; erhitzt fuhr er sich ins Gesicht, das ihr zugewandt war: Graff!

»Andreas«, rief sie erschrocken, »warum kommst du mir nach? Ich hab hier meinen Frieden ...«

Er ging auf sie zu und griff nach ihrer Hand. Er konnte nicht sprechen; in seiner Kehle würgte es, er brachte nur einen gepreßten Laut heraus, allein seine Augen sprachen: blaßblaue quellende Augen voll Verzweiflung. Dicke Adern standen auf seiner Stirn, die kahler war als früher; das Haar sperrte sich unordentlich um die Schläfen. Er schnaufte aufgeregt und hielt Sibyllas Rechte zwischen seinen zitternden Fingern. Sie versuchte, sie ihm zu entziehen, und deutete auf einen Stuhl. Er warf den zerzausten Federhut über den Tisch und ließ sich in die Bank fallen. Einen Augenblick sah sie auf ihre losgelassene Hand, strich damit über ihren Rock und schaute noch einmal darauf. Es war ihr zumute, als müßte sie einen Rest der alten Zärtlichkeit suchen, die Graffs Berührung früher geweckt hatte.

Mit aufgerissenen Lidern starrte er sie blicklos an. »Setz dich doch zu mir, wenn du noch magst«, bat er dann leise, »ich tu dir ja nichts.«

Das Hilflose in seinen Worten rührte sie. Er hat meine Bewegung falsch verstanden, als wäre er mir zum Ekel, ging es ihr durch den Kopf.

»Graff«, sagte sie mit mühsam beherrschter Stimme, »du hättest nicht herkommen dürfen; es ist auch gar nicht gestattet – wie haben sie dich denn eingelassen?«

»Ein Mädchen war da am Tor«, murmelte er, »eine schmale Rotbraune, die hat aufgetan und ist danach weggelaufen, als wäre sie angebrannt.« Er versuchte zu lachen. Seine Stimme klang rauh.

Sibylla stand noch immer. Sie hatte die Hände krampfhaft gefaltet, ihre Fingerspitzen waren rot.

Graff streckte den Kopf vor wie ein Durstiger, sein hagerer Hals dehnte sich aus dem angeschmutzten Kragen, die Augen waren jetzt naß. »Sibylla«, sagte er heiser, »es geht doch nicht ohne dich. Das Geschäft liegt lahm, die Werkstatt bringt nichts mehr, und das Haus – du bist doch mein Weib, meine angetraute Ehefrau ... Sibylla!«

Sie hatte gewußt, daß das kommen mußte, und empfand erschüttert, wie jammervoll der einst so schöne glänzende Mann vor ihr saß, ohne Rat und Richtung.

»Sibylla«, sagte er wieder, »ich versteh's ja, daß du gegangen bist, ich war – ein unguter Mann war ich dir, aber ...«, wieder sah er zu ihr auf wie ein verlassenes Kind, »komm doch zurück, es soll ja alles ganz neu werden!«

»Andreas«, sagte sie lauter, als sie wollte, »wenn ich es täte, wär's nur ein Mitleiden, und das ist kein guter Grund für eine Ehe und keine Antwort für einen Mann.«

Er wurde jäh rot.

»Mitleid? Und sonst nichts?«

»Laß mir endlich den Frieden!«

»Du – den Frieden! Und ich?«

»Graff, ich bin nicht schuldig an deinem Elend.«

»Wer ist schuldig? Weißt du's für gewiß, wer schuldig ist?« rief er erregt. »Und wenn – ich hab doch ein Recht auf dich«, er zögerte, sah dann scheu um sich und fuhr fort: »... und auf die Kinder!«

Ein trauriges Lächeln verzog Sibyllas Mund. Ehemals wären's Hexenkinder, und heut hat er ein »Recht« auf sie ... Aber das Wort »Recht« klang in seinem Mund wie eine bebende Frage.

Plötzlich erschrak sie. Ich muß an die Kinder denken und nicht an meinen Widerwillen. Darf ich ihnen denn den Vater nehmen?

Es war, als erriete Graff ihre Zweifel. »Johanna ist inzwischen achtzehn Jahre alt«, sagte er sicherer, »sie kann wohl gefragt werden, ob sie den Vater verleugnet.«

Sibylla ließ die Hände sinken, sie ging zur Tür. »Meine Tochter Johanna soll kommen«, rief sie hinaus. Jetzt, dachte sie mit schwerem Herzklopfen, jetzt wird sie sich ihm entgegenwerfen, sie findet ja endlich den Vater wieder, und ich verliere sie … Sie wollte sich vor die Tür stellen – da kam Hanna schon herein. Sibylla machte die Augen zu.

Hanna stutzte, als sie den Mann sah, der schwerfällig aufgestanden war und mit einem Lachen – halb Verlegenheit, halb gerührte Zärtlichkeit – auf sie zutrat. Ihr schmales Gesicht wurde fleckig rot. Sie hob die dünnen Arme unschlüssig an und ließ sie wieder fallen.

»Ich hab dich am Tor nicht erkannt«, rief Graff freudig, »aber gespürt, du müßtest es sein, Johanna!«

Das Mädchen sagte gehorsam: »Ja, Vater.«

»So ist's recht«, brach Graff lärmend aus, »Vater! Deine Frau Mutter wollte es nicht recht wahr haben, daß du meine Tochter bist …«

»Graff!« rief Sibylla dazwischen.

»Ja, ja«, murmelte er gedämpfter, »wir beiden, Kind, gehören doch zusammen!« Er faßte Hanna ungeschickt um die Schultern. Sein unordentliches Haar berührte ihre Wange; sein Atem streifte sie spürbar. »Die Tochter, die liebe Tochter …« Graffs schwimmende Augen lagen mit törichter Bewunderung auf dem Gesicht des verlegenen Mädchens. Rührend wie ein altersblöder Greis sah er aus, während seine Hände Hannas Arm schüchtern streiften. Sie blieb steif stehen.

Sibylla sah sie drängend an. »Kind, du sollst entscheiden, da du ja erwachsen genug bist: Willst du mit dem Andreas Graff heimgehen, weil er dein Vater ist und nach seinen Kindern verlangt? Ich darf dich nicht halten, wenn du es willst …« Sie konnte nicht weitersprechen; über ihr Gesicht liefen Tränen.

Hanna wirkte plötzlich viel reifer. Sie hielt die Hand ihres Vaters und griff nach der ihrer Mutter. Aber als sie den Strom herüber- und hinüberfluten fühlte, wußte sie mit deutlicher Klarheit, was richtig war. Sie sah die Mutter an. »Vater Graff«, sagte sie ernst, »das ist eine schwere Frage, die du stellst. Ich weiß schon, du bist mein Vater, und du tust mir so leid ...« Sie weinte auf einmal; dann ging sie mit schleppendem Gang zu Sibylla hinüber. »Ich muß aber bei der Mutter bleiben.«

Sibylla nahm das Mädchen ruhig an sich, ohne Triumph, fast ohne Freude. Es gab ja kein Vorrecht zwischen ihnen; auch Graff, der gedemütigte, geschlagene Mann, durfte Hilfe und Liebe erwarten. Sibylla ließ das Kind los, das erschöpft auf einen Stuhl sank; Graff warf sich auf die Bank.

»Ich muß es auch für die kleine Dore sagen«, sprach sie jetzt leise auf Graff ein, »sie ist erst acht Jahre alt. Laß sie mir, wenn es sein kann, ohne Groll, Andreas! Es ist besser für beide Kinder.«

Graff ließ den schweren Kopf hängen und die Hände haltlos zwischen den Knien baumeln wie fremde Gewichte; er stierte vor sich hin. »So«, grollte er drohend, als wisse er kaum, was er sagte, »so so! Man verläßt mich, den Vater, den Mann, den Eheliebsten, dem man Treu geschworen am Altar, dem man sich – hergegeben, ganz ...«

»Graff!« mahnte Sibylla.

Er stand zornig auf. »Das sag ich euch Weibern«, rief er grimmig und ging mit lauten Schritten auf Sibylla los, »daß ihr's büßet, ihr – ihr ...« Er schüttelte wild die Fäuste.

Draußen klangen Stimmen. Die Tür öffnete sich, Yvon stand da. Er blickte streng auf Graff, befremdet auf Sibylla. »Man berichtet mir, Ihr seiet hier eingedrungen, Maler Graff?« sagte er schneidend. »Dies ist verboten in unserem Haus! Und Ihr, Schwester Sibylla?« Es klang wie ein Verhör. Dann wurde die Stimme sanfter. »Und auch die Jungfer Hanna ist hier?«

Niemand antwortete. Da wachte Graff aus seiner Betäubung auf. »Herr«, schrie er, »Ihr habt kein Recht, mein Eheweib und meine Kinder zu halten, wenn ich sie holen komme!«

»Wer das Recht hat, wird ein Konzilium entscheiden müssen«, erwiderte Yvon geschmeidig, »aber jetzt geht's um des Herrn Willen: Er hat sich geoffenbart schon dem hochwerten Labadie, meinem Freund und Bruder, und danach auch mir: So ein Weib glaubt und gehört der Gemeinschaft vom gottseligen Leben an, kann sie nicht mehr eines Mannes sein, der sich uns nicht fügt!«

»Das ist wider die Gesetze«, rief Graff.

Sibylla wurde blaß. Wenn er sie zwang, was für eine Quälerei würde das Leben bei ihm sein! Er schien zu siegen und spürte das. Sein Gesicht wurde straffer, er reckte sich auf.

Yvon trat zu ihm. »Nein, Maler Graff«, sagte er fast lautlos, »auch vor dem weltlichen Gericht gilt die Ehe nicht mehr – nach so langer Trennung ... Und da Euer Weib und die Jungfer nicht wollen, bleiben sie hier.«

Graff fuhr auf; er lief wie ein wütendes Tier auf den harten dunklen Mann zu und blieb jäh vor ihm stehen. Beide sahen sich an. Yvons schwarze Pupillen waren klein, die Brauen zu einem Streifen zusammengezogen, sein Mund ein Strich. Er hielt den Maler bannend im Blick. Endlich riß Graff sich los und schaute mit erloschenem Ausdruck zu den Frauen hin, dann fielen seine Schultern kraftlos nach vorn. Er schlich mit gesenktem Kopf zur Tür.

In Sibylla erwachte ein mütterliches Mitleid. Sie ging ihm nach. »Ich bring dich bis zum Tor, Andreas«, sagte sie traurig. Die Worte »bis zum Tor« standen unauflöslich da.

Yvon ließ sie gehen. Nur Hanna erfaßte er mit seinen beherrschenden Augen. Sie blieb geduckt auf der Bank sitzen. Dann schritt Yvon selbstsicher hinaus.

Nach der Abendandacht rief Sibylla ihre jüngste Tochter zu sich. Das Kind kam gelaufen, atemlos, mit roter Stirn und fliegenden Haaren, vergnügt und strahlend, ganz anders als die ernste Hanna.

»Liebes«, fing Sibylla an, »hör mir gut zu: Euer Vater war da, der Maler Andreas Graff, von dem ich mich trennen mußte, weil er nicht mehr hat nach Pflicht und Versprechen für uns sorgen wollen. Er ist ein armer Mensch und er ist dein Vater. Ich habe ihn fortgeschickt, und Hanna hat sich entschieden wie ich. Es kann aber sein, daß ich nicht immer bei euch bin und daß er dann nach euch verlangt. Wie willst du ihm dann antworten?«

Das Kind warf sich leidenschaftlich in Sibyllas Arm. »Ich gehör doch zu dir, Mutter! Ich hab Angst vor ihm – weißt du's nicht mehr, wie er mich geprügelt hat?«

Sibylla atmete auf. Sie hatte unkindlich und klar mit dem Mädchen geredet, damit sie sich selber keine Parteilichkeit vorwerfen mußte. Die Antwort war ohne Zweifel und Frage gewesen, und sie dankte das dem geraden Wesen des Kindes.

In der folgenden Nacht saß sie wach und schrieb einen langen Brief an Clara Regina Imhoff in Nürnberg: Sie möge sich jetzt des hinterlassenen Geldes erinnern und, wenn sie so gütig wäre, dem Maler Graff die Summe geben, so er bei ihr ankehre; sie selber habe sich ganz von ihm getrennt.

Einige Wochen später empfing sie ein Schreiben der Jungfer, sie habe nach dem Willen der lieben geehrten Madame Merianin getan und dem Graff, der bittend und in Angst zu ihr gekommen, die ganze Summe ausgehändigt ... Übrigens habe er neuerdings Schritte getan, die eine Scheidung einleiten sollten, und lasse fragen, ob die Frau Merianin mit solchem Unternehmen einverstanden sei?

Sibyllas Wangen wurden dunkelrot, während sie den Brief las. Damals, als mein ganzes Verlangen danach ging, mich von ihm zu scheiden und dem Arnold anzugehören, hat er's verwehrt, dachte sie empört. Noch vor kurzem sah es aus, als könnte er nicht mehr leben ohne uns; und jetzt will er geschieden sein.

»Ratet mir, Vater«, sagte sie zu Deventer und hielt ihm das Schreiben hin.

»Was eitert, soll man ausschneiden«, sagte der alte Arzt, »auch wenn's weh tut.«

Yvon mischte sich ein; sie solle sich dem weltlichen Seelensiechtum entziehen, das ihr nur schade, meinte er.

Es wird die Kinder schützen, wenn ich zustimme, dachte Sibylla traurig. Ich bin allein – so und so. Sie schrieb nach Nürnberg: Da sie leider selbst nicht wisse, wo Graff zu finden sei, möge die teure Jungfer bestellen, von ihr, seinem Eheweib her, sei kein Widerstand zu fürchten, wenn er sich nun auch gerichtlich von ihr trennen wolle.

Nach einer Weile kam wieder ein Reitender mit Clara Reginas Antwort. In vorsichtigen Worten deutete sie an, man höre manches von einer großen Liebschaft des Graff. Die Frau, Tochter des Illuminators Hofmann, sei nicht mehr jung und verspreche eine gestrenge Hausfrau zu werden; er sei ihr aber jetzt schon verfallen.

Fanatiker und Phantasten

Der Winter brachte Schneestürme. Die Gemeinde zu Wieuwerd mit ihren mehr als hundert Seelen drängte sich wie eine ängstliche Vogelschar in der kleinen Dorfkirche zusammen. Auf der Kanzel stand Bruder Yvon. Seine mächtige Stimme klang hart über die gebeugten Köpfe; er rief zur Demut und zur strengen Buße auf.

In der Kirche war es bitterkalt; man hockte vermummt nebeneinander, und sogar das Stricken und Nähen, das sonst den Frauen im Gottesdienst erlaubt war, wurde den steifen Fingern zu schwierig. Sibylla saß zwischen Hanna und Dorothea. Die Mädchen hatten rote Gesichter, ihre Hände steckten in zierlichen runden Muffen, die Sibylla aus Frankfurt mitgebracht hatte. Neben ihnen kauerte Schwester Sofia, eine plumpe alte Frau, die seit einem halben Jahr in der Siedlung lebte und den Vater Labadie auf seinem letzten Lager in Altona gepflegt hatte. Deshalb genoß sie eine Art von heimlicher Verehrung, man beneidete sie um die Sonderrechte, die Yvon ihr einräumte. Sie saß bei Tisch an seiner Seite, wo früher die berühmte Anna Maria van Schurman gesessen hatte, war vom Stricken und Nähen im Gottesdienst dispensiert und beaufsichtigte die Küche. Man nannte sie die »Träumende Weisheit«; es wurde erzählt, sie habe Gesichte gehabt, die Unglück verhütet hatten. Sofias Ahnungen galten aber auch den Sünden und unsauberen Gedanken aller Mitglieder, und wenn *sie* jemandem Ungutes nachsagte, fand sie unbedingten Glauben.

Yvons Atem wölkte über die gesenkten Nacken hin. »Nieder mit dem hoffärtigen Sinn«, rief er donnernd, »nieder mit allem, was die Seele hindert und ablenkt vom wahren Heil – die Seele, die bereit sein will, in ihrer Kammer jenen wonnigen Geschmack zu läutern und zu kosten, wie unser aller Vater Jean gesagt hat ...«

Dorothea Graff stieß die Schwester an und lächelte verstohlen. Sofia verwies es ihr mit einem strengen Blick. Sibylla legte den Finger auf den Mund. Hanna Graff sah geradeaus, als habe sie nichts bemerkt. Ihr zartes helles Gesicht war dem Prediger mit entzücktem Ausdruck zugewandt. Yvon bemerkte es wohl; er übte eine fast hypnotische Wirkung auf junge Menschen aus, besonders auf Mädchen. Er selbst hielt das für eine Folge des »ergossenen Geistes«, wie er sagte, und war unzufrieden, wenn sich eine der Schülerinnen diesem Einfluß entzog.

»Lasset uns in dem Schoß Gottes und aus Seinem Munde Honig saugen und in unserer Einsamkeit solchen kochen und zubereiten, durch Glauben, Andacht und Liebe«, wiederholte Yvon die Worte aus den Gebetsanweisungen Labadies. Diesmal duckten beide Graffschen Töchter verschüchtert die Köpfe, und auch die lustige Jüngste erlaubte sich kein unpassendes Lachen mehr.

Am folgenden Montag rief Yvon Sibylla zu sich. Man habe ihm berichtet, ihre Töchter trügen sich mit übertriebener Hoffart und, was schlimmer sei, sie hätten sich in der Kirche unwürdig verhalten. Er bitte die Mutter, einzugreifen mit der nötigen Strenge; die Jugend müsse den Ernst des göttlichen Gebots erkennen und sich mühen, »selig zu werden mit Furcht und Zittern«.

Sibylla versprach gutwillig, ihre Töchter zu ermahnen. Abends fiel ihr auf, daß sich Hanna nicht ausziehen wollte, solange die Mutter noch bei Dorothea am Bettchen saß. Sie schob das Zögern auf eine verschämte Scheu der Neunzehnjährigen und meinte, mit solchen Regungen und Einfällen müsse man sich abfinden. Anderntags fand sie auch Dore weinend und verstört vor der Kammertür, und kein Zureden half, das Kind ins warme Zimmer zu bringen. Was ihm fehle, fragte Sibylla. Aber die Kleine schluchzte lauter und humpelte schließlich, ein Bein nachziehend, hinter das Haus; da blieb sie stehen, den Kopf an die Mauer gedrückt. Sibyllas Angst wuchs, als auch Hanna am Abend noch scheuer und blasser aussah. Sie fürchtete eine ernste Krankheit der Kinder und rief Deventer. Der Arzt ließ beide Mädchen sich entkleiden, dann fuhr er mit einem traurigen Blick tastend über die Rücken und Nacken, die mit roten Striemen bedeckt waren.

»Man hat euch geschlagen«, schrie Sibylla außer sich. »Wer wagt das?« Die Mädchen sahen einander an und schwiegen.

Sibylla forschte dringender, aber umsonst. Deventer winkte ihr. Er schickte die Kinder ins Bett und ordnete Umschläge an. Dann rief er die Mutter hinaus.

Vorsichtig sagte er: »Schwester, ich habe derlei leider schon mehrmals bemerkt – ich muß schweigen. Aber Ihr könntet es vielleicht erreichen, leichter als andere, daß er's milder macht ... Es ist – es gehört zu den Methoden des Heiligen, den Leib zu züchtigen, und ich kann ihm da nicht beistimmen. Heimlich prügelt er die Kinder und verbietet ihnen, darüber zu reden.«

Sibylla schauderte; sie sah den Zusammenhang mit der Mahnung des Predigers und mit Sofias strengem Blick. Anderntags ging sie zu Yvon.

Er habe schon eine innere Besserung bemerkt und danke für ihre Bemühung, sagte er salbungsvoll, noch ehe sie zu Wort kam.

Sibylla blieb an der Tür stehen. »Vater«, sagte sie ernst, »ich habe mir beim Eintritt in die Gemeine vorbehalten, meine Kinder selbst zu erziehen. Aber auch wenn ich sie gänzlich Eurer Zucht überlassen hätte, wäre es unrecht, daß Ihr sie schlüget! Sie haben üble Streiche bekommen mit Riemen oder Peitschen, und ...«

»Schweige«, fuhr Yvon dazwischen. »Ich tue, was mir der Geist eingibt, und es geht eine stinkende Hoffart aus von dir und deiner Brut. Wer Demut übt, braucht keine Rute.«

»Bruder Yvon«, sagte Sibylla nachdrücklich, »wenn ich dergleichen Dinge wieder merke, werde ich mich nicht scheuen, sie dem Konsistorium zu vermelden. Mein Bruder Matthäus war des öfteren am Hof zu Brandenburg, um Seine Kurfürstliche Gnaden oder Seine Freunde zu konterfeien; ich könnte dem hohen Herrn von Eurer absonderlichen Pädagogik berichten ...«

»Noch keine der Schwestern ist so ohne Gottes Trost gegangen wie du«, sagte Yvon drohend und öffnete die Tür. »Wenn die Heuchelei und Hoffart sich nicht verkehrt in echte Reue, wird der Herr Euch strafen mit eiserner Rute, Schwester Sibylla!«

Sibylla kam sehr niedergeschlagen in ihre Zimmer zurück. Ich habe getan, was ich mußte, sagte sie zu sich, aber er wird Rache nehmen und er ist hier allmächtig ...

Die stillen bescheidenen Frauen, die in Wieuwerd in der Überzahl waren, hatten Sibylla gern; sie und ihre Kinder bildeten einen eigenen geachteten Kreis. Man sah sie sogar mit einer Art von Ehrerbietung als in der Welt bekannte, jetzt ganz der Gemeinde zugehörige Gelehrte an, deren Ruf und Ruhm auch den Namen des verehrten Labadie erhöhen half ... Von diesen harmlosen und gutwilligen Geschöpfen erfuhr Sibylla viel Freundliches; kleine Geschenke, Hilfeleistungen im Alltag, ein herzliches Grüßen – das alles dankte sie ihnen. Die Männer waren ausgeprägter. Fast jeder hatte eine Wirksamkeit hinter sich, die ins Breite ging, und keiner von ihnen war ganz frei von dem Bedürfnis nach Ansehen und Bewunderung.

Sibylla streifte im Sommer, wenn andere wuschen oder woben, im Wald umher und sammelte Raupen und Puppen;

während die Frauen Gemüse putzten, war sie in den Wiesen. Yvon schwieg dazu. Er fühlte sich seit Sibyllas Warnung in seinem »Heiligendasein« doch etwas gehemmt und strafte seine Schüler mäßiger als früher. Freilich machte er Hanna Graff oft Andeutungen von einem furchtbaren Gottesgericht, das die unbußfertigen Seelen treffen könnte.

So ging das Leben in Wieuwerd fort: es blieb ein Schwebezustand, den Sibylla mit ganzer Wachheit beobachtete, aber es kam nicht zu offenen Zerwürfnissen. Sie spürte, daß Yvons Helferin und Vertraute, die »Träumende Weisheit«, ihr feindlich gesonnen war. Sofias Ahnungen konnten gefährlich werden, wenn sie irgendwo »böse Gedanken« witterte und die Namen der Verdächtigen unbedenklich in den Gebetsstunden aufrief. Wer leugnete, galt dann allgemein als Lügner und verstockter Sünder. – Im übrigen schien die Zeit zu schlafen, kleine Ereignisse bildeten die Wellen und Wirbel in diesem stillen Gewässer, winzige Begebenheiten, Krankheiten oder Unwetter, die nie schwere Folgen hatten.

Johanna Morells Leiden hatte sich gebessert, sie saß in der Sonne, strickte oder flickte, las mühsam in den Büchern der Schurman, in der ›Euderia‹, die das Leben der »Geschwister« beschrieb. Oft schlummerte sie auch, kaum daß sie es selber merkte, mit heiterem Gesicht in ihrem Stuhl ein.

Caspar Merian trug schwerer am Alter. Er entbehrte seine Sehkraft bitter. Manchmal wurde er von den jüngeren Brüdern in die Kirche getragen, aber er folgte nur mit Anstrengung Yvons Predigt. Gelegentlich wurde dieser durch einen der neu zugezogenen Geistlichen vertreten; Ambros war einer der beliebtesten Kanzelredner.

Yvon reiste jetzt mehr als früher; es ging darum, für seine Siedlung die Anerkennung und den Schutz einiger Fürsten zu erreichen, die einst Labadie gekannt hatten. Aber was Labadie durch seine überzeugende Geistigkeit gewonnen hatte, zerstörte Yvons finsterer Eifer.

Sibylla wunderte sich im stillen, daß man sie in Ruhe ließ. Sie dankte das dem unmerklichen Einfluß des klugen Deventer und der vornehmen Gelassenheit der Dame van Somelsdyk, der Besitzerin des Schlosses und Schwägerin des seligen Labadie; ihre Schwester, die jetzt in Surinam die Siedler um sich sammelte, hatte dem Seher in einer jener heimlichen Ehen angehört, die im Kreis der Erwählten beschlossen und eingesegnet wurden. Sibylla sah – und übersah solche seltsamen Bindungen. Je länger sie im Kreis von Wieuwerd lebte, desto widerlicher wurde ihr alles Ungesunde und Übersteigerte – gerade das, was Yvon pflegte. Sie stand in ihrem Alltag mit wachen Sinnen, warm und aufgeschlossen, und führte doch ein zweites innerliches Leben: Gedanken und Wachträume trugen sie immer wieder Arnold entgegen. Sie schrieb ihm Briefe, die nie abgeschickt wurden, denn sie wußte nicht, wo sie ihn finden sollte; sie suchte mit ihm und für ihn nach Wegen zur Erkenntnis, zeichnete Sprüche und Gebetsworte auf, die ihr in den Schriften der Mystiker aufgefallen waren, und baute, kaum bewußt, eine Brücke jenseits aller greifbaren Dinge in eine nur noch geahnte, kaum mehr gedachte Welt. Dieses »Hinüberschwingen«, wie sie es bei sich selbst nannte, spannte alle seelischen Kräfte an; sie erschuf sich den Partner immer neu und durchdrang sein Wesen wie ein unbekanntes und doch von Urbeginn vertrautes Land; sie glaubte, seinen Widerhall zu hören.

In jener herrlichen und gefährlichen Zeit brachte ihr der alte Deventer Dantes »Göttliche Komödie«, von der eine sprachgewaltige Übertragung ins Deutsche erst kürzlich herausgegeben worden war. Sibylla las die Nächte durch, über eine schwache Lampe gebeugt, um ihre Töchter durch den Lichtschein nicht zu stören.

»Ihr lebt bei uns, Mutter, und seid doch nie ganz da«, sagte Hanna einmal.

»Das soll euch nichts nehmen«, antwortete Sibylla gerührt, »es ist ja doch die gleiche Kraft, die *uns* zusammenhält und die auch im Großen alles treibt und regt, Hanna, die einzige: ›Die Liebe, so beweget Sonn und Sterne‹.« Jener hat auch in die Ferne gelebt, dachte sie ergriffen; Dantes Beatrice war tot, ein einzigesmal nur hatte er das Kind gesehen, aber es leuchtete ihm vor, und er wanderte mit Vergil durch die Hölle – ins Paradies.

Yvon spürte ihr Entgleiten; er wagte nicht mehr, ihren Töchtern zu drohen, ließ die beiden Mädchen scheinbar unbeachtet und hütete sich auch, Sibylla irgend etwas vorzuwerfen. Er fürchtete trotz aller Selbstberauschtheit die Meldungen an seine hohen Gönner oder gar an das kritische Konsistorium, in dem manche seiner heftigsten Gegner saßen. Aber er verfolgte wachsam, was Sibylla malte und welche Ideen aus den Fragen ihrer Kinder aufblitzten; von Sofia geschürt, forschte er beständig nach den Anzeichen einer »Irrlehre« oder den Spuren »falscher Propheten«.

Eines Abends kam Sibylla von den Wiesen heim; sie hatte im fetten, duftenden Maigras nach Raupen gesucht, an den Brennesselblättern die rostfarbenen Fuchsfalter betrachtet und über den Zäunen gaukelnd einen ersten Trauermantel entdeckt, braunsamten mit einer blitzend-blauen Binde. Die Weiden schlugen aus, gelbe Sumpfdotterblumen fleckten das feuchte Quellmoos an den Wasserläufen, und die Schlehenbüsche überschäumten mit weißen Flocken den Weiderand. Die Mädchen waren bei der Großmutter geblieben, und Caspar Merian saß bei ihnen und hob das erloschene Gesicht ins Helle.

Sibylla legte bei den Ihrigen den Sammelkasten ab. »Es wird kühl, ich habe schon Tau an den Fingern«, sagte sie zu den beiden Alten gewandt, »die Kinder sollten Euch hineingeleiten, Mutter, daß der Husten nicht wiederkommt – und auch Caspar, seiner Augen wegen.« Sie griff zu und stützte den alten Mann. Hanna und Dore führten die gebrechliche Johanna zum Haus.

Als Sibylla in ihre Kammer trat, wo sie ihr Mal- und Schreibgerät verwahrte, zog sie mißtrauisch die Luft ein. Irgend etwas Fremdes war da, was nicht zu ihr gehörte. Sie hob den Deckel von ihrer Schreibtruhe und fuhr zurück: Jemand hatte darin gewühlt! Die Papiere waren unordentlich durcheinander geworfen, aus einer Mappe hatte man Blätter gezerrt und nicht wieder eingeräumt. Einer ihrer Briefe an Arnold, in dem sie Verse des Angelus Silesius anführte, lag zuoberst. Als sie zitternd ihre Heiligtümer zu ordnen begann, trat plötzlich Yvon hinter ihr in den Raum; er lächelte vieldeutig über ihr empörtes Gesicht.

»Schwester«, sagte er halblaut, »was wundert dich? Mich führte der Geist an eine wahre Quellflut deiner Erkenntnis« – er sprach lauter –, »mitten ins Pfuhl- und Schlammbett deiner heimlichen Machenschaften mit dem Widerchrist. Weißt du nicht, daß der Scheffler am End ein Katholik geworden?«

»Es fasset jeder nur einen Schein von der göttlichen Glorie, das Ganze aber erst von Angesicht zu Angesicht«, antwortete sie ruhig.

»Schweig!« schrie er.

Sibylla sah ihn stumm an; Yvon griff mit der langen kräftigen Hand in seine Tasche. »Da«, rief er zornig, »was soll das heißen? Lies es selbst! Da steht von deiner Hand geschrieben: ›L'amor che muove il sole e l'altre stelle ...‹ Ist's Italienisch, Schwester? Ist's nicht von dem Heiden Dante, der sich anmaßt, Himmel und Hölle zu erkennen – von einem Weib angestachelt, in einer unbiblischen Vision? Die Liebe ... was schreibt Ihr davon? Übersetzt es sofort!«

Sibylla tat es mit leiser Stimme. Wenn er nur das Buch selber nicht gefunden hat, dachte sie besorgt, Deventers Name steht darin. Ich wußte nicht, daß er auch dem Dante nachspürt.

»Die Liebe, so beweget Sonn und Sterne ...«, flüsterte sie.

Yvon, halbgebildet wie viele Sektierer, beurteilte alles Gedruckte und Geschriebene nach der Labadistischen Regel, wie er sie auslegte; der Vater Jean hatte sie liebevoller gefaßt und gedeutet als sein fanatischer Nachfolger. Yvon runzelte die Brauen unter der engen Stirn.

»Der Schluß der ›Göttlichen Commedia‹«, sagte sie schüchtern und sah ihn bittend an. Aber Yvon war enttäuscht von der gar nicht so heidnischen Zeile, er hatte Vergil und Dante durcheinandergebracht.

Yvon verzog den Mund und sah unschlüssig auf; er hielt den Dante-Vers noch immer zwischen den verkrampften Fingern.

Sibylla faßte danach. »Gebt mir zurück, was ich da geschrieben habe; es versteht's keiner als – ich.«
Yvons fragender Blick wurde dunkel. »Der böse Geist streicht um und um in – dir«, sagte er böse, »und läßt sein schweflicht Gedämpf ausgehen nach allen Seiten; es spüren's auch andere.«

Er zog die Hand zurück.

Sibylla lächelte trübe. Sofia! dachte sie. Ehe sie es aussprach, sagte Yvon: »Die ›Träumende Weisheit‹ hat geschaut, was da umgeht.«

»So«, flüsterte Sibylla widerwillig; sie sah das grobknochige Frauengesicht mit dem faltigen Unterkinn vor sich. »Derlei kenne ich schon, hab's erlebt bei der Bourgignon.«

Yvon zuckte zusammen. »Antoinette de Bourgignon war eine Beute des Teufels!« Er zerknüllte langsam den Zettel und schaute sich selber dabei zu; er spürte, was Sibylla am tiefsten traf; dann warf er ihr den Knäuel hin. Sein Blick glomm von einem feigen Haß.

Sibylla flammte auf. »Ich werde verbrennen, was Ihr mir da angetastet habt! Was Eure Hände mir entweiht haben!« Sie schüttelte sich. »Aber es steht in mir unverrückbar.« Sie trat an ihm vorbei zu ihrer offenen Truhe und schoß den Deckel. Während sie sich schützend davorstellte, sagte sie: »Hier werde ich nimmer bleiben – ich zieh nach Frankfurt zu unserer Freundschaft; und da ich freiwillig geh, bitte ich ums eingezahlte Geld, weil ich's brauche fürs Leben mit den Meinen.«

Yvon sah sie starr an. »Das ist wider die angenommene Regel!«

»Was Ihr hier tut, ist auch wider alle Regel!«

Hinter ihnen knarrte die Tür. Hanna stand da, erregt und verlegen.

»Verzeihet, Frau Mutter und hochwerter Pater Yvon«, hauchte sie ängstlich, »ich muß die Frau Mutter holen, gleich! Der Ohm Caspar ...«

»Was ist's mit ihm?«

»Es gehe zu Ende, sagt der Doktor van Deventer.«

Sibylla lief hinaus. Ihr Arm streifte Yvons langen Rock; sie sah nicht zurück. Aber seine tönende Stimme klang ihr triumphierend nach: »Gottes Rute, Schwester Sibylla!«

Caspars gelbliches Faltengesicht verschwand fast in den hohen Kissen, die getrübten Linsen waren wie mit einer Perlmutterschicht überzogen. Sein Atem ging hart, stoßend, die mageren Hände lagen krampfhaft gefaltet ineinander; Sibylla warf Deventer einen fragenden Blick zu, er nickte ernst. Sie trat vorsichtig ans Bett, legte ihre Hand auf die Stirn des Sterbenden und strich ihm die dünnen weißen Strähnen zurück.

Es war üblich, Pierre Yvon an die Totenlager zu rufen; ihr Sinn für das Recht gab Sibylla ein, auch jetzt dem alten Mann die Entscheidung zu überlassen. »Soll ich den Pater Pierre holen?« fragte sie.

Caspar schüttelte kaum merklich den Kopf. Seine Züge drückten eine Spannung aus, die sie nicht gleich verstand. Dann tastete seine Hand nach einem Buch auf dem Bett. Es waren die geistlichen Schriften des Labadie. Sie nahm das

Bändchen zur Hand. »Erinnerung der Morgenröte oder geistliches Hahnengeschrei an die vertieften Herzen im Schatten des Todes«, entzifferte sie.

Sibylla warf einen prüfenden Blick auf Caspar, Tränen stiegen ihr in die Augen. Sie schlug willkürlich auf: »Alles Wesen ist einig, schön, nützlich, daher auch alles, so es wohl betrachtet und recht genommen wird, uns führen kann zu der Erkenntnis der Wahrheit Gottes ...«

Sie wandte sich um: Johanna Morell kam herein, auf Dore gestützt, sie wollte dem guten alten Mann nahe sein, der eigentlich ihr Stiefsohn war; sie hörte die letzten Worte noch. Deventer rückte ihr einen Stuhl hin und stützte den Kranken, der hastig Luft sog.

Sibylla spürte, daß er schon ganz fern war, kaum mehr erreichbar ihrer Sphäre. Nur der Liebe, dachte sie, die alles bewegt. Die Kerze flackerte unsicher, Schatten tanzten groß an der Wand. Sibylla ahnte etwas Seltsames: Hände, die sich dem aufgereckten hageren Gesicht entgegenstreckten, nicht sichtbar, nicht greifbar; ein Lächeln huschte um den alten Mund, ein beinahe glücklicher Laut löste die blassen Lippen voneinander, dann ging wie ein Hauch das letzte Atmen an ihr vorüber. Deventer nickte wieder, Johanna weinte vor sich hin. »Es sieht aus, als wäre er am Tor zur Glückseligkeit – er ist von denen, die Gott lieben«, sagte Deventer.

Der Diakon Ambros, der seit Wochen einer schweren Erkältung wegen keinen Dienst getan hatte, beerdigte Caspar Merian. Yvon hielt sich zurück, aber Sibylla bemerkte es nicht einmal. Der Gedanke drückte sie, daß sie wieder fort mußte in eine schon aufgegebene Umwelt, wo die Verwandten vielleicht peinlich überrascht waren und die bösen Mäuler ihr von neuem das Ärgste nachsagen würden.

Die kommenden Wochen nahmen ihr die Entscheidung ab. Die Mutter wurde krank, Husten und Fieber schüttelten sie; es war, als hätte Caspar Merian den Weg gebahnt dahin, wo auch Johanna Morell münden sollte. Zwei Monate nach seinem Tod starb die alte Frau, unversehens setzte das schwache Herz aus.

Sibylla stand vor den Gräbern und empfand erschüttert ein Hin und Her, als wehe und rede es aus der Erde für sie. Hier ist mir wohl, dachte sie, ich atme freier als anderswo, getrösteter und leichter ... Sie zögerte immer noch, ihre Rückkehr anzubahnen; nur das Frankfurter Bürgerrecht hatte sie sich neu bestätigen lassen.

An einem Aprilmorgen ging ein heimliches Geraune durch die Siedlung. Man flüsterte sich zu, die »Träumende Weisheit« habe ein Gesicht gehabt, und sie wisse selbst nicht, was es bedeuten solle. Auch Yvon schweige, obgleich er sonst doch die Deutung immer rasch gefunden habe.

Am Abend, als die ängstliche Spannung fast unerträglich über den Gläubigen lag – auch Sibylla fühlte das bebende Warten mit allen Nerven –, rief Yvon die Geschwister unter der großen Linde im Hof zusammen. Es waren viele geworden, seit Sibylla da war, sieben Geistliche gehörten jetzt dem Kreis an, und mehrere hundert Menschen übten das »Leben in der Gottseligkeit«. Hanna und Sibylla traten miteinander an den Rand der wogenden, raunenden Menge. Yvon saß erhöht, neben ihm die bleiche Sofia.

»Ihr Mund hat ein großes Geheimnis zu nennen«, fing der Prediger an, »ihr träumte von einer blutigen Tat ...«

Sofia fiel ein: »In einem Wald voller Säulen und Stämme ...«, sie stockte und begann wieder in einem Singsang, ganz im Bann ihrer Vision: »Heiße Luft brodelt über stehendem stinkendem Wasser, gelbe und rote Blumen sind riesengroß, wie Gesichter, Vögel girren um mich herum ... Sie schreien – Menschen schreien! Einer am lautesten, einer wie im Tod ... Ein großer Soldat im roten Rock, grauhaarig; er blutet – sie schleppen ihn weg ...«

Sie verstummte erschöpft und sah Yvon an; er winkte ihr zu schweigen.

»Weiß einer der Brüder oder eine der Schwestern, was der Traum sagen will?« fragte er mit weittragender Stimme.

Niemand rührte sich. Endlich hob das weißhaarige Fräulein van Somelsdyk, das in einem Sessel am Stamm des Baumes saß, die Hand. Aber man sah nur, daß sich der Mund zitternd bewegte; die schwache alte Stimme drang nicht durch das Summen der vielen.

Yvon wiederholte laut ihre Worte. »Der Wald ist in Surinam, der Mann ist Cornelius, mein Bruder, der Gouverneur! Gott steh ihm bei – ich habe große Angst ...«

Ein Tuscheln und Murmeln setzte ein.

»Wen meint sie?« fragte Hanna die Mutter.

»Vor Jahren hat der Altbürgermeister von Amsterdam, des Fräuleins Bruder, die große Reise getan mit vielen Gläubigen, um in Surinam im südlichen Amerika die Wilden zum Herrn zu führen und ihnen die reine Lehre zu bringen, auch den Übergriffen der unmenschlichen und habgierigen Pflanzer zu steuern, die dem Ansehen der Generalstaaten viel geschadet haben«, sagte Sibylla leise. »Man hat Nachrichten, daß er sich Achtung verschafft und den Hafen Providentia, das heißt ›Vorsehung‹, wohl befestigt hat. Er hat den Handel angetrieben, Zucker und Baumwolle heimschicken lassen; erst vor drei Wochen sind wieder Kästen von ihm angekommen – der Diakon Ambros hat sie in Amsterdam abgeholt – mit herrlichen Faltern, die ich sehr zu sehen begehre.«

»Und jetzt wäre er tot?« fragte Hanna schaudernd.

»Sie sagt's, Kind.«

Yvon bat die Freunde um brüderliche Fürbitte, »für das Leben des teuren Mannes, wenn es noch zu retten ist, oder für seine Seele, wenn sie sich schon aufgehoben hat zum oberen Vaterhaus«.

Man kniete auf dem Rasen; hallende Gebete drangen unter Angstlauten und Weinen in den lastenden Himmel.

An einem schwülen Maiabend kam ein Amsterdamer

Bote mit Post aus den Kolonien. Der Brief war von der Witwe Labadies geschrieben, einer Schwester des Fräuleins in Waltha, die ihren Bruder nach Surinam begleitet hatte. Er bestätigte, was Sofia gesehen hatte. Somelsdyk war am Tag vor ihrem Traum von Eingeborenen in den Urwald geschleppt und ermordet worden. Man sage, die eigenen Soldaten hätten ihn ausgeliefert, weil sie das mörderische Klima der Siedlung und die Entbehrungen des Dienstes nicht mehr ertragen wollten; aber Gewisses könne niemand berichten.

Die Seefahrer, die kurz nach dem Schreiben aus der Hauptstadt eintrafen, erzählten Einzelnes: Die Witwe Labadie habe die Gutwilligen um sich gesammelt und die Siedlung ausbauen lassen. Ein gewisser Herolt mit seinem Sohn leite sie jetzt, und, obwohl er kein Militär sei, mit Glück. Somelsdyk habe ihnen, als sie sich zur Reise entschlossen hätten, wie in Ahnung des Künftigen, seine kostbaren Sammlungen mitgegeben, präparierte Tiere und Pflanzen des Märchenlandes, Hörner und Muscheln, Eingeborenenschnitzwerk und Schmuck.

Die Schmetterlingskisten seien schon da, die sie vorausgeschickt hätten, sagte Ambros. Man werde die Schätze allen zeigen, er wolle sie ausstellen unter Gläsern und Schleiern im großen Saale.

Sibylla suchte den Pfarrer auf; ob es möglich sei, fragte sie, daß sie die Blumen und Falter anschaue, ehe die vielen Besucher sie betasteten und verdürben? Ambros versprach, ihren Wunsch zu erfüllen. In der Frühe des Maimorgens führte er sie allein in den Raum, wo in Gläsern und Kolben die sonderbarsten Gebilde lagen.

Er selbst freute sich daran. »Herr, wie sind Deine Werke so groß und viel, Du hast sie alle weislich geordnet, und die Erde ist voll Deiner Güte«, sagte er andächtig.

Sibylla stand und schwieg. Das blaue Licht kam durch die offenen Fenster und spiegelte sich irisierend in den Schalen einer violetten Riesenmuschel, die in eine purpurne Tiefe schauen ließ. Sibylla stieß einen Laut des Entzückens aus. Neben der purpurnen lag eine goldfarbene aufgestülpte Meerschnecke und dazwischen ein Krebs mit erhobenen Scheren. Ein Seepferd glotzte drollig aus seinen toten Augen, eine getrocknete Schlange wand sich dürr und schuppig um einen mitgeschickten Aststumpf. Sibylla hatte schon beim Hereinkommen nach den Falterkästen gesucht und sie bald entdeckt. Die Holzkistchen waren noch nicht geöffnet worden. Ambros bot sich an, ihr zu helfen, weil man dabei keinen Unkundigen brauchen könne.

Sibylla rief ihre Töchter, und während Ambros vorsichtig die verpichten und verwachsten Behälter aufritzte, holte sie mit einem flachen Spachtel die zerbrechliche Fracht heraus. Da lagen auf dem Samt die schimmernden Wunder der Luft, schillernde Prachtfalter, gelbe, rote, weißgrüne und blaue, groß wie Vögel und festlich schön die einen, bizarr wie Spottbilder die anderen. Manche waren freilich durch unrichtiges Verpacken verdorben und gedrückt worden, so daß sie höchstens für die neugierigen Laien als Augenspiel genügten, nicht aber für Sibyllas wissenschaftlichen Eifer; denn sie wollte alles genau wissen, Fühler und Füßchen zählen und die Schmelzfarben der bestäubten Schwingen bestaunen.

»O Ambros«, flüsterte sie bezaubert, »Herr Diakonus, seht doch! Ein echter Papilio! Derlei hab ich bisher nur gelesen … Nicht einmal der Doktor Swammerdam hat so einen besessen. – Hanna, Hanna! Da sind ganz unversehrte Puppen, fest und hart. Die muß ich haben – denk doch, Kind, was daraus werden kann!«

»Die da ist so groß und schön, Frau Mutter«, sagte Hanna und hob das Kästchen mit einer blattgrünen Puppe in die Höhe, »wird's ein prächtiges Sommervögelein geben?«

Sibylla sah das eckig gedrehte Ding an. »Das ist nicht sicher, diese Art kenn ich noch nicht; es kann ein Schwärmer werden oder ein Tagvogel – oder eingehen ... sind alles Geheimnisse; niemand weiß, zu welcher Gestalt sich die Säfte im Innern verbinden.«

Ambros lächelte. »Ihr redet wie ein Alchimist, Frau Sibylla, als ob Ihr den Sulfur mit dem roten Leuen gemengt und die Silberlilie und den Salamander zu einem Wunder verdampft hättet ...«

»'s wär fast eine Chymische Hochzeit! Wie sie der Valentin Andreä als geistliches Bild gemeint hat. Ich will aber nirgends grob in Gottes Methoden dringen«, setzte sie ernster hinzu. Dann lachte sie wieder. »Bloß freut's mich. Mich freut's, daß ich das da erlebe!«

Die kleine rundliche Dore saß in einer Ecke, wie es von je ihre Gewohnheit war, und schaute vergnügt und helläugig auf den Pfarrer und die beiden Frauen, stand manchmal auf, trat neben die Mutter und streckte sich auf den Zehen.

»Was du mit zehn Jahren schon siehst! Und ich hab's mein Leben lang noch nicht gesehen gehabt«, sagte Sibylla und legte ihren Arm um das Kind.

Inzwischen war es dämmerig geworden. Die Käferkistchen waren ausgepackt und die Falter ausgelegt. Es wäre noch viel zu tun, sagte Sibylla bedauernd, aber das müsse auf morgen verschoben werden, da man so ein diffiziles Werk nicht gut bei Kerzenlicht verrichten könnte.

Ambros lächelte. »Ihr habt eine Röte im Antlitz, Schwester, und seid recht begeistert!«

»Hab selten eine solche Freude gehabt, seit ich hier bin«, antwortete sie, »und hab gemeint, den Schöpfer zu finden außer dem Geschöpf, find Ihn aber da *und* dort. Das macht mich so fröhlich.« Die letzten Worte sagte sie laut, während sie mit den Kindern zur Tür ging. Ambros folgte ihnen und schloß ab.

In der Dämmerung kam ihnen ein kühler Schwall entgegen, der Abendwind fegte durch die große Linde und wehte ihre vollen Zweige hin und her. Am Stamm stand

Yvon allein; er warf einen raschen Blick auf Sibyllas heitere Miene und kam auf sie zu.

»Könnt Ihr jetzt lachen? Die Dame van Somelsdyk liegt in Krämpfen, Sofia befindet sich in großer Verzweiflung um dieser Gesichte willen, und der Herr Gouverneur ist kürzlich von den Gottlosen ermordet worden; aber Frau Sibylla lacht!«

Sibylla errötete; Verdruß und Widerwille liefen wie Wellen über sie hin. Sie schwieg und zog die Mädchen ins Haus.

Ambros beobachtete traurig Yvons finster zuckendes Gesicht. Dann ging er Sibylla nach. »Ich bin schuld«, sagte er leise, »ich habe Euch in diese zauberische Welt geführt.«

Sibylla beruhigte ihn; sie sei jetzt wirklich wie in einer »neuen Welt«, und in der hiesigen werde sie ohnehin nicht mehr lang bleiben.

Die Kuriositäten wurden nicht nur von den Gliedern der Gemeine bestaunt. Viele Leute aus den umliegenden Dörfern und aus dem Städtchen Leeuwarden kamen zu Fuß oder mit Wagen, manche auch durch die Kanäle mit ihren Booten, um Somelsdyks fabelhafte Sammlung zu sehen. Sibylla wurde um Erklärungen gebeten, und sie oder die junge Hanna waren oft bei den Faltern und Muscheln und Schlangen und kannten alle nach ihrem Aussehen und manche sogar mit Namen. Die Puppen hatte Sibylla zu sich genommen und überwachte sie sorgsam.

Aber die vielen Schaulustigen hatten eine Seuche eingeschleppt; vier »Glieder«, unter ihnen die »Träumende Weisheit«, waren angesteckt worden. Sofia lag mit einem Darmfieber zu Bett, und Deventer saß bei ihr und achtete darauf, daß jeder Besucher sich beim Weggehen die Hände mit Wein wusch, den er danach wegschüttete. Auch Yvon erkrankte. Er wollte das Übel mit Fasten und Kasteien bekämpfen und marterte seinen Körper absichtlich bis zur Erschöpfung. Schließlich lag er in Delirien, und Deventer mußte ihn binden lassen, damit er nicht vom Lager falle.

Sofia fühlte sich bald wohler; sie sorgte sich sehr um den Freund und nahm dem Arzt wenigstens einen Teil der Pflege ab, aber ihre lauten Gebete und kreischenden Rufe machten Yvon nur unruhiger; Sofia begleitete fast jede Bewegung, jedes Stöhnen oder Murmeln des Kranken mit ihren aufgeregten Schreien.

Mitten im Winter kam eine Gruppe junger Männer nach Wieuwerd. In Genf hatte Labadie vor Jahren seine »Andachten für gläubige Jünglinge« gehalten, die viel Zulauf fanden. Diesem Vorbild waren andere gefolgt, die Übung hatte sich fortgesetzt und auf einen Freundeskreis von Studenten der Hohen Schule in Altdorf übergegriffen, die jetzt, mitten aus den Studien heraus, aufgebrochen waren, um am »gottseligen Leben der Erwählten zu Waltha« teilzunehmen. Es waren fünf Söhne aus angesehenen süddeutschen Häusern, darunter zwei Brüder, Lorenz und Niklas Sperrvogel. Lorenz, ein schöner schwarzhaariger Bursche, war sichtlich der Führende und der hellhäutige Niklas, zart und schüchtern, so etwas wie sein Gefolgsmann und Bewunderer.

Während Yvon immer noch krank lag und durch Sofias pathetische Äußerungen mehr geplagt als geheilt wurde, nahm sich Ambros der Neulinge an. Er sah gleich, daß Lorenz durch seinen tiefen Ernst und sein gründliches Suchen nach den göttlichen Wegen getrieben wurde. Niklas tat, was er konnte, um dem Bruder nicht nachzustehen, aber seine kindlich weiche Natur blieb im Nachempfinden hängen wie eine zarte Fliege im Netz.

Die Studenten waren schon einige Wochen im Labadistenkreis, als Niklas sich mehr und mehr aus Lorenz' Nähe zurückzog und, obwohl er darunter litt, in eine Art trotziger Abwehr gegen den Älteren geriet.

Der Februar war mild. Hanna Graff ging in den kleinen Labadistenwald, den »Bosk«, um Holz zu sammeln. Schüttere Bäume regten die kahlen Zweige im Wind, zwischen den Stämmen schien die fahle Helligkeit der Ebene, das bleiche Wintergras, auf dem ein paar Schafe weideten. Am jenseitigen Rand des Holzes traf sie Niklas; er war allein. Als er Hanna erkannte, flutete eine jähe Röte über sein schmales Knabengesicht. Er grüßte sie verlegen, zog dabei tief die Kappe, verbeugte sich – und drückte sich dann rasch an ihr vorbei, als müßte er schleunigst zurück. Nach einer Weile hörte sie einen schnellen Schritt hinter sich und ein keuchendes Rufen: »Ach, verzeihet doch, Mademoiselle Gräfin – ich habe vergessen zu fragen: Darf ich Euch nicht helfen?«

Hanna lachte.

»Ist Euch das grad erst eingefallen, Herr Niklas?«

»Ja, gerade erst...«, sagte er linkisch und stand still.

»Ihr könntet mir schon helfen. Das Bündel ist fertig – wenn Ihr's mir tragen wollt?« Sie sah ihn ein wenig neckend an und deutete auf den Holzhaufen zwischen den Wurzeln.

Niklas stürzte sich eifrig darauf und belud sich ungeschickt mit den dürren Ästen. Hanna ging hinter ihm, lächelnd und beschwingt; auf halbem Weg fing sie an zu singen.

Er drehte sich um. »Was für ein Lied ist das? Ich kenn's nicht.«

Sie sprach ihm den Text vor, während sie stehenblieben.

»Dort nieden in jenem Holze
Leiht sich ein Mühlen stolz,
Die mahlt uns alle Morgen
Das Silber und rote Gold.«

Aber dann schwieg sie.

Niklas erkannte das Lied. »Hätt ich des Goldes ein Stücke...«, sang er weiter, »zu einem Goldringelein...« Er wurde wieder rot, sah Hanna voll Angst und Scham an, ließ sein Bündel fallen und lief davon.

Hanna blieb zwischen Lachen und Ärger zurück. Seufzend nahm sie das Holz auf, band es mit ihrer Schürze zusammen und schleppte den Packen auf den Schultern nach Hause. Niklas ließ sich nicht mehr sehen.

Wenige Tage danach rief Ambros Hanna zu sich. Was denn vorgefallen sei, fragte er sie, der junge Sperrvogel sei völlig verstört, stottere von einer großen Torheit, die er der Jungfer Gräffin zugemutet habe – er müsse vergehen und verzweifeln, wenn er nicht erfahre, was sie von ihm denke … Ambros lächelte; er wisse wohl, sagte er, daß er Hanna nur Gutes zutrauen dürfe. Der junge Mann scheine ihm etwas verwirrt, und er habe die Mutter nicht beunruhigen mögen. Aber er wolle doch wissen, was an der Geschichte sei.

Hanna Graff erzählte, was geschehen war; nicht viel, fügte sie hinzu, und ihr selber auch nicht ganz begreiflich …

Ambros war befriedigt; sie hätte ihm nicht deutlicher sagen können, was er gehofft hatte: daß sie dem Jungen noch ganz gelassen gegenüberstand. »Heute abend werde ich den Niklas besuchen und ihn, soviel ich kann, beschwichtigen«, sagte er. »Daß Ihr schwesterlich an ihn denkt, darf ich ihm wohl sagen?«

Hanna nickte. Ambros verabschiedete sich.

Seit jenem Gespräch spielte Hannas Phantasie manchmal mit den Brüdern – sie wußte nicht, warum. Der kleine Niklas, wie sie ihn nannte, war verliebt. Schön, ja wunderschön, daß ihr das begegnete! Wie sehr er litt, verstand sie noch nicht. Sie fühlte sich ihm sehr überlegen. Mit einem neugierigen Schauder betrachtete sie verstohlen den Jungen und mit respektvollem Abstand den Älteren, der ihr ein bißchen unheimlich war.

Sibylla kam von einem Gang allein zurück. Sie hatte sich von der Küsterin das Kirchentor aufschließen lassen, weil sie völlige Stille suchte. Als sie in der Dämmerung an der Sakristeitür vorbeiging, hörte sie ein Flüstern; sie blieb stehen ...

Ein klägliches, fast jämmerliches Bitten: »Du hättest alles mitansehen können, es ist nichts Unrechtes geschehen, nur – ich weiß, wir sind nicht hierhergekommen, daß ich mich verliere an eine Liebschaft. Es ist eine ganz große Tragödia ...«

»Du wirst dir das aus dem Sinn schlagen, Niklas, gänzlich! Hörst du? Versprich es mir!«

Sibylla schlich vorüber, sie kam sich vor wie eine Spionin. Da ist also der jüngere Sperrvogel tödlich verliebt, und der ältere redet's ihm aus, dachte sie belustigt. Nun – ich nehm's keinem übel, wenn er liebt ... Wer mag die Erkorene sein? Und hat er nicht von einem Leiden geredet, der arme Bursche? Wie viele Gewänder hat doch die Liebe! Ich schwinge mit Arnold in einer unirdischen Bläue, wie die Falter sind wir – obgleich ich nicht einmal weiß, wo er ist ... Ich glaube einfach, daß er mich hört. Endlich habe ich diesen Weg zu ihm gefunden; aber – wie vielen gelingt das? Ich bin dankbar dafür, so schwer die Trennung war, so unmenschlich; denn es ist nichts zu bereuen, alles ist voller Klarheit.

Am Abend saß sie am Bett der zarten Hanna. Dorothea schlief schon. Auf Hannas Gesicht lag ein neuer Ausdruck, eine strahlende Spannung. Ihre Augen schienen größer, ihr Mund voller. Sibylla durchfuhr ein Schrecken: Ob sie verliebt war? Da fing das Mädchen leise an zu erzählen, einen stammelnden undeutlichen Bericht, von Niklas' Dummheiten und von – der Wortstrom stockte – von einer Begegnung mit Lorenz Sperrvogel und seinem wilden Liebesgeständnis.

»Weiß der Niklas davon?« fragte Sibylla erschrocken.

»Nein, sicher nicht! Du meinst, es machte ihn sonst ...«

»Hör, Hanna, das ist eine ernste Sache! Du hast jetzt alles in der Hand. Der Niklas, so ein junger unfertiger schwerlebiger Knabe – und jetzt der Lorenz auch ... Das ist ein böses Zusammentreffen. Halt du dich zurück, bleib heraus, laß keinen eine Hoffnung fassen! Fast hab ich Angst ...« Sie strich dem Mädchen über die Stirn und ging. Als sie eine Weile später hereinsah, schlief Hanna mit einem kindlich gelösten rosigen Gesicht.

Es wurde wieder Frühling. Der März kam nach einem sanften Winter mit hellen lauen Tagen. Die Labadisten gingen an ihre Feldarbeit, alle jüngeren Männer wurden dazu gerufen; die Brüder Sperrvogel hatten den Auftrag zu pflügen. Niklas führte ein störrisches braunes Pferd, das ein Bauer aus Wieuwerd erst vor Wochen als Geschenk gebracht hatte; man möchte für sein Weib beten, sagte er dazu, sie stehe vor einer schweren Geburt, meine die Wehmutter. Hinter dem braunen Gaul drückte Lorenz den Pflug in den lockeren Boden. Ein falbes Fohlen sprang nebenher, das den schönen langen Kopf herumwarf wie ein launisches Kind.

Abends waren die Brüder todmüde von der ungewohnten Arbeit in der feuchten lauwarmen Luft. Sie sprachen wenig auf dem Heimweg, Lorenz trug sein lastendes Schweigen wie eine dunkle Wolke um sich her. Auch Niklas fand nicht recht aus seiner Befangenheit heraus; er wußte, ohne daß ein Wort gesprochen worden war, was Lorenz umtrieb.

Ich hab ihn so gern, den Armen, grübelte Lorenz verzweifelt, die Eltern haben ihn mir anvertraut, und jetzt würde ich ihn am liebsten umbringen. Denk's nicht – es ist Todsünde! Denk's doch – er darf nicht leben, wenn sie *einen* Blick auf ihn verschwendet! Ich kann ihn nicht ansehen, ohne daß ich nach seiner unschuldigen Kehle schielen muß – ich will nicht werden wie Kain ... O Gott! Kain!

Anderntags war Lorenz verschwunden. Niklas hatte ihn nicht gehen hören, er hatte tief geschlafen und war erst beim Wecken erschreckt aufgefahren. Dann kam er verstört, mit struppigen Haaren, zu Sibylla. Warum gerade zu *ihr,* wußte er selber nicht recht. Sibylla sah den bleichen Knaben an und streckte ihm die Hand hin. Niklas merkte es nicht, er fiel schwer auf die Knie und begann zu weinen. So erfuhr Sibylla alles, was sie geahnt, gefürchtet und vor Hanna verborgen hatte. Sie lief mit Niklas in die Schlafkammer der Brüder. Lorenz hatte keine Spur hinterlassen, keine Nachricht. »Man muß es Ambros sagen«, rief sie im eiligen Weglaufen.

Niklas wollte dem Bruder folgen, aber plötzlich versagte seine Kraft. Er sah Sibylla hilflos an und stürzte zu Boden.

Ein paar aufgeregte Frauen liefen zusammen, Ambros kam hastig herein, hinter ihm die »Träumende Weisheit«.

»Es ist jammervoll«, schrie sie grell, »jämmerlich ist es, daß der Ehrwürdige krank liegt! Ihn müssen wir haben, nur er kann jetzt helfen. Er hat die Kraft des Gebets, die den Flüchtling zurückholt.«

Inzwischen hatte Ambros ein Pferd aus dem Stall gezogen und war aufgestiegen. Er rief im Abreiten zu Sibylla hinunter: »Hanna wartet ...« Mehr verstand sie nicht, doch sie erfaßte, was er sagen wollte: Hanna brauchte sie. Um den bewußtlosen Niklas kümmerten sich viele.

Hanna Graff stand zitternd am Fenster und sah auf den Platz hinunter, wo die Menschentrauben um den Liegenden geballt waren. Sie wagte nicht hinauszugehen. Voller Sorge dachte sie an die unglücklichen Brüder. Ihre Angst verdeckte die leise Genugtuung, die sie über diese doppelte Leidenschaft empfunden hatte. Ein stärkeres Gefühl zog sie zu keinem der beiden. Als ihre Mutter hereintrat, atmete sie auf. Sie warf ihr die Arme um den Hals und weinte erleichtert.

Der Tag schlich hin, ein föhniger Wind trieb über die Wiesen. Braunes Schmelzwasser quoll in den engen Kanälen; am Horizont, in ziehenden Dunst gehüllt, drehte eine Windmühle ihre Flügel. Als es anfing zu dämmern, stiegen

Sibylla und Hanna in den Turm des Herrenhauses. Das Fräulein van Somelsdyk ließ sich manchmal die steile Treppe hinauftragen, um freiere Luft zu haben. Ihre Trauer um den Bruder war zu einer lähmenden Schwermut geworden; Sibyllas Gegenwart tat ihr wohl.

Als die beiden oben ankamen, war alles leer. Die Türmerin erzählte ihnen, das Fräulein sei heute sehr früh zu Bett gegangen. Sibylla war es lieber so; sie legte den Arm um Hannas Schulter und schaute mit ihr hinaus auf die graue Wiesenfläche, und beide hofften, draußen ein Pferd mit zwei Reitern zu entdecken. Aber der warme Wind trieb nur Regenschleier über die Ebene. Da erkannten sie weit hinten, schon nah den Windmühlenflügeln, zwei hetzende Gestalten; eine helle Haube leuchtete auf, immer ferner, daneben, stockend und dann wieder hastend, ein schlankerer dunkler Umriß.

»Das ist ein Mann, ein Bursche, Hanna«, rief Sibylla, die Hand über den Augen. »Und das andere ist eine breite Frau!« Plötzlich packte sie ihre Tochter am Arm. »Komm, komm! Da ist ein Unglück im Gang ...«

Beide stolperten die Treppe hinunter wie gejagt; die Türmerin sah ihnen aus ihrem Erker verständnislos nach.

Drunten rief Sibylla nach einem berittenen Knecht. Sie griff nach ihrem Mantel und rannte hinter dem Pferd her. »Schnell«, drängte sie, »bringt den Niklas zurück mit Überredung oder Gewalt! Laßt Euch nicht irr machen von der Frau! Laßt sie reden ... Ich komm Euch nach.«

Sie erreichte nach einem raschen Lauf den zurückkehrenden Reiter, der Niklas Sperrvogel vor sich im Sattel hatte; der junge Mensch war blaß und schwankte hin und her wie ein Kranker. Noch in der Nacht berichtete er Sibylla, während von draußen die schrillen Schreie der Sofia gellten, die sich wand wie in Krämpfen. Yvon hatte man ins Herrenhaus gebracht; vor der »Träumenden Weisheit« mußte das Krankenzimmer verschlossen werden. Was Niklas schluchzend erzählte, klang wie ein Alptraum: Sofia war bei dem verwirrten Knaben erschienen und hatte ihm die Schuld an Lorenz' Flucht, an seinem »sicheren Tod« gegeben. Das Strafgericht sei jetzt unabwendbar, grausige Höllenqualen erwarteten den Brudermörder. Der zitternde Knabe fragte, was er denn um Gottes Willen tun könnte, um den Bruder zu retten.

»Nichts«, hieß es, »gar nichts, es ist zu spät! Aber – sühnen kannst du und mit dem Opfer deines verfluchten und verlorenen Lebens den zürnenden Weltrichter zur Gnade bewegen: Du mußt dich hingeben wie Isaak dem Vater auf dem Opferstein! Gott braucht ein Leben, und wenn es Ihm nicht bald geboten wird, nimmt Er das des Heiligen. Yvon ist nah daran, es Ihm zu schenken, und ohne ihn kann die Gemeine nimmer bestehen ... Das darf nicht sein!«

Der aufgewühlte Bursche war dann wirklich mit Sofia gegangen. Was sie mit ihm vorgehabt hatte, warum sie ihn gegen die Mühlenflügel drängte, erfuhr Sibylla nicht; sie fragte auch nicht danach. Sie blieb bei Niklas sitzen. Hanna Graff lief hin und her, brachte Tee und kühle Tücher, die Sibylla auf die Stirn des Jungen legte.

Gegen Morgen kamen Hufschläge durch die Stille: Ambros brachte den älteren Sperrvogel zurück. Aber Lorenz wollte nicht bleiben. Er meldete sich schon am nächsten Morgen für die Missionsfahrt nach Surinam. Niklas umarmte den Bruder, niemand hörte, was die beiden miteinander redeten. Ein paar Wochen später ging in Amsterdam ein großer Segler nach Südamerika ab; mit ihm fuhren beide Brüder der glühenden gefährlichen Fremde entgegen, einmütig und einer um den anderen besorgt.

Yvon brauchte jetzt kaum mehr Pflege. Langsam und schwerfällig tastete er sich an einem Stock durch die Gänge des Herrenhauses, in dem er zuletzt gelegen hatte, und mühselig schleppte er sich durch die Gartenwege. Die »Weisheit« schlich ihm nach; Ambros und Sibylla sahen es mit Sorge.

Endlich bat Yvon selbst, sie von ihm fernzuhalten. Ambros fragte auf eigene Verantwortung im Herforder Damenstift an, ob sie dort unterkommen könnte. Die Äbtissin Friederike, die Schwester des Großen Kurfürsten, möge sich ihrer annehmen, schrieb er, sie sei unstet und wirr wie ein gestürzter Vogel. Als aus Herford ein freundlicher Brief mit ablehnendem Bescheid eintraf, bekam ihn Sofia in die Hände. Unversehens war sie verschwunden; niemand hörte je wieder von ihr.

Die Lampe auf dem Meer

Sibylla litt darunter, daß sie, innerlich schon längst abgewendet und in sich verschlossen, noch immer in der wesensfremden Luft von Waltha atmen mußte. Es war, als habe sich das gewohnte Gesicht der Gemeinschaft verzerrt und verbildet unter Yvons und Sofias gewaltsamen Zugriffen.

Mir wäre wohler, wenn ich nach jenem Auftritt mit Yvon sofort gegangen wäre, sagte sie zu sich selber; da starb Caspar, und wir legten ihn zu seiner letzten Ruhe; die Mutter starb, und die Gräber hielten mich noch; die beiden Sperrvögel – ach, arme Burschen! Aber sie sind noch eben davongekommen, und vielleicht hat jeder sich selber gefunden, trotz Sofias gefährlichen Anschlägen. Viel ist es nicht mehr, was mich jetzt noch hier hält, mich und die Kinder ... Deventers Güte, der Helfer Ambros mit seiner klaren Gesinnung, die bleiben als Erinnerung, wenn ich gehe; ich könnte gleich fahren, ohne Verzug, nur – etwas ist da noch, worauf ich warte, eine vage Hoffnung, eine Spannung ...

Sie gestand sich selber, daß dies allein sie noch aushalten ließ: Arnold wußte doch, daß sie nach Waltha ging! Hätte er nicht trotz aller Bitterkeit den Weg zu ihr finden müssen, wenigstens in Briefen? Man hatte ihr inzwischen zugetragen, daß er bald nach ihrem Aufbruch aus Frankfurt auf Reisen gegangen war, doch hatte sie nie erfahren können, wohin. Nur die Gedanken, die Träume, das Fragen und Hinhorchen waren ihr geblieben; und sie glaubte fest, daß er das spüren müßte.

Da machte Pfarrer Ambros eine aufregende Entdeckung. Eine der dienenden Frauen, die auch die Kammer der »Träumenden Weisheit« säuberten, hatte ihm von Briefen erzählt, die in Sofias Räumen versteckt lägen und an die »Frau Merian-Gräffin« gerichtet seien.

Sibylla ging zu Yvon und forderte empört ihr Eigentum. Yvon fügte sich, mit einem beinahe haltlosen Blick, wie er ihn früher nie gehabt hatte.

Bei der Durchsuchung fand Ambros das Paket wohlverschnürt unter Wäsche und Gebetbüchern versteckt, sechzehn Briefe Arnolds und einige von Sibyllas Nürnberger Freunden; Graff hatte nicht geschrieben. Aber der Frankfurter Rat teilte mit, daß die neue Ehe »des kunstreichen Mahlers Johann Andreas Graffen« der Ordnung gemäß am 25. Junius 1694 geschlossen worden, nachdem die erste schon vorher rechtskräftig geschieden gewesen sei, wie die Beschlüsse ausweisen. Ein Päckchen enthielt Sibyllas Briefe an Arnold, die Sofia nicht abgeschickt hatte. Arnolds Briefe waren ungeöffnet; Sibylla las sie abends, als säße sie lauschend bei einem Schlafenden und horchte auf seinen Atem. Es war wie ein Weg durch die Nacht: Gedenken, Heimweh, Beschwörung, Dank sprachen sie an, Dank für einen bildhaften bedeutsamen Traum, den er von ihr gesendet glaubte. – *»aber warum schreibst Du nicht an mich? Antwortest nicht? Schon im ersten Schreiben habe ich Dir die Anschrift genannt!«* Dann wieder Fragen voll Angst, Sorgen um ihr Leben und ihre Gesundheit, Erinnerungen an den dunklen Wagen am Main, an das feuchte quellende Gras, durch das sie gegangen waren, die rauschenden Bäume ... Auch er gab die dringliche Botschaft von Graffs zweiter Ehe weiter; es heiße von ihm, daß er »eines schändlichen Lasters halben« habe landflüchtig werden müssen. Dann wieder die drängenden Bitten, Rufe durch die Dunkelheit, sie möge doch jetzt kommen und ganz bei ihm bleiben. Endlich der Satz: *»Wenn Du mich nimmer willst hören, kann ich hier nicht verwei-*

len, ich will reisen, Frankreich und England werden mein Ziel sein. Vergessen – ist eine Vokabel, die ich nimmer lerne ...«

Sibylla weinte. Es wäre äußerlich nichts anders geworden, wenn ich die Briefe empfangen hätte, dachte sie traurig, ich hätte die alten Leute nicht allein hier lassen dürfen und sie auch nicht mitnehmen in die Unsicherheit der großen Reisen; und wann wäre der liebe gelehrte Wanderer seßhaft geworden? – Die Kinder? Jetzt erst, vielleicht, hätte mich Hanna verstanden. Aber wäre heute nicht meine lustige Dore dagegen gewesen?

Und doch: er hätte weniger gelitten!

Ein paar Wochen später fuhr Sibylla nach Amsterdam. Sie hatte ein Schreiben an den Magistrat vorausgeschickt, daß sie mit dem Gedanken umgehe, »studienhalber ganz in hochdero berühmte Stadt zu verziehen« und um Anweisungen und Ratschläge bitte. Yvon hatte nicht zu widersprechen gewagt.

Als sie wiederkam, fand sie den Pfarrer Ambros nicht mehr in Wieuwerd. Er hatte eine Nachricht zurückgelassen, daß man ihn »hart verfolgt und gereizt« habe, seit der Seigneur Pierre wieder mehr bei Kräften gewesen sei, und er habe nachts und heimlich die Siedlung verlassen. Er danke der würdigen Frau und bitte um Verständnis. Zu gegebener Zeit werde er sich melden.

Dieser unerwartete Abschied machte Sibylla den Aufbruch vollends leicht. Bald nach ihrer Heimkehr kam ein Bote aus Amsterdam mit dem Bescheid, man werde der berühmten Sammlerin in der Vijsselstraat ein gutes Haus bereithalten, wenn sie ihr Vorhaben wahrmache; auch in anderen Dingen solle sie alle Unterstützung finden.

Jetzt erst sprach Sibylla mit Hanna und Dore. Erstaunt, befremdet hörten die Mädchen zu. Aber die Angst, dem genesenen Yvon wieder ausgeliefert zu werden, nachdem der freundliche Ambros geflohen war, stimmte beide williger.

In der »Gemeine« war seit Yvons Rückkehr eine merkwürdige Unrast ausgebrochen. »Es ist wie bei meinen Raupenwürmlein«, sagte Sibylla lachend, »sobald sie willens werden, sich einzupuppen. Dann wimmeln und laufen sie unordentlich umeinander, suchen da und dort und kommen nicht zur Ruh, eh sie nicht einen neuen Ort gefunden haben ...«

Es zeigte sich, daß die »Glieder« wirklich wie unbewußte Geschöpfe die Auflösung spürten, noch bevor sie festgestellt und ausgesprochen wurde. Seit Yvon seinem Amte wieder vorstand, waren seine Anweisungen unbestimmt und verschwommen, er nahm manches zurück, was er eben angeordnet hatte, oder überließ die Entscheidung denen, die arbeiteten; er übersah vieles, was er früher streng gerügt hatte, und verbot anderes, was sinnvoll und praktisch gewesen wäre.

Hier und dort reiste einer aus dem Brüderkreis ab, um nach Verwandten oder Geldgeschäften zu sehen. Dabei stellte sich bald heraus, daß die völlige Gütergemeinschaft nicht mehr zu halten war, vollends da Yvon immer weniger solchen Ausreisen widersprach, die oft das Ausscheiden aus der Gemeinde bedeuteten. Sibyllas Fahrt und ihre Auszugspläne hatten einen Spalt in die festgefügte Mauer der Bruderschaft gebrochen, der immer breiter wurde und schließlich wie mit einem Sog die meisten an sich riß. Auch die Flucht des Pfarrers Ambros wirkte auflösend. Endlich konnte sich Yvon nicht länger gegen die anschwellende Flut stemmen. Er willigte darein, daß jedem Gliede ein Teil des eingeschossenen Vermögens zurückgezahlt werde und daß alle, die es wollten, wieder in ihre früheren Berufe zurückkehrten. Er selber blieb mit ungefähr dreißig »Seelen« in Waltha, die mit Weben und Seifensieden ihren Unterhalt verdienten. –

Im Sommer 1691 zog Sibylla mit ihren Töchtern nach Amsterdam. Die große Stadt mit ihrem Meeratem tat ihr wohl, obgleich sie unruhiger war als das winzige Labadistendorf. Zwischen den graubraun getönten Häuschen mit ihren gedrängten Giebeln blinkten überall die Wasserspiegel der Grachten. Bäume und Strauchwerk hatten nur noch enge Wurzelorte behauptet, um sie herum glänzte rotes Ziegelpflaster und rosa Klinker. Alles wirkte frisch, sauber, freundlich und ein wenig spielzeughaft – aber darüber flogen die Hafenmöwen, der Geruch der See drang bis in die Winkel der Hinterhöfe, und die Geschichten und Geschenke aus fremden Ländern kamen ihm nach: Schiffsleute brachten buntes Tuch und schwarze Schnitzereien mit, gelbrote Papageien wurden in Käfigen an Land getragen, und nicht selten lag auf dem Grund der Reisetruhen ein gedunkeltes Schmuckstück aus den Gräbern längst verschollener Völker.

Da hörte Hanna, daß ein Nachlaß ausgeschrieben war; gelegentlich wurde das Gut eines verstorbenen Amsterdamers versteigert. Sibylla reizte die Ankündigung, der Besitzer der feilgebotenen Hinterlassenschaft sei ein Freund des Insektenforschers Swammerdam gewesen. Hanna meinte, man habe den Hausrat nötiger als die Sammlungen getrockneter Käferlarven und ihrer präparierten Organe. Sibylla gab ihr innerlich recht. Es fehlten Laken und Polster, Pfannen und Töpfe. Der geringe Vermögensrest war durch den Umzug und die dringendsten Anschaffungen fast aufgezehrt; Neues war teuer in Amsterdam.

Die Kleider der Merianschen waren aus grobem Tuch, die Schuhe plump und die Hauben nicht mehr nach der Mode der großen Handelsstadt. Neugierige oder gelehrte Besucher mußten mit Tonschüsseln und Holzlöffeln bewirtet werden, und vor den gewölbten Scheiben hingen dürftige, vielfach geflickte Vorhänge.

Swammerdam hatte freilich keinen behaglichen Hausstand zusammengetragen, so wenig wie der Freund, der die Mücken und Schnaken pietätvoll übernommen und aufgehoben hatte. Was da im schlecht beleuchteten Gewölbe eines baufälligen Handelshauses ausgelegt war, sah eher nach Armut aus: zerschlissene Teppiche und Behänge, verwaschene Zeichnungen, verblichene Gemälde. Dazwischen Glaskästen mit aufgespießtem Kleingetier, Kolben mit schwimmenden bleichen Gebilden, die nur dem Kundigen erkennbar waren.

Aber Sibylla ging begierig darauf zu. »Hanna«, rief sie, »Hanna, das ist eine künstlich zerlegte Biene ...«

Hanna schüttelte sich, denn das penibel konservierte Geschlinge sah wenig appetitlich aus. Sie entdeckte etwas anderes: Krüge und Schüsseln aus glasiertem Ton mit grünem Schmelz, schwarz bemalt.

Auch drei ältere Frauen standen enttäuscht vor den kaum bekannten und schlecht verwendbaren Dingen; sie stießen sich an und wandten sich dem Ausgang zu, als ein junger Mensch mit langem dichtem Haar eilig hereintrat. Er überflog den Raum mit den Augen und suchte sichtlich nach dem Auktionator.

Da erschien auch schon aus der schattigen Tiefe des Gewölbes ein kleiner dürrer Mann; er trug einen mißfarbigen schleppenden Pelz, hatte eine große Brille auf der vorspringenden Nase und einen eingefallenen mümmelnden Mund: Savede!

Sibylla glaubte zu träumen – wie kam der Winkelmaler, der in Nürnberg eingesperrt gewesen war, nach Amsterdam? Der klatschsüchtige hämische Schwätzer, woher hatte er dieses Amt? Aber es blieb ihr keine Zeit mehr, sich zu wundern.

Der Alte bestieg ein erhöhtes Podium und klopfte ruheheischend auf die Holzplatte. Die drei Frauen blieben neugierig stehen und nahmen dann doch Platz; der junge Mann ging mit kräftigen Schritten nach vorne, und Sibylla und Hanna hielten sich seitwärts, noch unentschlossen, ob sie warten sollten – denn Hanna hatte das Hausgerät zu abgenutzt gefunden, und Sibyllas Vertrauen zu Savedes Praktiken war nicht allzu groß. Freilich sah der Maler nicht aus, als wollte er sich mit sonderlicher Kampflust in die Unternehmung stürzen. Sie wußte nicht einmal, ob er sie erkannt hatte, und zog ihre große Haube tiefer in die Stirn, um ihn aus dem Abstand lächelnd zu beobachten.

»Verehrliches Publico!« krächzte Savede. »Wir haben die Ehre, Nachlaß und verbleibenden Rest des ehrsamen Herrn de Potter hier zu verteilen ....« Er sprach ein singendes und nicht ganz reines Niederländisch, dem für den Eingeweihten die Frankfurter Betonung wohl anzuhören war. Dann nahm er die Brille ab und putzte sie sorgsam. Der junge Mann stand ungeduldig auf; Savede beeilte sich. Er wolle, sagte er, zuerst die wertvolleren Gegenstände aufführen, Gemälde und Silberzeug, Flaschen aus italienischem Glas, Teller mit französischer Malerei. Danach habe er nur noch die Kästen und Gläser zu zeigen, in denen Insekten und Würmer enthalten seien.

Der Alte begann zwischen den Tischen und Bänken umherzugehen und dieses und jenes Stück hochzuheben; er näherte sich dabei den drei Weiblein, die ihm ängstlich entgegensahen, in der Meinung, er werde ihnen irgendein unheimliches Getier aufschwatzen. Auch an den jungen Mann wandte er sich, einen riesigen Vogelkäfig in der Hand; aber der winkte ab.

Zuletzt kam er zu Sibylla. In der knochigen Hand trug er einen Streifen buntbemalter Leinwand, verschlissen und ausgebleicht. Er hielt ihr, kurzsichtig blinzelnd, den Stoff entgegen, während sie wie gebannt darauf starrte: Es war eines ihrer eigenen Muster, ein Rest von der Zeltbespannung, die sie für den berühmten Türkenluis mit Faltern verziert hatte.

»Aus dem Kronschatz unseres großen Herzogs Ludwig Wilhelm von Baden...«, lobte Savede. Aber mitten im Satz verstummte er jäh, er hatte Sibylla erkannt. Das Tüchlein fiel zu Boden, Savedes Mund blieb offen, er starrte die Malerin entgeistert an.

»Madame«, flüsterte er, »Madame Gräffin!« Dann schrie er plötzlich: »Es ist mir rechtmäßig zugefallen, glaubt es mir! Alles ist jetzt ganz rechtens, Madame Gräffin«, wiederholte er beschwörend. »Es ist vorbei – ja, vorbei ...« Sein Zittern wurde so stark, daß Sibylla Mitleid spürte.

Hanna war aufgesprungen und schaute verständnislos auf den verwirrten Mann. Sibylla deutete ruhig auf das Läppchen, als wäre nichts gewesen. »Das da hätte ich gern, Savede«, sagte sie freundlich, »was soll es kosten?«

Savede greinte wie ein Kind. »Da, da«, stammelte er, »sonst ist nichts mehr übrig.« Er preßte ihr den vertrauten Fetzen in die Hand, griff in die Tasche des Mantels und zog sie leer heraus. »Was Euch zusteht, was der arme Graff mir gegeben hat, was ...« – er konnte nicht weitersprechen.

Sibylla stand aufgewühlt vor ihm. Wischend fuhr er sich über den kahlen Schädel. »Abfall«, murmelte er undeutlich, »Asche«; er knickte zusammen.

Sibylla sah sich nach Hilfe um für den Greis; da kam der junge Mann näher, der Savedes sonderbare Gesten von weitem verwundert betrachtet hatte. Er faßte ihn unter die Arme und hob ihn auf einen Stuhl. Dann sah er fragend in Sibyllas zuckendes Gesicht.

»Kennt Ihr den Mann, Madame? War er Euch etwas schuldig?«

»Nein«, sagte Sibylla, »nur das«, sie steckte das Band in ihren Ärmel, »denn ich habe es einmal gemalt.«

Es ergab sich dann fast von selbst, daß der Herr sich vorstellte. »Herolt«, sagte er mit einer kleinen Verbeugung, »Pflanzer aus Parmubo, derzeit hier im Namen und Auftrag der niederländischen Siedler von Surinam.«

Die Frauen gaben ihm die Hand. Er war stämmig und hochgewachsen, ein ansehnlicher, verläßlicher Mann.

Sibylla bückte sich noch einmal nach Savede hinunter.

Die drei Frauen hatten draußen einen Jungen entdeckt, der vorher mit dem Greis gekommen war, und riefen ihn jetzt herein. Der Kleine half Savede aufstehen, Herolt stützte den Schwankenden. Im Freien wurde er frischer. Herolt besorgte einen Wagen, mit dem er zu seiner Wohnung fahren sollte. Er selbst schloß sich den Merianschen Damen an, die langsam zu Fuß durch die engen Straßen heimwanderten, fast ohne zu reden.

In den kommenden Wochen besuchte Herolt manchmal Sibyllas Haus: er brachte oft kleine Kostbarkeiten mit, getrocknete Früchte und gepreßte Pflanzen für Sibylla, für die Töchter spielerischen Kleinkram, Fächer oder Schildpattkämme, und einmal für Hanna einen erlesen schönen Armreifen aus grünschwarzem Silber, mit Türkisen und Perlmutter eingelegt, den ihm ein indianischer Waldläufer mit geheimnisvollen Gesten übergeben hatte. Herolt erzählte dabei von den dunkel-dunstenden Urwäldern, in denen noch verborgene Schätze lägen, zwischen Sumpf und undurchdringlichem grünem Geschlinge; von den roten weit offenen Trichtern der namenlosen Blüten, die betäubend dufteten, von bunten Papageien und Lampenfischen. Sibylla fragte ihn nach den Faltern. Ihr Gesicht leuchtete auf, als er die großen schillernden Märchenvögel beschrieb, die lautlos aus der Walddämmerung glitten, blaue, rubinfarbene, gelbe Schmetterlinge, wie man sie in Europa nicht kannte.

Die niederländische Kultur blühte nach den Kriegen; man bezog immer neuen Auftrieb aus den Besitzungen in Südamerika, wenn sie auch durch England und Portugal beträchtlich eingeengt worden waren. Zur Freude am Fremdartigen kam der nüchterne Handelsverstand der Holländer: Man wollte genau wissen, was sich in dem kleinen verbliebenen Gebiet noch ausnutzen, bepflanzen und verhandeln ließ. Die unverwüstliche Vitalität des Volkes am Meer erfaßte auch die Gelehrten. Nach der geistigen Dürre der Kriegszeiten, nach Armut und Unterdrückung wuchs jetzt eine ungehemmte Wißbegier und trieb Fachleute und Laien zu den Raritätenkabinetten und exotischen Sammlungen, die überall in den Städten entstanden.

Für Sibylla war diese Luft wie ein belebender Trank. Sie genoß die Gänge durch die Ausstellungen, machte sich ordnende Notizen über die oft planlos aufgehäuften Reichtümer, besuchte Einladungen und Landpartien und besah sich die Gewächshäuser und Orangerien, in denen die reichen Bürger mit viel Aufwand ausländische Pflanzen zogen. Man holte die gelehrte Frau gern zu sich, um unbekannte Gattungen von ihr bestimmen zu lassen oder Wertloses vom Seltenen zu unterscheiden; dabei hörte man ihr eifrig zu, wie sie die blühenden Kräuter als etwas Lebendiges und Beseeltes ansprach und den Insekten eigene originelle Namen gab. Sibylla gewann selbst mehr Sicherheit, öffnete sich dem Vertrauen, das man ihr entgegenbrachte, und verlor allmählich die Verschlossenheit, zu der sie sich in Waltha hatte zwingen müssen. Auch das Leben mit den Kindern beglückte sie.

Hannas strahlendes Gesicht und Dores Wärme und Fürsorglichkeit füllten das Haus in der Vijsselstraat mit Helligkeit; die Ehrungen der Amsterdamer Gesellschaft waren unerwartet herzlich. Aber auch jetzt, in der gesättigten Ruhe, blieb das Hinhorchen auf einen leisen klingenden Flügelschlag, als schwebe ein unsichtbares Windwesen immer über ihr, etwas Unbekanntes, Großes und Schreckliches ...

Da kam ein Schreiben von Arnold. Es war aus England nach Wieuwerd gegangen, man hatte es von dort nach Amsterdam geschickt, da Yvon sich der unguten Szene im Zimmer Sofias erinnerte. Arnold schrieb, er denke daran, wieder nach Nürnberg zu reisen, wo er seine Lehrtätigkeit von neuem aufnehmen wolle. Er versuche deswegen noch einmal mit Sibylla Verbindung zu finden, wenn er auch kaum mehr hoffen könne, daß sie ihm eine Antwort gäbe. Ein befremdlicher müder Beiklang erschreckte Sibylla: Die kostbarste Zeit sei vorüber, der breite Strom rausche dem Ozean entgegen, um zu münden und unterzugehen ...

Der Brief war zwei Monate lang hin- und wieder hergeschickt worden. Sibylla vermutete, daß Arnold in den nächsten Tagen in Amsterdam ankäme. Vom Hafen aus würde er dann wohl mit dem Wagen weiterreisen.

Sie nahm eine Kutsche und fuhr an den Kai, um nach den Koggen zu fragen, die man aus England erwartete. Am Haus der Schiffahrtsgesellschaft stieg sie aus. Vor ihr im Nebel des kühlen Frühlingsabends lagen die Schuppen und Fruchtböden, an der Mole gitterten die Masten und Rahen der Segler wie Gräten und Rippen in den Himmel. Die Schiffsleiber lagen als schwere Blöcke schwarzbraun über dem gelben schillernden Wasser. An der Rampe wurde noch verladen. Geschrei und Gepolter drangen zu ihr herüber. Es roch nach Tang, nach Fäulnis und Teer.

Ein Segler werde stündlich aus Dover erwartet, hieß es. Doch seien Stürme um diese Zeit häufig im Kanal und die Stunde des Einlaufens ungewiß.

Es wurde dunkler; vom Meer her wehte jetzt ein stoßender kalter Wind. Sibylla ging an der Mauer auf und ab, um sich zu wärmen. Die Wellen schlugen in sturem Gleichtakt gegen den Wall, saugend gluckste die See im Finstern vor ihren Füßen.

Ein Matrose mit einer Laterne kam auf sie zu. »Es wird spät, Mefrouw«, sagt er höflich, »tretet ins Kontor, der Hafenmeister läßt Euch bitten.«

Sibylla dankte überrascht und ging mit dem Mann zurück. Da dröhnte ein Nebelhorn aus der unsichtigen Weite. Lichter blitzten auf, langsam und fern schob sich das Rot der Bordlampen durch den feuchten Qualm.

»Das wird der Engländer sein«, meinte der Mann neben Sibylla, »wenn Ihr jetzt zum Landeplatz kommen wolltet? Es wird lang genug dauern, bis er angelegt hat: die breite Bucht macht das Ausbooten leichter, sie können nah an der Mole ankern.«

Sibylla ging rasch; eine treibende Hast machte ihre Schritte heftig und ausholend, sie hatte das sichere Gefühl, daß Arnold nahe sei. An der Mole blieb sie stehen. Man hatte das dicke Tau festgezurrt. Der Mann mit der Laterne stand neben ihr. »Ist es ein Herr, den Ihr erwartet, Mefrouw, oder ein Frauenzimmer?« fragte er.

»Warum wollt Ihr das wissen?«

»Weil zuerst die Weiber aussteigen«, sagte er, ärgerlich über die Gegenfrage.

»Ich weiß nicht einmal, ob er kommt«, flüsterte sie.

An Bord schwankten rote Lichter. Eine Kette rasselte, das Meer schluckte und gurgelte. Fässer rollten droben. Plötzlich drang Geschrei vom Deck herunter, der Kapitän erschien im Schein der Lampen; er rief: Ein Arzt werde gebraucht, ob einer da sei am Kai?

Ein junger Mann in schwarzem Mantel und breitem Hut drängte sich vor.

»Mijnheer! Ich bin der Medikus Hendricks.«

»Den Steg herunter, schnell!«

Man machte die schwankende Brücke fest, der Arzt lief eilig hinüber. Am Ufer horchten die Leute im Finstern, ängstliche Stimmen klangen auf und verstummten. Niemand wußte, was da oben geschah. Endlich hetzte die dunkle Gestalt zurück an Land. Man möge ihn nicht anrühren und von ihm weichen, rief der Arzt, es sei ein Seuchenkranker im Unterdeck gefunden worden, und man wisse noch nicht, was ihm fehle. Das Schiff bleibe im Hafen liegen, bis man sicher sei, daß nichts eingeschleppt werde. Es sei ein Neger, der kaum Englisch und gar nicht Niederländisch spreche und den man nicht fragen könne.

Sibyllas Hände zuckten. Sie streckte sie gegen den aufgetürmten Schiffsleib hin wie gegen ein Ungeheuer, das alles

Lebendige gefangenhält. Dann ließ sie hinaufrufen, man möge wenigstens die Liste der Passagiere bekanntmachen, die mit der Kogge gereist seien; es seien sicher wenige, denn das Kauffahrteischiff habe doch Ware geladen?

»Wolle in Säcken und Ballen«, rief man ihr zu.

Sibylla wartete frierend. Es dauerte lang; dann wurde ein Papier über das Brückchen gereicht, mit spitzen Fingern angenommen und unter den Hafenlaternen gelesen. Sibylla hörte aus der Reihe nur den einen Namen heraus: »Andreas Arnold, Professor Oratore et Poesie aus Nürnberg«. Sie zitterte, als ob sie krank wäre. Schließlich fragte sie einen Matrosen, ob man eine Botschaft hinaufschicken könne? Sie habe einen Freund droben. Der Mann rief zur Kogge hinüber, wo die Schiffsleute unruhig und schreiend auf den Planken herumrannten. Noch einmal kam der Steg; aber Sibylla durfte ihn nicht betreten. Sie zog etwas aus ihrer Tasche und gab es im halben Licht dem Matrosen, der am nächsten bei der Brücke stand. »Für Professor Arnold«, flüsterte sie und drückte dem Mann eine Münze in die Hand.

Er sah überrascht auf das spitze Ding in seinen Fingern. »Schickt Ihr ein Messer hinauf?« fragte er unfreundlich. Da er keine Antwort bekam, trat er auf die Planken und warf dem Schiffer auf dem Laufsteg das Ding zu, ohne ihn zu berühren.

Bald danach schwenkten sie droben ein Licht, der undeutliche Umriß eines Mannes erschien an der Reling, ein weißer Schal flatterte im ungleichen Schimmer.

»Sibylla!«

»Ja, Arnold!«

»Sibylla!« Niemand sonst verstand das Wort, die Stimmen waren windverzerrt und undeutlich.

»Sibylla!« – »Arnold!« Mehr war nicht möglich. Kein Wort mehr als der Name, keine Frage und keine Antwort, nur die Graviernadel aus ihrer Werkstatt, am Holzstiel ihr Signum.

Arnold stand jetzt oben mit einer Lampe, die er vor sein Gesicht hielt. Um ihn herum drängten sich neugierige Reisende und Matrosen. Er nahm den Hut ab und schwenkte ihn über dem Lichtschein, die unförmige Schwärze huschte über seine Stirn, die Wangen lagen im Finstern, der weiße Kragen blendete ...

Auch Sibylla rief nach einer Leuchte. Man gab ihr ein zierliches rotes Glasding, das gerade zur Hand war. Aus der unruhig wallenden Menge heraus brannte es mit purpurner Helligkeit zu der riesigen Schiffswölbung hinauf, und droben tanzten die Schatten: Arnold senkte und hob sein Signal.

Dann kam der Befehl, die Gäste am Strand müßten zurück. Der Rat von Amsterdam dulde nicht, daß das verdächtige Schiff so nah an der Mole ankere. Niemand durfte es verlassen. Der Medikus sollte am Tage wieder nach dem Kranken sehen.

Sibylla ließ sich widerstrebend wegschieben. Sie schwang das Lämpchen im Kreis – aus der Höhe antwortete das gleiche Zeichen.

Als sie schon eine Strecke weit mitgezogen worden war, stemmte sie sich gegen den Strudel; umgewendet sah sie droben noch einmal den winkenden Funken, die ungewiß tanzenden Schatten. Sie taumelte heim wie betäubt, vor den Augen die Dunkelheit und das unerreichbare Licht.

Regen peitschte die maigrünen Bäume in den Straßen; der Morgenwind roch nach dem Meer, die Möwen schrien grell und flügelten niedrig über den paar Menschen, die dem Hafen zustrebten.

Sibylla war noch einmal gekommen. Sie hatte alle ihre Briefe mitgebracht, die sie dem Freund aufs Schiff schicken wollte, wenn sie nicht mit ihm reden durfte. Sie wartete, an der Mauer stehend. Der Wind von der See her wurde stärker; er blies ihr den Rock um die Knie und drückte sie zurück, weg vom Wasserrand, noch weiter fort von dem grauflimmernden Schiff, das jetzt wie ein Vogel draußen in den Frühnebeln hing, undeutlich, nicht greifbar. Sie hörte das Rufen der Bootsleute, die den schweren Kahn für den Arzt zu Wasser ließen.

Sie kannte Doktor Hendricks; aber als sie am Steg anlangte, patschten die Ruder schon im Hafenbecken. Sie rief ihm nach: »Bringt gute Nachricht mit, Doktor!«

Er blickte auf und zuckte die Achseln.

Sie sah das kleine Fahrzeug draußen an dem hohen Segler anlegen, die Strickleiter war nicht zu erkennen, auch der schwarze Mantel Hendricks' verschwamm mit den naßglänzenden Planken, während der Arzt langsam hinaufstieg. Nur die Mastspitze mit der englischen Flagge funkelte in der Sonne, als der Nebel träge zu sinken begann.

Laß ihn nichts finden! betete Sibylla. – Wenn es die Pest wäre, dachte sie verzweifelt, dann müßte er bleiben, sie führen vielleicht nach London zurück und er wäre eingeschlossen in der furchtbaren Gefahr ... Ich dürfte ihn nicht einmal pflegen, wenn er krank würde, er ist mir versagt und verwehrt! Plötzlich sah sie vor sich das Bild des eingefrorenen Falters, das ihr zum erstenmal im vergangenen Winter begegnet war: ein Tagpfauenauge, die Flügel aufeinandergeklappt, saß starr in einem Stück Eis, das an einer Baumwurzel im verschneiten Gras hing; sie war damals erschrocken vor der gefangenen Seele, als wäre mit der gefesselten Kerfengestalt alle Ewigkeit verlacht und verloren. Jetzt lag draußen das schwankende Schiff im Dunst und hielt den nahen Freund wie im Kerker fest ... Sie klammerte sich an das Geländer und schaute angestrengt hinüber. Hinter ihr stand Dore, die ihr besorgt nachgelaufen war.

Endlich löste sich ein schlanker Schatten von der Breitseite der Kogge, eine flimmernde Sonnenbahn glitt ihm voraus, das Boot schwamm zurück. Hendricks stieg die nasse Landetreppe herauf.

Sibylla ging ihm entgegen und streckte ihm die Hand hin. Sie konnte nicht sprechen.

Der Arzt schüttelte ärgerlich den Kopf. »Sie haben den Schwarzen nachts ins Wasser geworfen, er sei am Abend gestorben – mag's glauben, wer will! Aber ich kann danach die Seuche nicht mehr ausmachen, und an anderen hab ich keine Anzeichen gesehen, soweit's in der Eile ging. Ich muß gleich zum Rat und den Herren berichten.«

Sibylla stand noch eine Weile mit Dore am Strand. Es sei verboten, das Schiff zu besuchen, sagte Hendricks noch, ehe man die Meinung des Magistrats gehört habe; zudem liege die Kogge jetzt sehr weit ab und kein Bootsmann werde gern auf den verseuchten Segler hinüberrudern; es habe auch ihn viel Geld gekostet...

Wieder schleppte sich Sibylla bedrückt heim. Abends kam sie noch einmal. Die Kogge war verschwunden.

Sibylla ging zum Hafenmeister; man wies sie an den Rat. Dort endlich ließ sie der Bürgermeister van Witsen zu sich bitten und gab ihr höflich bedauernd Bescheid: Kapitän und Mannschaft hätten über die ungelöschte Ladung gemurrt. Möglich, wahrscheinlich sogar, daß sie den schwarzen Mann aus dem Wege geschafft hätten; jedenfalls müsse ein Londoner Seegericht den Fall untersuchen, da es sich um englische Matrosen handle. Die Waren würden dort abgestellt, bis man sicher sei, daß niemand mehr erkranke; auch in den Ballen könne man die Pest, oder was es sonst sei, einschleppen. Was die drüben dann mit den Leuten anfingen, wie lange die Sperrzeit dauere – ihn gehe das nichts an. Er sei froh, wenn die mögliche Gefahr aus seiner Stadt entfernt sei.

»Und was geschieht mit den Passagieren?« fragte Sibylla aufgeregt.

Vermutlich – meinte van Witsen – würden sie, wenn sie es bezahlen könnten, gegen Kaution in London an Land gelassen, nachdem sie untersucht und gesund befunden worden wären. Das sei eine Sicherheit, denn man wolle die

Leute nicht so schnell aus dem Blick verlieren, falls sich doch noch etwas Verdächtiges an ihnen zeigen sollte ...

Sibylla ging verzweifelt heim. Es ist alles so ungewiß, dachte sie, überall Angst und Abgrund! Ich kenne die Seuche nicht, weiß nicht, wann er frei wird und wo er hingeht! Versiegelt, gefesselt, gelähmt!

Am Abend schrieb sie ein paar Verszeilen, blindlings, wie diktiert:

> *Erschrick: Der Falter wird zu Glas –*
> *Kristallner Leib, vereiste Schwinge,*
> *Trostloser als verdorrtes Gras!*
> *Aus Irdischem verwandelt und – verloren!*
> *Sinnloser Tausch! Verhöhnte Ewigkeit!*
> *So weht der Geist, so webt Unsterblichkeit:*
> *Grotesk in Totenstarre eingefroren ...*
> *Du Funken, Seelenschimmer, Glanzgesicht!*
> *Verbirg dich tief, du bist umsonst geboren,*
> *Gefangen, überwältigt und vernicht'!*
> *O Liebe, komm! Du Mutter allen Lichts!*
> *Blick das Erstarrte an, so bricht's,*
> *Und heb den Falter, glühenden Gesichts,*
> *An deinen Mund! Er fliegt! Der Tod ist nichts!*

Sie verschloß das Gedicht bei ihren Kupfern, dann legte sie den Kopf auf die Arme. »Was hab ich da vom Tod geschrieben?« murmelte sie erschreckt. »Ach, Arnold, liebster Mensch, gib mir ein Zeichen aus deiner Verhüllung!«

Der Bote kam bald genug. Andreas Arnold hatte in London von Bord gehen dürfen, und keine Seuchenmale waren an ihm sichtbar gewesen. Auch die übrigen – Fahrgäste und Besatzung – hatte man unversehrt gefunden. Die Ladung war freigegeben worden. Mit ihr schickte er den Brief. Da er nun doch wider Willen noch einmal nach London habe zurückkehren müssen, schrieb er, sei es wohl gut so gewesen. Denn mit aller Sehnsucht, die ihm erwacht sei bei ihrem schwebenden Lämpchen und bei dem gleich dem Licht glühenden Willen, sie zu sehen, habe er eine schwere Müdigkeit gespürt und sie schon auf eine Ansteckung durch den unglücklichen Schwarzen geschoben. Hier nun in London, wo er ja früher schon gewesen und wo er Bekannte unter den Ärzten habe, die ihn nicht täuschten, sei er zu einem dieser Freunde gegangen – seiner Mattigkeit wegen.

Sie solle still zuhören und ihm die Hoffnung lassen, daß er sie nicht in unbezwingliche Desperation gestürzt, wenn er ihr sage, daß es wohl das letzte Wiedersehen gewesen sei am Hafen von Amsterdam. Er sei krank, habe man ihm eröffnet, seine Lunge werde nicht lange mehr ihren Dienst tun; es sei ein Erbstück und ihm schon länger spürbar geworden. Er hätte es zwingen wollen mit Gewalt, mit Laufen und Springen, mit ernster unablässiger Arbeit und mit dem Gedanken an sie. Ihr Nahesein am niederländischen Strand habe ihm eine neue wunderbare Kraft gegeben. Aber hier nun sei ihm Blut entlaufen bei einem unstillbaren Husten, und sie möge ihm die wehleidige Schilderung ersparen, die einem Mann schlecht anstehe. Es sei ihm nicht angst; er werde sie sehen unaufhörlich, wie damals in der dunklen Menge mit ihrem Licht. Hier sei er auch versorgt; der Arzt habe ihm eine alte Pflegerin geschickt, der er vertrauen könne.

Es war, als fiele eine Lähmung über Sibylla her. Sie erlebte die Botschaft wie eine Bestätigung der Ahnungen, die sie vom nächtlichen Hafen mitgebracht hatte; in einer seltsamen Klarheit wußte sie plötzlich, was nötig war. Sie gab den Brief Hanna und der jungen Dore, obwohl er nur an sie gerichtet und für sie geschrieben war. Die Mädchen sagten nichts, sahen die Mutter traurig an und gaben ihr nacheinander wortlos die Hand.

Jetzt wachte sie auf aus der ihr fremden Benommenheit und trieb ihre Töchter zur Hilfe an. Sie fragte nach einem

Schiffsplatz auf einer Karavelle, die nach England hinübersegeln sollte, verpackte Medikamente, die ihr Hendricks besorgt hatte, und ließ das Haus unter Hannas Obhut zurück.

Doktor Hendricks warnte sie. Die Lungensucht sei ansteckend, zumal wenn sie schon in den Bluthusten übergegangen sei. Sie möge im Zimmer des Kranken nicht atmen, ohne ein Tuch vor den Mund zu halten. Sibylla lächelte. Wenn's mich auch mitnimmt, wird es mir nicht schwer.

Am Tage der Abfahrt, als sich das leichte Schiff über dem hellen Wasser wiegte, war sie schwindlig von einem schwebenden unwirklichen Gefühl, als sollte sie in eine andere Welt reisen jenseits der ziehenden Wolkenschicht, die über den Hafen hintrieb. Man warte noch auf einen günstigeren Wind, hieß es, und sie möge sich gedulden; zuerst müßten Schiffe einlaufen, die über die Strömung im Kanal Bericht geben könnten.

Sibylla verbrachte den Tag in einem Gasthaus nahe den Landeplätzen, wo es laut herging; die Luft war schlecht. Sie aß wenig und war mehr am Meer als drinnen. Hanna und Dore blieben bei ihr. Am Nachmittag kam ein Dreimaster aus den Kolonien und ein Schnellsegler aus einem englischen Hafen mit günstigem Bescheid; abends endlich fuhr Sibyllas Schiff ab, mit wenig Bemannung und einem einzigen Passagier.

Sie war schon nach einer Woche wieder in Amsterdam. Das Fragen und Erkundigen nach der Wohnung des Gelehrten hatte einen nebligen Tag lang gedauert. Dann fand sie eine halbausgeräumte Krankenstube, ein altes Weiblein, mit dem sie nur schwer und stockend reden konnte, und ein leeres Bettgestell.

Arnold war tot.

Verworren erklärte die alte Frau, der Arzt sei ärgerlich und fast böse gewesen, weil der Professor sich selber eine schwere Verkühlung geholt habe. Um einen Streit auf einem Schiff sei es gegangen. Die Matrosen hätten einen kranken Neger ins Meer geworfen. Der Professor sei nachgesprungen, um den Schreienden zu retten, der wäre aber gleich versunken. Ihn selber, den Professor, hätten sie dann mit einem Boot geborgen, aber für seine schwache Lunge sei das zuviel gewesen.

Die Alte weinte. »Er hat es erst ganz zuletzt erzählt, eh er starb«, murmelte sie in ihrem undeutlichen Dialekt.

Arnold war dann auf dem Friedhof begraben worden, der den Bewohnern seines Viertels zustand, und niemand als der Pfarrer und die Pflegerin waren dem Sarg gefolgt: Ein Gebet in englischer Sprache, von dem Geistlichen der High Church nach fremdem Ritus gesprochen, und nachher die Erdbrocken, die auf dem Sargdach aufschlugen ...

Das Grab war schon zugeschaufelt, als Sibylla es fand. Die Alte zeigte auf die getürmten Schollen. Sie legte einen blühenden Zweig neben das Schild, auf dem ein Schriftmaler Arnolds Namen und Titel fehlerhaft vermerkt hatte.

Sibylla stand im Nieselregen davor. Eine schwarze Kapuze verdeckte ihr Gesicht. Sie sah von den gefalteten Händen auf. Neben ihr lagen andere frische Hügel, dahinter ein vorbereitetes offenes Loch, an dem der Totengräber noch schaufelte. Sibylla bückte sich, raffte eine Handvoll nasser Erde auf und hielt sie vor den Mund, als wollte sie sie küssen, dann streute sie das feuchte Gebröckel zurück auf den Hügel. Die frierende Frau neben ihr drängte heim.

Sibylla ließ nichts Äußeres bei Arnold zurück. Sie hatte keine Blumen und nicht einmal den Gravierstift wie am Hafen. Sie nahm auch nichts mit nach Holland außer dem kleinen Bild des Toten. Arnold hatte seine wissenschaftlichen Bücher dem Arzt geschenkt, der ihn zuletzt besucht und dann den Totenschein ausgestellt hatte. Ein paar eigene Werke waren in Frankfurt und Nürnberg geblieben; die Wärterin besaß noch Gerät und Besteck von ihm, das in heißem Essig gereinigt worden war; das Silber sah schwarz und unansehnlich aus. Sibylla fragte das Weiblein, ob es mit ihr nach Holland reisen und bei ihr und den Töchtern bleiben möge? Die Frau war dankbar – sie suchte ihre wenigen Besitztümer zusammen und fuhr mit der »Missis« über den Kanal.

Sibylla kam wieder zu ihren Kindern, ernst und kühl, frei von aller Furcht vor Tod und Leiden, beinah schon jenseitig in einer stummen Sicherheit. Arnolds Miniatur hängte sie neben ihren Arbeitsplatz; auf die Rückseite hatte Sibylla die Endzeilen ihres Gedichtes gekritzelt, in winzigen Buchstaben, die nur sie selbst lesen konnte:

»O Liebe, komm! Du Mutter allen Lichts!
Blick das Erstarrte an, so bricht's,
Und heb den Falter, glühenden Gesichts,
An deinen Mund! Er fliegt! Der Tod ist nichts!«

Die folgenden Jahre erlebte Sibylla in einer Gefaßtheit, die der jungen Hanna oft befremdend vorkam. Seit sie Herolt liebte und auf seine Rückkehr wartete, begriff sie die Mutter besser, trotz der Jahre, die zwischen ihnen lagen, trotz der ganz anderen Färbung des Empfindens: vor ihr stand das herrliche Abenteuer der Liebe, des fremden Landes, der großen Fahrt, das Ungewisse und Verlockende; vor Sibylla – das spürte Hanna nur ungefähr – lagen keine äußeren Überraschungen mehr, die verloren allmählich alle Wichtigkeit für sie. Es war anderes, dem sie standhalten mußte, Gefahr und Glück aus Gedanken und Träumen, aber auch sie hing mit der Ergriffenheit der Liebe an einem fernen Ziel; daß es kein irdisch erreichbares mehr war, machte sie so gelassen.

Dore genoß diese Stetigkeit, wie sie alles genoß, was ihr freundlich begegnete. Sie war ein rundes, blühendes Mädchen geworden, eine hellhäutige kleine Jouffrouw, der niemand ansah, daß sie nicht hier, im grünen, feuchten Weideland, zwischen Meer und Marschen geboren war, so holländisch frisch sah sie aus.

Nach Sibyllas Rückkehr aus England war Hendricks oft in die Vijsselstraat gekommen, er interessierte sich wie jeder gebildete Amsterdamer für Sibyllas Sammlungen und ihre Kupferstiche, aber die gelehrte Frau mit dem abwesenden Blick war auch ihm manchmal rätselhaft und, wenn er sie als Arzt anschaute, beunruhigend. Ihre Haltung schien ihm mit allzuviel Beherrschung erkauft.

Ganz frei und unbefangen wurde er erst in der Gesellschaft der rosigen vergnügten Dorothea. Er war sich bald darüber klar, was sie ihm bedeutete. Auch sie wurde um so lustiger, je näher er war. Mit ihren neunzehn Jahren war sie noch immer viel kindlicher als Hanna einst im gleichen Alter, und auch Hendricks verstand die Kunst, aus dem unerbittlichen Ernst seines Berufs aufzutauchen ins heitere Spiel. Er brachte Dore die merkwürdigsten Schneckenhäuser mit, die er auf seinen Landgängen fand, er suchte am Strand gerillte Muschelschalen für sie und gab ihnen wunderbare Namen. »Das silberne Schloß« hieß die größte und »Die weiße Dornhecke« eine helle stachelige; »Hürlüberlü« nannten die beiden ein rundliches gezotteltes Muschelgebirge, das Dore an die aus Paris eingeführte »Kohlkopffrisur« erinnerte, die ebenso hieß; und »Windgehäus« war die weitoffene Rosenmuschel, in der es wie Meeresbrausen dröhnte, wenn man sie ans Ohr hielt. Einmal pinselte der junge Doktor ein Schneckenhaus mit bunten Farben an und freute sich über Dores Staunen. Dazwischen berichtete er von seinen Heilungen und Mißerfolgen, aber alles verlor den bedrückenden Beiklang, wenn Dorothea ihm zuhörte. Er sprach gern mit ihr über seine Arbeit. Er kam auch, wenn ihn die Sorge um seine Schwerkranken umtrieb; nachher kehrte er zu ihnen zurück, als stünde ihre Heilung unmittelbar bevor, und in seinen leuchtenden, schönen Augen lasen sie, wie ehrlich seine Zuversicht war.

Hanna freute sich gutherzig mit der Schwester; für Sibylla war Hendricks wie ein Sohn. Sie lud ihn immer wieder ein; selbst während er in Leyden weiterstudierte, kam er sooft wie möglich. Auch Hanna wartete; Herolt war noch in den Kolonien. Alle drei sprachen sie von entfernten und ersehnten Menschen und Dingen, alle drei hatten ein wenig Heimweh. Sogar die alte Mabel fand das wasserreiche, schmalgiebelige Amsterdam trotz aller Meerlüfte nicht halb so prächtig wie London mit der Towerbridge und dem königlichen Theater ... Sibylla war in Gedanken oft in Frankfurt zwischen gotischen Kirchenschiffen und dem breiten Main oder im reichen blumenfrohen Nürnberg, das sie liebte – mit allen Fratzen und Zerrbildern, die ihr die Stadt verdunkelt hatten: die Freunde, die Maljungfern, die Gesellen, die toten Brüder tauchten aus ihren Tagträumen herauf ...

Im August, als die Windmühlen stillstanden, weil das letzte Korn vom Vorjahr längst gemahlen war, flügelten die Winde träg über die Wiesen. Eine Reisekutsche rasselte an den Kanälen entlang durch die langen Alleen und bog aus, wenn schwankende Erntewagen die Wege sperrten.

In Amsterdam kam die vornehme Karosse besser voran. Die Hitze lag schwirrend über den Grachten und dünstete den Geruch des braunen Morastes in die engen Straßen. In den Hinterhöfen gackerten die Hühner, ein altes Weib in steifer weißer Haube lehnte unter einem Fenster und sah auf die Gasse hinaus. Eine Schar Enten floh quakend über Pfützen und holperiges Pflaster. Die goldverzierte Kutsche war mit Schmutz bespritzt, über den Hinterrädern stand ein Lakai in einer staubigen rostroten Livree.

Das Weib strengte seine alten Augen an. »Da sitzt doch einer drin«, sagte sie zu den Kindern hinter sich in der Stube, »der einen großen Hut auf hat und Locken darunter!«

Ein Haufen Jungen lief in der Vijsselstraat zusammen,

Hunde bellten. Das Wagenfenster wurde heruntergelassen, ein blasses Männergesicht zeigte sich, mit blondem Haar, das auf den blauen Tuchrock fiel; die Faust im hellen Handschuh drückte einen goldfunkelnden Stock unters Kinn. Dann rief der Reisende einen Befehl, das Gefährt hielt, der Lakai sprang ab, katzenschnell war er am Schlag, entrollte ein Treppchen aus gefaltetem Leder und legte eine Decke, die er aus dem Wagen zog, auf die schmutzige Straße. Vorsichtig schob sich ein Fuß mit hellgelber Rosette aus der Tür, dann ein weicher rotgefütterter Stiefelschaft, sauber glänzend. Schließlich folgte bedächtig ein Stück hellblauen Rocks, das Spitzenhemd wurde sichtbar, die goldenen Knöpfe. Endlich stand der Kavalier auf der Straße, schüttelte die Lockenperücke und dehnte die Arme. Er sah sich um und schickte den Diener in das große Haus, das er zu besuchen gedachte. Längst saßen neben der Alten Kinder und Enkel hinter den Scheiben, und an den Nebenhäusern war es dasselbe Bild. Flüsternd rätselten sie, wer da ankomme und das Haus der Merianin beehre.

Inzwischen war der Lakai in dem Gebäude verschwunden. Der Herr machte steife Schritte auf die Tür zu, blieb stehen und wartete.

Da erschien Sibylla im Eingang. Ihr Gesicht war erstaunt, erschreckt, dann rann wie ein Tauregen das Erkennen darüber hin. »Herr Imhoff! Euer Gnaden ...«, stammelte sie, errötend vor Freude, »ein Gast aus – Nürnberg!«

Hinter ihr tauchten die beiden Töchter aus der Dunkelheit des Flurs, Imhoff reichte Sibylla höflich die Hand und begrüßte die Mädchen mit feierlicher Distanz. Dann trat er ein, während der Lakai draußen die Pferde abrieb.

»Ich bringe Grüße aus unserer guten Stadt für die verehrte Madame Merianin«, sagte Imhoff, »und ein Stammbüchlein zur Besichtigung, nebst herzlichsten Grüßen von meiner Frau Schwester Clara Regina, jetzt Madame Scheurl von Deffersdorf zu Heuchlingen ...«

»Wir haben spät erst von Eurer werten Schwester Verehelichung gehört – der Entfernungen halben«, sagte Sibylla freundlich und bat den Besucher einzutreten.

Imhoff sah sich um. »Ihr habet ein behagliches Treppenhaus mit geschwungenen Stiegen – und schöne Delfterkacheln an der Wand«, lobte er mit einem Rückblick aus der offenen Zimmertür.

»Wir haben uns wieder installiert«, erwiderte sie.

»Und hier in der Stuben habt Ihr edle Bilder«, fuhr Imhoff fort und schaute nach den Stichen hinauf, die noch aus der Werkstatt des alten Merian stammten, großen, sicher erfaßten Städtedarstellungen.

»Das ist wohl Frankfurt?« fragte der Gast mit einer Handbewegung. Sibylla nickte.

»Und das? Habt Ihr nicht einen Stich des Holländers Rembrandt dort?«

»Ein Nachstich, Euer Gnaden, den mein Vater selig gemacht hat, die ›drei Bäume‹ – 's ist eine Erinnerung ...«

Imhoff fragte nicht weiter. Er sah den Schatten auf Sibyllas Stirn und suchte ein Mittel, ihn zu verscheuchen. »Ich bin hier in einer Handelsmission, Madame«, sagte er und beugte sich vor, »soll mit den Herren Verträge machen wegen ihrer Schiffe nach Übersee, woran sich die Nürnberger beteiligen wollen. Es soll einen Tausch geben gegen Zucker und Tabakkraut, das jetzt modisch wird in den Herrenstuben.«

»Die Holländer handeln mit Surinam«, sagte Sibylla eifrig, »von dort habe ich getrocknete Falter und Schrötter und derlei mehr erhalten, auch schöne Sommervöglein und Kerfen.« Sie stand auf und holte einen der Kästen herbei.

Imhoff betrachtete ihn zurückhaltend; sein nüchtern rechnender Sinn war wenig angetan von den tropischen Tieren und Pflanzen, aus denen man kaum Gewinn ziehen und weittragende Geschäfte ableiten konnte.

»Sind sie nicht herrlich?« Sibylla strich mit der Hand über

das flache Glas. »Wenn ich könnt, wollt ich Eurer Frau Schwester gern ein solches Vöglein schicken, sie sind aber schwer so weit zu befördern ohne große Müh. Im Schiff fahren sie weicher als im Wagen auf den deutschen Straßen.«

»Und würden mich noch hohen Zoll kosten«, sagte Imhoff halb im Scherz, um den umständlichen Auftrag abzubiegen.

Sibylla lachte. »Wenn ich sie ansehe, habe ich großes Verlangen, sie an ihrem Ursprungsort zu sammeln. Dort sind sicher noch viel schönere zu finden.«

Der Besucher sah überrascht auf. »Das wäre ein toller Traum, wenn Ihr wolltet nach Surinam reisen, Madame! Dort sind wilde Menschen, Indianer – und eine schlechte Luft, Sümpfe und Urwald, auch werden die Koggen dorthin lediglich handelshalben ausgerüstet und sind nicht für zarte Weibspersonen gebaut!«

Sibylla wunderte sich im stillen über diese nachdrückliche Warnung. Sie hatte wohl doch zu deutlich ihre brennende Lust an den fremden Faltern und Blüten verraten. »Ich werd auch kaum hinkommen«, setzte sie traurig hinzu, als Imhoff sie forschend ansah. »Es ist weit bis Brasilien, wo Surinam liegt ... *Surinam* ...«, summte sie vor sich hin, jede Silbe dehnend.

Er senkte den Kopf und murmelte: »Man redet derlei beim hicsigen Rat, ich hab's eben vernommen, als ich dort vorsprach des Surinamischen Zuckerrohrs wegen« – er zögerte. »Ihr habt einen künftigen Eidam dort?« fragte er dann vorsichtig. »Es wurde erwähnt«, er räusperte sich, »man denkt daran, jemand zu beauftragen ...«

»Wen? Wen will man hinausschicken?«

»Man denkt an Euch, Madame!«

»An mich?«

»Ja, aber ich warne Euch! Da sind etliche ehrgeizige Herren, denen der Ruhm Amsterdams und der Niederlande es wert ist, eine berühmte Frau in solche Gefahren zu schicken ... Seid vorsichtig, Merianin! Nehmt's als einen Freundesrat.«

Sibylla verneigte sich. »Ich danke Euer Gnaden.«

Man ließ das Thema fallen. Imhoff empfahl sich nach einer knappen Stunde. Er hatte Malereien seiner Schwester mitgebracht und berichtet, daß ihre Ehe sich gut anlasse und daß sie sich bereits in gesegneten Umständen befinde. Sibylla bat, ihm einen Brief mitgeben zu dürfen, und er versprach, daß er ihn vor seiner Abfahrt abholen lasse; er habe noch drei Tage in der Hauptstadt zu tun. Dann ging er, gemessen und würdig, und lobte noch das gute Getränk, das man ihm geboten habe, und die lieblichen Töchter.

Am Abend schrieb Sibylla an die junge Freundin.

Amsterdam, den 27. August 1697

Madame
Clara Regina Scheurl née Imhoff
à Norimberg
(samt einem Schälchen Karmin)

Wohledle, viel ehren- und tugendreiche Frau!
Dieweil ich unverhofft die Ehre gehabt habe, daß Ihr Herr Bruder mich hier in Amsterdam besucht hat, so möchte ich Ihre wohladelige Tugend wenigstens mit diesen bescheidenen Zeilen grüßen und meinen Dienst anbieten. Ich hab die Ehre gehabt, Euer Gnaden Kunst zu sehen in dero Herrn Bruders Stammbüchlein, worüber ich mich gefreut habe; sende derselben hier ein wenig Karmin, damit es bei Ihrer schönen Kunst angewendet werde, und wünsche auch ferner angenehme Dienste zu leisten, auch ihrer ganzen Familie, denn es sind viele Jahre verflossen, da ich nichts von all den lieben Nürnberger Freunden weiß. Ich bekenne, daß es mich freuen würde, von ihnen etwas zu hören oder einige zu sehen, wiewohl ich mich ihrer Freundschaft unwürdig

erachte. Wenn ich nur zuweilen ein paar Zeilen zu sehen bekäme! Auch gibt es hier in Holland viele Raritäten aus Ost- und Westindien, wenn also jemand ein Liebhaber davon wäre, so wollte ich wohl dergleichen übersenden, wenn ich dagegen allerhand Tierlein bekommen könnte, die in Deutschland leben, etwa Schlangen von allerhand Arten, und einige Sommervögelein oder Schrötter und dergleichen. Auch wenn jemand von den verschiedenen Samen der indianischen Gewächse begehrte, wäre das hier zu bekommen.

Ihre wohladelige Tugend wolle meine Freiheit gut aufnehmen, die ich mir hierbei herausnehme; es geschieht aus alter Liebe, welche ich Unwürdige auch von allen Freunden genossen und so leicht nicht vergessen werde. Darum wünsche ich, daß ich Ihnen samt meinen Kindern, obwohl ich Ihnen jetzt so fernab wohne, wieder nach unserem Vermögen dienen könne, und verbleibe Ihre wie auch deren Freunden dienstwillige Dienerin

Maria Sibylla Merianin

Clara Regina bedankte sich mit einem zutraulichen Schreiben. Als es durch einen Händler in der Vijsselstraat zu Amsterdam abgegeben wurde, war die junge Frau schon tot; sie starb ein knappes Jahr nach der Hochzeit im Kindbett. Man begrub sie mit dem Neugeborenen auf dem Nürnberger Johannesfriedhof in der Erbgruft der Scheurl von Deffersdorf. Der Stadtgerichtsrat Christian Andreas Imhoff schickte die traurige Botschaft an Sibylla durch einen eigenen Kurier, der ihr ein Gebetbüchlein der Verstorbenen übergab; es war ein schmaler, einst von Sibylla ausgetuschter Band.

Auf der letzten Seite hatte Regina eine Rose koloriert und auf dem Rand mit zierlicher Schrift vermerkt: »Mit dem Karminrot meiner Merianin.« – – –

Ein Jahr später standen zwei dunkelgekleidete vornehme Herren in Sibyllas Wohnzimmer. Sie brachten eine Bitte des Bürgermeisters und des ganzen Rates vor: Frau Merian möchte sich bereitfinden, im Auftrag der Stadt Amsterdam mit einer der großen Handelskoggen eine Forschungsreise zu unternehmen. Man werde die Kolonie Surinam im Nordosten von Brasilien anlaufen, und die werte Frau reise auf Kosten der Stadt. Dort, in den indianischen Provinzen, werde sie Gelegenheit finden, ihre Forschung nach den exotischen Papillons und Pflanzen zu treiben, an denen sie, wie man wisse, schon des öfteren große Lust gezeigt habe. Sie möge für die nötige Ausstattung und ihren Bedarf an Bequemlichkeit Vorschläge machen.

Maria Sibylla schwieg überrascht. Was man lange genug in sich umtreibt mit Gedanken und Phantasie, das wird wahr, dachte sie bewegt. Die farbigen Falter des toten Cornelius van Somelsdyk haben mir dieses Verlangen zuerst geweckt, aber ich hätte nie gedacht, daß es wirklich werden könnte. Endlich sagte sie: »Dem hochmögenden Herrn Bürgermeister van Witsen und den wohledlen Herren vom Rat meinen Dank! Ich werd's bedenken.«

Die Besucher verneigten sich. An der Tür sagte der jüngere der beiden: »Ihr werdet dort eine Labadistische Kolonie finden, Madame, die Euch Wohnung und Pflege bietet. Die Aufsässigen, denen man damals den Tod des Gouverneurs zur Last gelegt hat, sind gerichtet oder vertrieben. Die Vereinigten Provinzen stehen hinter Euch!«

Sibylla verbeugte sich lächelnd; dann begleitete sie die Herren hinaus.

Sie sprach mit den Töchtern, mit Doktor Hendricks und mit einigen weitgereisten Männern ihres Kreises. Viele rieten von dem Abenteuer ab. Für eine Frau ihres Alters, eine Fünfzigerin, sei die lange Seefahrt kaum zu bestehen; man kenne ja den Skorbut, den Feind aller Schiffsleute. Und es gäbe Seuchen in den heißen Ländern, denen die hellhäutigen Menschen wehrlos ausgeliefert seien. Dazu komme die ungewohnte Kost, fremde Gemüse und Früchte, die Hitze, der böse schädliche Wind. Auch sei der Urwald kein niederländischer »Bosk«, sondern eine Wildnis voller Schlangen und Affen, und die Farbigen unsichere Leute; man wisse das leider nur zu gut seit Somelsdyks Tod. Jedenfalls werde sie nicht ohne männlichen Schutz gehen können, anders sei es undenkbar, sich auf eine solche Fahrt zu wagen.

Sibylla hörte jedesmal aufmerksam zu. Schließlich sagte sie mit heiteren Augen zu ihren Töchtern: »Seuchen gibt's überall, und mit unserer Vernunft und Herolts Hilfe werden wir manches zeitig genug erkennen, was uns schaden könnte. Wenn ich sterb, ist's dort wie hier und endet bei Gott. Aber es lockt mich heftig, die Kreaturen selber zu sehen, die Er aus der heißen Erde ruft. Sie aufzeichnen, beschreiben, benennen, das ist die große Tour wohl wert. Freilich, eins von euch sollte mich begleiten, daß ich ein eigenes Nächstes bei mir hätte – es wäre dann leichter! Hanna, schreib Herolt gleich. Wir fahren!«

Dorothea schmiegte sich an die Mutter; sie hatte nasse Augen. »Kind«, sagte Sibylla traurig, »Mabel bleibt bei dir, und ich will, wenn es dir recht ist, Agathe herbitten. Die gute Frankfurterin reist gern, seit sie den Mann verloren hat; vielleicht tät sie's mir zuliebe ...« Sibylla schwieg; dann fügte sie hinzu: »Mein Testament liegt in der Tischlade.«

Im Juni 1699 schiffte sich die Malerin und Forscherin Maria Sibylla Merian mit ihrer ältesten Tochter Johanna auf dem Dreimaster »Willem de Ruyter« nach Surinam ein. Am Amsterdamer Kai standen die Vertreter des Rats und der Bürgermeister van Witsen. Hornisten und Trompeter spielten zum Abschied. Der Kapitän des Schiffes war ein ausgesuchter und zuverlässiger Mann mit viel Erfahrung. Für die beiden Frauen war eigens eine Koje bequem hergerichtet und mit allerlei Annehmlichkeiten ausgestattet worden. Der

Proviant enthielt Wein und Trockenfrüchte, auch Salzfleisch, Fische und süßes Wasser in Fässern. Hanna Graff war voll Unternehmungslust: am Ziel der Fahrt erwartete sie ihr Verlobter, der geschrieben hatte, er werde den lieben Reisenden schöne Quartiere bereiten.

Aber als der breite Segler langsam im leichten Wind aus dem Hafen glitt und im Frühnebel verschwand, weinte Dorothea an der Mole. Neben ihr stand Mabel und winkte. In ein paar Wochen erwartete man Frau Agathe aus Frankfurt.

Der Musikantentrupp packte die Blasrohre zusammen, und Bürgermeister van Witsen stieg mit verschlossenem Gesicht in seinen Wagen. Als die Pferde anzogen, sagte er zu dem Sekretär, der ihn begleitet hatte: »Eine starkmütige Frau fährt dort ins Ungewisse. Möge sie des himmlischen Schutzes nicht entbehren! Ich hab Zweifel, ob wir recht taten, sie zum Ruhm der Stadt hinauszuschicken.«

»Euer Gnaden«, flüsterte der junge Begleiter aufgeregt, »dort haben die Engländer lang genug uns Niederländer verdrängt und klein gemacht. Unser Handel ist zurückgegangen – verstattet's mir zu sagen, Großgünstiger! –, und es ist höchst nötig, daß man den holländischen Namen wieder mehr nennen hört in Europa. Und wenn's nur deswegen ist, daß aus Amsterdam das erste Frauenzimmer ausreist, um zu forschen, und ist ausstaffiert mit den Gulden der Westindischen Kompagnie!«

»Ja, schon richtig«, brummte van Witsen und sah den beflissenen Sekretär von der Seite an, »mög sie's nur gut bestehen, sag ich!«

Die Falterfrau

Schon ein paar Wochen später hielt Dorothea einen Brief ihrer Mutter in der Hand. Die Schrift war zügig und sicher. Dorothea zitterte vor Freude, als sie das Siegel aufbrach. Sie rief die alte Mabel aus der Küche, und Frau Agathe Schnellerath aus Frankfurt kam von selbst, als sie den Jubelruf des Mädchens hörte. Alle drei beugten sich erregt über das dicke Papier und lasen, eine die andere hindernd, was da stand:

Geliebtes gutes Kind!
Einem günstigen Zufall dankst Du die schnelle Post. Laß bitte alle, die uns wohlgesonnen sind, teilhaben an den Nachrichten, die Du jetzt empfängst. Wir sind bisher mit einem guten Wind gesegelt und liegen seit zwei Tagen vor der portugiesischen Küste in Erwartung guter Strömung. Deswegen können wir die Post an den Segler Pollux abgeben, der nach den Niederlanden geht. Die Luft ist heiß, ich sitze unter dem Sonnendach, das man mir ausgespannt hat. Johanna schläft. Wir haben viele Matrosen an Bord, dazu die Offiziere und den Kapitän, einen höflichen Mann. Unsere Koje hat Tische, Stühle, einen Spiegel, Holzbottiche und Pritschen, die mit Leinwand, Wollsäcken und Federkissen gedeckt sind; ein rundes Fensterlein gibt geringes Licht. Mit uns fahren zwei ältere Kaufleute mit ihren Frauen, einer ein Labadist, der sich in Parmubo Zuspruch und Verdienst erhofft, der andere ein portugalischer Jude, in Lissabon erst

übernommen, wo man den Juden übel gesonnen ist und sie seit Jahren hart verfolgt.

Wir sind unter einem blauen, tiefen Himmel. Am Hafen ist ein Gewimmel, man schreit und poltert und rennt. Die Menschen hier sind laut und müssen sich selber immer hören, wie Kinder. Die Lastträger haben rote Kopftücher und gelbe Hosen.

Auf der Überfahrt war einmal ein großes Schlingern und Stoßen, als wir in einen starken Wind geraten waren; auf dem Verdeck hantierten die Matrosen und hatten Müh, Fässer und Kisten mit Ketten festzumachen und den Passagieren Vernunft anzuraten, die jämmerlich schrien, zumal die Weiber. Auch Johanna und mir ist angst geworden, haben trotzdem standgehalten. Man hat alle Segel eingezogen; aber im Sturm ist ein Schiffsjunge über Bord gespült worden und versunken, war ein blondes Büblein mit einem blassen Gesicht. Danach haben viele die Seekrankheit gehabt, auch Johanna. Mir ist dergleichen nicht vorgekommen, hab mich mit geringer Kost beholfen und bin heil geblieben. Hernach war das Meer wieder glatt wie eine Ölsuppen, da ist uns ein großer Delphin begegnet, wie man ihn auf den Bildern der Alten sieht und Plinius ihn beschrieben; er schwirrte nicht gar hoch übers Wasser und sprang als eine Welle. Des Nachts haben wir oft wenig geschlafen, weil das Wasser hell war von den Leuchtquallen; auch tat es manchmal not, sich anzubinden im Bette, wenn das Schiff schwankte.

Hab mir hier in Lissabon Wein holen lassen, auch für Johanna, das Salzfleisch ist zu scharf gepökelt und macht durstig. Sie bringen auch etliches Gemüs an Bord und hispanische Früchte. Morgen abend sollen wir weiterfahren. Johanna hat Lust, die Stadt Lissabon zu sehen, der Kapitän will uns einen Offizier mitgeben. In zwei Monaten sollen wir in Surinam ankommen, wenn der Wind gut ist.

Was treibt meine liebe Dorothea, die »Gottesgab«? Was hört sie von dem Doktor? Bleib brav, Kind, und gedenk

nicht zu selten Deiner lieben Schwester Johanna, die mir großen Trost gewährt, und Deiner getreuen Mutter
Maria Sibylla Merianin

Eine Nachfügung: Als wir im Hafen lagen, kam heut ein Schwarm Sommervöglein vom Meer, verflogen oder vom Wind hergestrichen, und fiel auf dem Deck ein. Die Matrosen wollten sie wegkehren, ich hab aber gebeten, sie zu lassen und näher anzuschauen. Die Tierlein waren so ermattet, daß keins aufflog, wenn es einmal niedergesessen, und konnte man sie eingehend besehen; ich hab einige gezeichnet und lege ein Blatt bei. Mir scheint, es seien Schwalbenschwänz, aber größer und schöner, gelbfarben mit langen schwarzen Spitzen an ihren Flügeln, mit blauen Bändern und roten Tupfen und dunkeln Ringeln und Strichen, die mir sehr gefallen haben. Ich gab ihnen Süßwasser, das sonst kostbar ist, wir lagen aber doch im Hafen und konnten neues fassen. Die Sommervöglein haben sich dann aufgemuntert, und ist bald danach der ganze Schwarm als eine wimmelnde Wolke aufgezogen und landwärts fortgeschwebet.

In der Siedlung Providentia, heißt »Vorsehung«,
bei der Stadt Parmubo in der Niederländischen
Kolonie Surinam, im August 1699

An die
Jouffrouw Dorothea Gräffin-Merianin
zu Amsterdam in den Niederlanden
Vijsselstraat

Geliebtes gutes Kind!
Wir sind angelangt; die Reise hat uns sehr abgemattet, aber uns doch besser gelassen, als ich gefürchtet bei der Abfahrt. Wir haben keinen Schiffbruch erlitten und keine Seepira-

ten getroffen; auch ist der Skorbut gnädig gewesen. Herolt und die Seinigen haben uns mit Ehren und viel Sorgfalt empfangen und bewirtet. Wir sind jetzt in der Siedlung »Providentia«, die von den Labadisten angelegt ist; aber es ist kein geräumiges Wohnen hier; sind nur Holzbuden, mit Palmwedeln gedeckt gegen die Hitze und den Regen.

Auch ist nicht leicht Wasser zu erhalten, zumal wenn es sauber sein soll, aber unser Diener, ein rotbrauner junger Kerl, ist willig, es uns immer wieder zu holen. Wir haben ihn José genannt, denn seinen indianischen Namen kann niemand aussprechen. Die Bucht liegt schön. Die Pflanzer und Siedler sind fast lauter Niederländer und haben sich Reichtum erworben durch Handel mit den Negersklaven – arme Leut, niemands Freund, und arbeiten wie Tiere. Ich hab deren einige schon gesehen.

Sind viele Pflanzungen da, Zuckerrohr, Mais, Tee, auch das neue Kraut Tabak bauen sie hier an. Tagsüber ist es sehr heiß. Nachts haben wir Netze über dem Lager gegen die Moskitos, die gefährlich stechen. Immer ist das Meerrauschen in meinem Ohr, auf und ab und auf, und wenn das blaue Wasser an den flachen Strand kommt, kräuselt es sich lieblich und wird schneeweiß, redet unaufhörlich, scheint mir, und singt, hebt die Boote am Ufer und senkt sie und ist ganz voller Geheimnis.

Von meinen Sommervöglein hab ich verschiedene Arten gesehen, schillernde große blaugrüne und eine gelbrote Art mit Stielaugen, die ich leider nicht hab fangen können; aber ich kenne die Blumen, darauf sie leben. Alles welkt hierzuland bald, und wir werden müssen manches mit der Wurzel ausheben, um es zu bewahren für sie zur Nahrung. Bin aber noch ganz wie im Traum, auch Hanna. Wir haben beide noch nichts gezeichnet, nur geschaut. Im Urwald soll's Riesenschlangen geben, die Menschen erwürgen mit ihrem schweren Leib. Es seien da auch Jaguare, sagen sie. Wir sollten am Rand bleiben und uns genügen lassen mit den Plantagen und Savannen. In den Urwald dränge kein weißer Mann tiefer und niemals ein Weib.

Will aber doch hin. Sie nehmen da scharfe Buschmesser und hauen die Sträucher und das Schlinggewächs ab. Es gibt Lianen, die wie Schiffstaue sind und den Pfad versperren. Abends sitzen wir unter dem Palmwedeldach und haben eine weiße Leinewand ausgespannt, und die Falter kommen, weil sie meinen, es sei Tag, wenn die Lampe darauf scheint. Es hängen oftmals silberne große daran, zittern und sind wie Perlmutter, und gelbe, eine breite kurzflügelige Art, und kleine rote Zikaden. Ach, Kind, ich sehe, daß ich ganz verworren schreibe, und ich wollt, ich hätte den Brief aufgehoben, bis ich ausgeruht bin. Aber es ist so nur wie ein wirrer Traum, Fülle und Reichtum, die keiner faßt, außer er ist hierzulande aufgewachsen. Und die verstehen's nicht!

Der Brief ist zwei Wochen gelegen, weil wir viel gearbeitet haben, Johanna und ich. Alles ist hier mühsamer; die üppige Sonne läßt das Leben so gefährlich quellen, daß es dem Tod zu nah kommt. Wir müssen alle Gewächse eilends abmalen, eh sie verschrumpfen.

In alter Liebe denken wir an Dich!

Deine Schwester und Mutter

Parmubo, Surinamia, im Oktober 1699

Mein liebes Kind!
Es geht uns beiden ganz gut; aber viel Sonderliches geschieht hier, was uns dort nie vor Augen gekommen wäre. Vorgestern haben wir nichts arbeiten können, so bekümmert waren wir. Manches Schöne und Heitere schreibe ich später. Zuerst muß ich Dir jetzt etwas Grausames erzählen, weil's mich nicht losläßt:

Was mich fast krank gemacht hat, war der Bericht von einer großen Schlangen, die hier eingebrochen ist. Uns geschah aber kein Leid, es war eine andere Ecken in der

Siedlung. Ich hör am Morgen ein böses Geschrei – die Tage brechen hier auf wie blitzend Gold und Demanten, man muß die Augen schließen, sieht man in die Sonne, wenn sie heraufkommt übers Meer. Da liefen wir hin, wo sie schrien. Es wurde einer – ein ehrbar stiller Mann – van Meeren, Fakturist bei einem Pflanzer, gefesselt und gebunden hergeführt. Wir hörten, er habe den Verstand verloren. Da war in der Nacht in seiner Hütte eine riesige Anakonda – eine Flußschlange, sechs Meter lang war die – zum Fenster hereingekrochen, hebt den kleinen breiten Kopf, schiebt sich weiter, sagt er, wie ein schwarzer Fluß, er will sie abhauen mit dem Beil, kann nicht, ist wie lahm. Sieht sie hervorquellen, und darunter schläft sein Knabe. Der Mann muß dulden, ohne Schrei, wie das Scheusal blitzschnell sich neigt und pendelt wie eine Wiege hin und her, auf und nieder. Jetzt wacht das Kind auf, schreit, steht im Bett, da ringelt sich jäh das Untier ums Kind und erdrückt es, ist unsäglich rasch zugegangen. Man hat danach den Mann schreien hören und das Monstrum von außen beim Rückzug gehindert und zerhauen. Der Knabe war tot, es war das einzige, das der Mann gehabt, ein junger Witwer. Ich hab's Dir schreiben müssen.

Es sind aber nirgends sonst mehr die großen Wasserschlangen gesehen worden, und für uns ist keine Gefahr. Zudem haben wir dieser Tage ein höheres Haus auf einem Steinsockel bezogen. Danach habe ich mit dem armen Mann geredet und ihm einen Trank gemacht, der mir früher einmal geholfen, schläfert und beruhigt – hab auch gesorgt, daß sie ihn frei laufen lassen und Ruhe geben, und bin viel bei ihm gesessen die letzten Tage; wir wollen ihn als Schreibhelfer nehmen, wenn er sich erholen kann. –

Ich werde Dir heute weiter berichten, liebes Kind. Wir haben eine lange gefährliche Fahrt gemacht in den Plantagen des Herrn van Vredenborg und die Trockenzeit dazu genommen. Der Regen währt sonst immer vom April bis in den Oktober, macht alles schlammig und schwemmt viel Planken und Brücken weg und unterhöhlt alles.

Wir fuhren also mit einem Stechboot, das sie mit Stangen rudern und stoßen, mit uns der van Meeren und zwei Indianer, und kamen bald in ein wüstes Gewirr unter den Zweigen; da lagen die glänzenden leuchtenden Fische ganz nah im untiefen Wasser, auch bunte Frösch und Schnecken, und hingen große weiße Trichterblumen auf uns herunter; es wird einem aber schwindelig, wenn man ihren Ruch einatmet. Auch der Schlick und Schlamm riecht übel wie Sulfur. Manche Flüsse werden vergiftet von den Indianern, daß die Fische betäubt sind, die sie dann einfangen und gebraten speisen; es schadet ihnen aber nichts.

Dann taten wir die lang gewünschte Reise in die Wälder hinein, da hat uns der José gewarnt, wir sollten nicht hin, er wollte nicht weiterrudern. Wir haben ihn dann lassen zurückgehen und sind mit einem anderen, der ein junger Mischling ist, weitergefahren. Im Astwerk schrien die Papageien, blaue schöne, mit langen Schweifen, und die Affen, die herumturnten und grillten. Es gibt keine Wege als die Rinnen im Sumpf.

Eine Stelle war finster wie ein Loch, darinnen schmatzte es und schwatzte sonderlich; das waren die großen Kaimane, uralte, riesige Krokodile. Van Meeren sah sie von weitem und ließ umwenden; sie sind sonst träg, werfen aber die flachen Boote um und werden dann gefährlich. Danach kamen wir durch einen anderen stinkenden Kanal immer tiefer in die Wildnis; da wollte auch der Mischling nimmer weiter; van Meeren hat ihn zwingen müssen mit strengen Worten. Dann waren wir unverhofft an einem freien sonnigen Platz, voll von zarten Wedeln wie Farnkraut, aber ganz golden, und vielen blauen Blüten. Dort stiegen wir aus. Da waren die Wege schön gehauen, und ganz zuinnerst ein tiefer See mit einer halbzerfallenen Mauer davor. Van Meeren kletterte hinauf, auch Hanna. Sie schrie: »Sommervöglein,

Mutter! Im Gestein!« Ich sah hin, da waren aus der Mauer ausgehauen: breite plumpe Schlangenköpf mit Mäulern und Zähnen, und daneben mächtige großgeflügelte Falter, wie ich sie nie gesehen, blaue, eingelegt in den Fels mit Glimmer und bunten Steinen, die schienen wunderlich in der Sonne, die durch die Blätter blitzte. Der Mischlingsknabe legte sich auf den Boden des Bootes, heulte und schlug um sich, und hatte die Schlangengesichter kaum angesehen, da weinte er und sagte: »Quoatl!« Das ist die gefiederte Schlange, die sie den Gott nennen. Aber die Falter, die an der verfallenen Mauer sind, seien ein Bildnis ihrer Seelen. Hab mich sehr verwundert ihretwegen, da sie doch so auch die alten Griechen gedeutet, und es sind ja hier keine Griechen gewesen! Weshalb ich denn schnell einen von den plumpen Steinfaltern abgezeichnet habe mit einem Kohlestift, den ich bei mir führte.

Es kann Dir niemand beschreiben, wie schön der Fleck gewesen: rot und lila die Blüten, duftend und ganz zartfiederig, daneben scharfzahnige grüne Blätter, die einen schneiden, wenn man sie anregt, und die Fläche davor mit einem grünen Grasflimmer und die goldgelbe Mauer mit den blauen Faltern und den grünen Schlangenmäulern. Mir scheint, man könnte da graben, unter den Trümmern käm noch viel hervor. Nur hat uns van Meeren, da er jetzt ruhiger geworden ist und manchmal erzählt, gesagt, daß die Indios Angst haben hinzugehen. Auch hab ich einmal ein seltenes medizinisches Wunder erlebt, das Du dem Hendricks anzeigen magst; da ist einer von den Deutschen in den Urwald gedrungen und hat lebendige Falter und Kerfen wollen holen, unweit von dem Tempelsee. Er hat auch solche gesehen, in Farben, nicht zu nennen, flammrot, giftgrün, blitzgelb – und ist beinah umgefallen, so haben ihn die geblendet; er ist zurückgekommen als ein fast Blinder, da die Falter einen Staub auf den Flügeln gehabt, der reizt die Augen und das Hirn, erzeugt einen Schwindel und Fieber und tötet die Sehkräfte mählich ganz ab. Das haben die Indianer gewußt; ich will mir aber nichts dergleichen beifallen lassen und auch Johanna wohl hüten.

Leb wohl für diesmal und grüß Agathe und Mabel!
Viel Liebe schicken wir Dir; auch Herolt grüßt Dich.

Deine Mutter

An Seine Gnaden *Im Julius 1700*
den wohledlen
Bürgermeister der Stadt Amsterdam
Mijnheer Nicolas van Witsen

Euer Gnaden, ehrsamer, fürsichtiger und weiser, großgünstiger Herr Bürgermeister!
Da Euer Gnaden die Güte gehabt haben, mir und meiner Tochter Johanna Helene durch Empfehlung und Zuwendung die große Reise nach Surinamia gnädigst zu verschaffen, und ich versprochen, Euer Gnaden von den Verhältnissen und meinem Tun hier zu berichten, will ich nunmehr, wo die Regenzeit mit dem Julius eingetreten ist, dasselbe beginnen.

Wie Euer Gnaden ohne Zweifel bekannt, haben die Hispanier, die in den Niederlanden durch schwere Bedrückung das Volk zum alten Glauben wollten zurückbringen, auch hier mit gewaltsamen Mitteln ins Werk richten wollen, daß sie die alleinigen Kolonialherren verbleiben möchten. Es sind also hier, weshalb ich das Vorige geschrieben, Spanier und Portugiesen wie Franzosen übel angeschrieben. Weshalb auch, wie verständlich, sich hier einige portugalische Juden eingefunden haben, mit deren einem ich zu Schiff gereist bin, die der Verfolgung durch die Portugiesen entgangen sind.

Noch vor fünfzig Jahren waren die Niederlande hier groß angesehen, da sie ja die mehrsten Landesteile besessen haben. Es sind aber einige von den Pflanzern zu vielem Reichtum gelangt, auch haben sich die Händler und Diplomaten durch den Handel mit armen Negersklaven aus Afrika Güter verschafft, die ungerecht sind, wie ich es verstehe. Teilweis sind die Schwarzen, wenn sie konnten, ausgewichen ins Landinnere, wo sie im Busch selber siedeln und Land bauen, wie sie es den Pflanzern abgesehen haben. Sie sind jetzt gefährlich und fallen manchmal räuberisch über die an der fruchtbaren Küste her und sind sehr gefürchtet. Es ist aber auch zwischen den vermöglichen Pflanzern und den bestallten Gouverneuren der Generalstaaten immer ein feindliches Ansehen gewesen, da sich die einen mit allen Mitteln versorgen und bereichern wollen, die andern aber für die niederländischen Provinzen ihr Bestes tun. Man hört auch sagen, es sei der Tod des werten Herrn Cornelius van Somelsdyk nicht durch Meuterer aus den eigenen Reihen, vielmehr auf Betreiben etlicher Pflanzer durch die herumstreichenden Buschneger oder deren Gesellen geschehen, die seien dafür bezahlt worden. Da aber der Herr schon vor zwölf Jahren umgekommen ist, würde es schwer sein, Gewisses zu erfahren. Ich möcht auch keinem der Pflanzer unrecht tun, da ich nicht weiß, wer es angestiftet hat. Jetzt ist das niederländische Besitztum geschmolzen wie Butter an der Sonne, es treibt aber die neue Westindische Kompagnie, die nach dem Abgang der ersten gegründet worden ist, nach besten Kräften um, und sind etliche gute und rechtschaffene Leute hier; möchte vorab nennen den deutschen Herrn Herolt und auch seinen Sohn Johann, meinen künftigen Eidam, die sich auch sonderlich um uns angenommen haben. Wenn alle sich so redlich hielten zu ihren Leuten, möcht's besser aussehen in den Kolonien. Hab auch schon dawider geredet, obwohl mich's nichts anging, da ich sah, wie man den Negern übel mitspielt; es ist mir aber dawidergehalten worden, es hätt ja auch der Kaiser Leopold erst in den siebziger Jahren an dreißig Geistliche verhandelt nach

Kapstadt – und sich bezahlen lassen, und seien die Neger nicht so wert als jene Männer gewesen und gälten soviel als das Vieh. (Darf's wohl sagen in dem Brieflein, da ich einen verläßlichen Boten auf dem abgehenden Schiff gefunden!) Als vor Jahren der Herr Cornelius van Somelsdyk etliche Labadisten, vor allem seine leibliche Schwester, die Witwe des hochwerten Vaters Labadie, und den Prediger Hesenaer hierhergerufen und die Stadt Providentia ausgebaut, hat er's wohl gut gemeint. Aber viele der Siedler und Soldaten haben ihm nicht gehorcht und die Quartiere an ungeschickten Orten angelegt, und auch die Gründung zu Neu-Böhmen am Hudson ist nicht von Dauer gewesen. Da ich nun aber hierhergekommen bin meiner sonderlichen Studien wegen, möchte ich wohl den Versuch machen, die Sache der Niederlande hochzuhalten, so gut ich kann. So habe ich Euer Gnaden und die hochwerten Herren verstanden. Es macht auch die Nachricht viel Aufsehen, es sei ein Frauenzimmer aus Holland hergekommen, eine Deutsche aus der Freien Reichsstadt Frankfurt, und hätte geforscht unter den Faltern und Kerfen und mirakulösen Pflanzen in Surinam.

Möchte endlich noch erwähnen, was wir arbeiten, meine Tochter Johanna und ich. In der trockenen Zeit des Junius haben wir gesammelt (mit Hilfe der Indianer und unter Führung der freundlichen Siedler) an sechzig verschiedene Arten Pflanzen, darauf gegen dreißig Raupen, auch geschlupfte Falter und feste Puppen – ich nenn sie Dattelkern –, auch Schnecken und Kerfen. Die hab ich größtenteils lebendig durchgebracht in den Gläsern, auch viele abgezeichnet und koloriert. Auch muß ich Johanna loben, die mir treulich mit ihrer geschickten Hand zur Seite ist. Wir werden Neues mitbringen bei der Heimkehr, die ich nicht allzubald möchte angesagt haben, da vieles ist, was hier zu finden wäre und was schwierig zu erlangen ist, da sie wenig verstehen von den Dingen der Naturwissenschaften, nur vom Gelde und Handel desto mehr, und sind die Träger und Helfer unter den Indianern auch viel ungeschickte Leut, aber im ganzen willige und arme Menschen, wie Kinder, obzwar mir ihre alten Lieder und Märchen von den Göttern manchesmal wollen merkenswert und rührend scheinen, wiewohl töricht ohne den Glauben, den wir haben.

Wir danken Euer Gnaden für hochdero gütige Mithilf und bitten, uns mit den Schiffen eine Nachricht zugehen zu lassen über unsere gute Stadt! Wird auch, hoffen wir, gute Neuigkeit von der Tochter Dorothea kommen, die wir der freundlichen Aufsicht Euer Gnaden besonders empfehlen.
Wir verbleiben dero gehorsamste Dienerin
Maria Sibylla Merianin

Parmubo, Surinamia, im August 1700

Gute teure Dorothea!
Wir haben die Hochzeit gefeiert. Es tut uns beiden und dem lieben Herolt samt seinen Eltern und der Freundschaft sehr leid, daß wir haben feiern müssen ohne Dich und die Unsrigen in der Heimat. Aber Herolt und die Seinen meinten es gut, da sie das Paar wollten zusammengeben, und auch mir war's recht so. Hanna und Johann sind die glücklichsten Leute in Surinam! Wir haben morgens in der Kühle die Häuser geschmückt mit Wedeln und Blättern, ein Schattenzelt ausgespannt und lange Tafeln hergerichtet mit Blumen, die schon bald die Köpfe hängen ließen, mit Weinkrügen, Fischgerichten und Brot aus Maniokwurzel. Ananas und süße Trauben haben die Diener gebracht und wohl gewaschen. Dann sind wir alle, Hanna und Herolt voraus, in das Kapellenhaus gewandert, der Pfarrer kam aus der Stadt Parmubo, ein Greis mit einer schönen Stimme, und hat sie zusammengegeben wie in der Heimat. Hanna und ich haben viel geweint, da er sprach über das Wort: »Wir haben hier keine bleibende Statt, sondern die zukünftige suchen

wir«, und haben an die Mutter gedacht, an Matthäus und Caspar und viele andere, aber dann doch mit fröhlicheren Sinnen an die Fremde hier und an die liebe Heimat dort. Wir sind auch heiter gewesen, und die Siedler haben eine Musik aufgeführt und Fahnen geschwungen.

Abends, als alles vorüber gewesen, tanzten die Knaben der Indianer einen sonderbar ruhigen Tanz im Mondlicht, mit silbernen Geräten und Gefäßen, und trugen dabei eine lange blinkende Schlange aus Kupfer mit sich, die sie schwangen. Ihr Gesang war wie Trommelwirbel aus einer Höhle, wie Gong, wie ein Zirpen dann wieder, und ihre Bewegung ein neigendes Ziehen. Aber einer, der Älteste, wollte nicht, daß sie uns diese Dinge zeigten, er sang den Abtanz vor und stand mit gebreiteten Armen und beschwor sie zu halten. Da schwiegen sie. Die metallene Natter haben sie heimlich vergraben, wir wissen nicht, wo. Aber Hanna und Herolt sind lachend in ihre neue Siedlerhütte gezogen, die wir mit den schönsten schillernden Muschelschalen geziert hatten, mit feinem Baumwollstoff drapiert, mit Fasern und Flechtwerk ausgeschmückt, denn die Blumen wären zu schnell verwelkt.

Aber Blumen habe ich ihnen doch geschenkt: An der Wand, auf einem blauen Tuche, hab ich drei große Blätter mit meinen kolorierten Stichen aufgehangen, aus dem Buch von der »Raupen wunderbarer Verwandlung und sonderbarer Blumennahrung«; das hat sie sehr gefreut.

Mit der nächsten Post mehr, es eilt! Das Segelboot soll abgehen, mit dem unsere Briefe zum großen Hafen schwimmen – und dann weiter – und weiter – bis nach Amsterdam ... Leb recht herzlich wohl, Du liebes Kind, und Ihr alle! Es grüßt Euch Eure glückliche Hanna, Johann Herolt und Eure Mutter

Maria Sibylla Merianin

Parmubo, Surinamia, im Oktober 1700

*Seiner Ehren
dem Herrn Pfarrer und Heiler Konrad Ambros
zu Bremen*

Werter Herr Helfer!
Auf das freundliche Schreiben, das Ihr mir habet zugehen lassen nach Amsterdam, hab ich können nicht sogleich Antwort geben, da ich mitten in den Vorbereitungen zur großen Reise gewesen bin, von der Ihr werdet gehört haben. Bin jetzt bereits ein Jahr hier und habe schon etliche Zeichnungen gefertigt und auch Falterpuppen gesammelt und mit meiner Tochter geordnet und eingereiht und möcht heut Euer Ehren von den Eingeborenen ein weniges berichten; es könnt sein, es ginge einiges von meinen Schriften und Tagebüchern verloren oder es kämen wir selber um, hier oder auf dem Schiff bei unsrer Heimfahrt. Da wäre doch ein Bericht in Eurer Hand. Ich hab mich auch gefreuet zu vernehmen, wie Ihr wieder Fuß gefaßt habt zu Bremen in einer kleinen Gemeinde, nachdem der Labadistenkreis zerstreut ist. Es sind, wie ich gehört habe, zuletzt nur noch an die dreißig Seelen gewesen. Ich hab dennoch eine besondere Freude, mehr zu hören von den verbliebenen Freunden, und melde auch, daß uns berichtet worden, die zwei Brüder Sperrvogel lebten am Hudson als Kaufleute in glücklichen Umständen.

Was nun den Glauben der Indianer hier anlangt, so sind sie seit der Besiegung von den Spaniern mit harten Mitteln bekehrt worden. Es haben aber die Mönche auch manches Gute gewirkt zum Verstehen und Zusammenhalt. Vornehmlich haben die Alten, deren ich einige mit Hilfe unseres jungen Führers habe befragen können, von einem Pater Sahagun sagen hören, der vor Zeiten die Schriften der indianischen Priester studiert und sie befragt habe, und manches aufgezeichnet von den seltsamen Liedern und Glaubenslehren ihrer Vorderen, deren viele gelehrt gewesen seien und deren Könige man Inka geheißen. Sie halten aber alles geheim und verborgen und fassen schwerlich Zutrauen zu den Weißen, von denen sie ehmals viel Großes erhofft haben. Es gäbe da eine alte Historia, daß Weiße vom Himmel gekommen wären und hätten ihnen viel Wissen und Können gebracht, hätten auch gesagt, sie kämen wieder. Als nun der Cortez mit den Seinigen hergefahren, seien sie niedergefallen und hätten ihn gegrüßt, meinend, das seien die prophezeiten weißen Götter. Die spanischen Soldaten haben aber bald geraubt und gemordet und die Tempel von Grund auf zerstört, auch Priester und Könige ums Leben gebracht. Sie haben wohl geglaubt, da sie die grausamen Götzenopfer der Indianer gesehen, sie selber handelten christlich, wenn sie jene straften. Ach, hätt man erklärt, gemildert, gedeutet! Aber sie sahen nur das Gold, nicht die Menschen, nicht ihre Erwartungen, nicht die seltenen Kunstwerke. Und was sie dem König Montezuma angetan, ist ärger gewesen als die Opfer, die jene unwissend ihren Göttern gebracht haben. Man sollt kein Vertrauen mißbrauchen.

Es darf's aber kein Spanier hören, noch weniger ein Portugies – verzeihet auch Ihr meine Aufregung und ungattige Sprache, Herr Helfer; jetzt will ich auch nimmer lang rätseln und urteilen, das ist nicht meine Sach. Im Herzen hab ich versucht, einen Weg zu finden, mit vielem Gebet, welcher mein eigener Weg ist und vielleicht auch einer für andere Seelen; ich will den aber keinem aufdringen, rede nur im stillen mit Ihm, der uns wegweist, wenn wir vertrauen.

Verzeiht, Herr, und bleibet gewogen, auch im Gebet, Eurer getreuen

Maria Sibylla Merianin

Parmubo, Surinamia, im Junius 1701

An Jouffrouw Dorothea Gräffin-Merianin
Amsterdam, Niederlande
Vijsselstraat

Liebe gute, getreue Schwester!
Daß ich seither unsere teure Mutter habe allein schreiben lassen, wirst Du verstehen. Ich habe die Zeit wohl nutzen wollen mit dem neuen Hausstand, der hier schwerer einzurichten ist als dort, und mit dem Sammeln, Trocknen, Züchten, Pflegen, Ordnen, womit ich der lieben Mutter zur Hand gehe. Dieser heutige Brief ist ohne ihr Wissen geschrieben; ich muß Dir sagen, die Mutter macht mir viel Sorge. Sie hat seit langem das Wechselfieber, nimmt auch von der Chinawurzel in Wein gekocht, die ihr der hiesige Medikus verordnet hat, es hilft aber nicht lang. Auch haben ihre Augen gelitten an der grellheißen Sonne, denn sie schont ihrer nicht, trägt nur einen großen Hut und hält ein geschwärztes Glas vor die Augen, wenn sie ihr Schmerzen machen. Durch eine Raupe, die giftig gewesen ist, hat sie einen bösen Ausschlag an Hand und Arm gehabt, der nur langsam abgeht. Endlich hat sie des Nachts, wenn es heiß ist, eine große Bangigkeit im Herzen, seufzt nach Luft, und des Morgens sind ihre Beine aufgeschwollen. Aber sie sucht noch oft genug nach Samen und Stämmlingen, die in Holland anwurzeln könnten, und schleppt sich zu den Hütten der braunen Weiber, um sie nach ihrer natürlichen Medizin zu fragen, mit der sie manches heilen, wovon wir nichts wissen als es dulden. Das alles ist über ihre Kraft. Rede Du ihr zu in Briefen, daß sie sich möge zur Heimreise entschließen! Wir – Herolt und ich und auch seine Eltern – haben das Unsere redlich versucht.

Ich gräme mich um sie und pflege sie wohl, daß es nicht noch ärger werde.

In aller Eile, daß sie's nicht sieht, geschrieben von Deiner getreuen Schwester

Hanna Heroltin

Parmubo, Surinamia, im Junius 1701

Gutes liebes Mädchen, meine Dorothea!
Den herzlichsten Dank für Deinen schönen Brief, den wir eben erhalten! Mach Dir keinen Kummer darüber, wenn ich heut schreibe, daß wir bald zurückkehren werden. Ich freu mich auf Dich wie in der Zeit, da ich Dich erwartet, und bin fröhlich in Gedanken an das kühle grüne Niederland, das ich soll wiedersehen, um darinnen auszuruhen. Wenn ich könnt noch einmal hinausfahren, wollt ich's besser anfangen, mehr Medizinen und andere Gewänder mitnehmen und einen deutschen Gelehrten zum Helfer aussuchen. Es ist aber alles doch gut so gewesen, wie es ist. Nur daß mir der Entschluß nicht leicht fällt, abzubrechen, was nur halben getan ist, aber das muß sein, ich spür's selber; es sagt's mir auch der hiesige deutsche Medikus, auch Hanna und die guten Herolts.

Wir freuen uns auf Dich herzlichst, liebes Kind, auch Hanna freut sich, obgleich sie den Herolt muß eine Weil entbehren, bis er sie zurückholen kann nach Surinam. Bereite die Wohnung vor, ich bitte Dich, sag's den Freunden und der lieben Mabel, macht Euch aber keine übermäßige Müh deswegen. Wir gedenken ein Schiff zu nehmen, das im Herbst oder Winter 1701 eintreffen soll in Amsterdam. Du weißt wohl, wie ungewiß jetzt solche Daten sind, da können Stürme kommen, Windstille, Krankheit, Meuterei oder Piraten – doch hoffe ich, Gott möge uns behüten.

Grüße alle die lieben Unsrigen und Gefreundeten!
Ich küsse Dich voller Vorfreuden

Deine getreue Mutter

Nachschrift: Heut haben wir zu den Indianerfrauen, die uns sammeln helfen, vom Abschied geredet. Da haben sie alle angefangen mit Weinen und Wehklagen, auch mein Kleid angefaßt und sich hingekniet, haben heulend ein indianisches Wort gerufen, das heißt zu deutsch »weiße Falterfrau«. Es ist mir sonderlich lieb, da ich doch den Sommervöglein beinah mein Leben lang nachgespürt habe. Jetzt werde ich sie ins Kupfer bringen und vergeß auch nicht die armen braunen Weiber, die mir dazu verholfen haben.

Heimkehr

Am 23. September 1701 machte ein Überseeschiff an der Amsterdamer Mole fest. Der Tag strahlte in unwahrscheinlichem Blau, und auf dem Meer lag eine blitzende funkelnde Helligkeit. Die Neugierigen oder Sehnsüchtigen, die an der Hafenmauer standen, sahen gewohnheitsmäßig zu den hohen Segeln auf, die jetzt gerefft worden waren: graues ausgelaugtes zerrissenes Tuch, an dem das Leben der Seefahrer gehangen hatte. Boote fuhren hinüber zu dem gewaltigen Dreimaster, ein zuckender Möwenvorhang umflirrte ihn, und die spitzen Schwingen der hochgeschnellten Vögel hoben sich sekundenlang von dem großen dunklen Schiffsleib ab. Auf Deck wehten Tücher, am Kai fingen die Stadtpfeifer an zu spielen, aber der Wind zerriß den Rhythmus. Jetzt kamen schaukelnde Kähne näher; man hörte das Klatschen der Ruder.

Dore Graff hielt sich am Holzgeländer fest und beugte sich hinunter. Im zweiten Boot entdeckte sie eine Frau im dunklen faltigen Gewand und daneben ein blaues verwaschenes Mädchenkleid, das sie kannte.

»Mutter! Hanna!« schrie sie außer sich und bog sich so unbesonnen vor, daß Agathe, die neben ihr stand, sie an der Schulter packte.

Die Boote legten an. Aus dem ersten stiegen ein paar Frauen mit kleinen Kindern, ein bunter Haufen, der zur Treppe heraufdrängte und sofort von den wartenden Männern eingeschlossen war. Das zweite Boot kam näher.

»Mutter! Mutter!«

Im Kahn hob jemand den Kopf, und eine junge Dame versuchte aufzustehen. Sibylla winkte jetzt mit einem langen gelben Schal; da rieb sich der Nachen schon an der Mauer. Dorothea und Agathe liefen hinunter. Hinter ihnen schritten drei dunkel gekleidete Herren mit großen Hüten: van Witsen hatte eine Abordnung geschickt.

Man half Sibylla aussteigen, Dorothea beugte sich über ihre Hand, dann spürte sie die Arme der Mutter um ihren Hals und gleich darauf Hannas frisches duftendes Gesicht an ihrer Wange. Auch Agathe umarmte die Heimgekehrten. Dorothea schob die Mutter von sich ab und schaute sie an; sie erschrak, aber sie nahm sich zusammen: gelbliche Augäpfel drängten aus dem hageren faltigen Gesicht, der Mund, halbgeöffnet in der Erregung, war bläulich blaß, und die Haut sah trocken aus. Über den dünnen, graufädigen Haaren saß ein Gesteck aus steifem Leinen, das wie ein Federkiel hochstand; das Kleid war ihr zu weit geworden. Müdigkeit, tiefste Ermattung lagen in ihrer Haltung.

»Wie geht es Euch denn?« fragte Dorothea leise. »Wie war die Fahrt?«

Man habe Sturm gehabt, berichtete Hanna der Schwester, während Agathe Schnellerath ohne Fragen Sibyllas Arm nahm und sie wegführte. »Ich habe eine Kutsche da«, sagte sie abkürzend.

Die Herren vom Rat näherten sich mit Verneigungen. Hanna gab den dreien einen Wink, Sibylla sah es mit einem schnellen Blick trotz ihrer Erschöpfung. Sie lächelte beherrscht und lud die Abgesandten auf den kommenden Tag zu einem Essen ein; für heute danke sie und lasse den großgünstigen Herrn Bürgermeister gehorsamst grüßen.

Mit Agathes Gefährt gelangte man bald in die Vijsselstraat. Dorothea hatte alle Räume festlich geschmückt. Die alte Mabel saß, bebend vor Erwartung, am Fenster. Wie sie denn die Stunde der Ankunft erraten hätten, wollte Hanna wissen. Man habe die Monatsmitte errechnet und dann einen kleinen Jungen am Hafen gedungen, der es melden sollte, sobald ein Fernsegler sich näherte; ein paarmal seien sie auch umsonst dagewesen.

Sibylla trat durchs Haustor; der Flur roch herb nach Astern, die roten Teppiche waren frisch gewaschen und leuchteten in der Sonne, die durch die gelben bleigefaßten Scheiben schien. Sibylla ging an Dores Arm die Stufen hinauf, endlich überließ sie sich der Mattigkeit, die im tropischen Klima Selbstaufgabe gewesen wäre. »Wir haben viel gemalt«, sagte sie, »an die sechzig Blätter bringen wir mit, und Samen und getrocknete Pflanzen, auch Kokons und sogar drei lebende Raupen, die unsere große Reise überstanden haben. Viele sind uns unterwegs eingegangen.«

Agathe schaute verständnislos auf; daß ihre Freundin eine berühmte Malerin war, wußte sie. Was aber die Fahrt nach Surinam bedeutete, ahnte sie noch nicht. –

Sibylla hatte gebadet und geruht. Sie atmete die Luft der alten Stadt, sie schlief im gewohnten Bett, sie aß wieder die Speisen, die ihr bekamen, und sie hörte draußen die Stimmen der Töchter; die beiden konnten sich nicht genug berichten. Philipp Hendricks hatte seinen Besuch angesagt – er wolle die Mutter sprechen, flüsterte Dorothea. Frau Agathe saß neben der Jugendfreundin am Lager. Die vier faltig gewordenen Hände hielten einander fest, und Sibylla holte tastend die alten Erinnerungen herauf, die Redoute, den gefangenen Vogel und die Schlittenfahrt am Mainufer, und endlich den Beginn der Hollandreise in Agathes Wagen.

Auch die Freundin baute allmählich die Brücke zur Gegenwart. Sie sprach zögernd von ihrer Ehe mit dem Magister, der ein herzensguter, aber kleinlicher Mann gewesen war, von der Jugend ihrer Kinder, die sie nach dem frühen Heimgang des ersten geboren und – schon halbwüchsig – wieder verloren hatte. Auch Schnellerath lebte nicht mehr.

Jetzt war ihr Leben einsam und brachte ihr geringe Altersfreuden: eine der größten war dieses Wiedersehen.

Dann berichtete auch Sibylla: die Zeit mit Graff, mit dem törichten schwachen Mann, an den sie ihre beste Liebeskraft verschenkt hatte. Agathe erzählte, wie es um seine neue Ehe stünde und daß er zwei kleine Knaben von der Anna Maria Hofmännin habe, goldrothaarige, lebhafte Burschen; daß er krank sein müsse, verschwieg sie nicht – man höre von einem Leberleiden. Auch von Savede redete Agathe, er sei nach seiner Freilassung aus der Nürnberger Haft plötzlich verschwunden und außer Landes gegangen; Sibylla ergänzte, was sie wußte. Später, sagte die andere, sei der Kauz noch einmal in Frankfurt gewesen, habe – trotz seines gebrechlichen Alters – eine sinnlose Wette abgeschlossen und sei dabei umgekommen.

»Er ist auf dem gefrorenen Main hin- und hergelaufen, man hat ihn versinken und auftauchen sehen, aber als man ihn erreichte, war er tot; dem eisigen Wasser hat sein altes Herz nicht mehr standgehalten.« Das schmächtige geschrumpfte Gesichtchen Agathens sah bekümmert aus.

Sibylla nickte. »Der Main hat viele Masken«, sagte sie, »für uns war er …«, sie stockte, »auch nicht nur lustig.« Arnolds Wagen am Main, dachte sie, und dann das Schiff vor Amsterdam.

»Aber rede doch«, drängte Agathe jetzt neugierig, »du warst in der Welt draußen, im heißen Land – du Beneidenswerte … Surinam!« sagte sie, fast so sehnsüchtig wie die Freundin es einmal ausgesprochen hatte; aber ehe Sibylla den fragenden Augen nachgeben konnte, kamen laute Stimmen und Schritte die Treppe herauf. Die Töchter meldeten Hendricks' Ankunft; er steige eben aus dem Reisewagen.

Sibylla setzte sich in einen geblümten kostbaren Sessel, sie ließ sich einen indianischen Schal geben und steckte die Frisur auf, denn sie wußte wohl, was Hendricks' Besuch bedeutete.

Hanna ging leise hinaus. Dorothea stand am Eingang, blaß vor Erwartung. Sie warf die Locken zurück; Hanna huschte noch einmal herein und steckte ihr rasch einen Silberkamm zwischen die hellblonden Wellen. Dann trat der junge Arzt durch die Tür. Sein freudig gerötetes Gesicht wurde ernst, als er Sibylla ansah; die ersten Worte des Wiedersehens, Glückwünsche zur Heimkehr und Dank für den guten Empfang, wurden gewechselt.

»Ich komme«, sagte Philipp Hendricks, »wie Ihr vielleicht schon wißt, verehrte Madame Merianin, mit einer großen und besonderen Bitte, und es liegt in Eurer Hand, mein Leben hell oder trostlos zu machen, Madame ...«

Dorothea bewegte sich in ihrem Winkel. Jetzt erst bemerkte er sie. »Dorothea, hilf mir!« rief er erleichtert.

Sibylla hob die Hand. Plagt Euch nicht, schien die Geste zu sagen, ich will es Euch nicht schwer machen.

Die beiden jungen Leute traten nebeneinander vor den gestickten Stuhl, an der Tür erschienen jetzt Hanna und Frau Agathe, dahinter Mabel. Vom offenen Fenster drang der Lärm der Rollwagen herauf, Fuhrleute schrien, ein Roß wieherte. Drunten läutete eine Schelle, irgendein Erlaß des Rates wurde ausgerufen; Fiedler und Pfeifer musizierten im Vorbeiziehen: die städtische Kirchweih begann. Mit einem Schlag fing das dröhnende Geläut der Turmglocken an, dazwischen heulte ein Schiffshorn. Und endlich brummte eine späte Hummel durch die geöffnete Scheibe; weißes Licht blendete.

Sibylla schaute Dore und Hendricks an und hob hilflos die Hände. Ich komme nicht zu Wort! sagte ihre Miene. Da begannen die jungen Leute zu lachen. Hanna lachte, die alte Mabel gab ein meckerndes hohes Gewieher von sich, sogar Agathe zog den Mund breit. Sibylla streckte die Arme aus und nahm das Brautpaar an sich. Philipps dunkles und Dores helles Haar verdeckten ihr die Sicht; sie drückte ihre Stirn hinein.

Dann löste sich der heitere Sturm, und zugleich, als wären die beiden Akkorde geheimnisvoll verflochten, hörte draußen das Gebraus und drinnen das Lachen auf. Alle standen im Kreis um die Mutter; Tränen liefen über Sibyllas glückliches Gesicht. Das war Dores Verlöbnis.

Danach gingen die beiden Liebenden durch die beflaggten Straßen. Aus den Häusern und in den offenen Höfen dröhnten die Trommeln und Fiedeln, große Tische waren aufgeschlagen, aus den Fässern wurde Bier gezapft. Hendricks zog Dorothea an den Grachten vorbei; farbschillernd spiegelte das Wasser Kähne und Segel.

»Wir sollten hinausfahren aufs Land«, sagte er unternehmungslustig, »da wird in den Scheunen getanzt.«

Sibylla sann ihnen nach.

»Zukunft! Sie haben ihre Zukunft«, hörte sie sich plötzlich laut sagen. Sie machte die Fenster zu und setzte sich an den Tisch. Eine Zeitlang horchte sie auf die Küchengeräusche; Agathe half gern beim Gemüseputzen und hantierte oft zwischen Töpfen und Kacheln herum, als wollte sie die Wichtigkeit dieser praktischen Arbeit betonen.

»Zukunft«, nahm Sibylla ihr Selbstgespräch wieder auf, »meine Zukunft heißt: Festhalten, Ordnen, Aufzeichnen … Ihr sammelt noch ein und erwartet vielerlei – Unbekanntes und Herrliches!« Sie zog aus einer Schublade ihr Manuskript, die Beschriftungen für ihr großes Surinambuch. Lateinische Benennungen, Vergleiche mit älteren Verzeichnissen … Sie vertiefte sich darin, ihr Gesicht nahm einen beinahe verbissenen Ausdruck an. Ich will noch einmal zurück! sagte sie sich, alles ist erst ein Anfang, ich muß es vollends beschließen, solang ich noch lebe.

Der Wunsch, mit gestärkter Kraft und neuen Hilfsmitteln nach Surinam zurückzukehren, wurde in den folgenden Wochen zu einem schmerzhaften Zwang. Sie übte sich auf weiten anstrengenden Gängen und kam erschöpft und fiebrig heim. Sie schloß sich ein und überheizte ihr Zimmer, um sich wieder an die Tropenhitze zu gewöhnen, der sie so erleichtert entronnen war. Sie bückte sich nach absichtlich verstreuten Dingen, um ihren Rücken geschmeidig zu machen; selbst als sie nach Dores Hochzeit schwerkrank wurde, ergab sie sich nicht.

Hendricks beobachtete sie besorgt: die angespannten Züge, den blassen Mund, die geröteten Backenknochen. Endlich bat er sie, sich untersuchen zu lassen; aber sie verweigerte es. »Ich will und muß wieder hinaus, man wartet darauf, und die Mittel sind bereit. Alles ist halb und ungenau, was ich aufgeschrieben und gezeichnet habe. Es wird gehen! Mit Hanna, wenn Herolt sie holt, will ich fahren.«

Hendricks sah sie ernst an. Er nahm ihre Hand und griff nach der zweiten, die sie neben sich an die Stuhllehne geklammert hatte; er sagte: »Ihr habt das Wechselfieber, Frau Mutter, und wißt es. Euer Herz ist schwach, es zehrt sich mit den Hitzen auf, wenn Ihr nicht nachgebt. Eure Augen werden matter, als das bei einer Fünfundfünfzigjährigen gewöhnlich geschieht. Auch ist ein Zittern in Euren Gliedern, das Ihr wohl selber kennt. Ich kenn's auch und weiß, was es sagt!«

Sibylla gab ihm keine Antwort. Sie stand auf und stellte sich ans Fenster, mit dem Rücken zum Zimmer. »Geh bitte, Hendricks, guter Mensch«, flüsterte sie.

Er ging wortlos, mit einem besorgten Blick zu ihr hinüber.

»Es ist zu spät«, murmelte Sibylla vor sich hin. »Die Pläne, die Anwürfe, die Aufschwünge! Was gewesen ist, war nun das Ganze – es kommt nichts Neues mehr, nichts Größeres! Ganz im Bekannten und Gewöhnlichen läuft es jetzt ab, im Langgewußten ... Ich hab es einmal selber gesagt und wollte es doch nicht glauben ...«

Im Winter 1702 erreichte Sibylla die Botschaft von Graffs Tod. Der Januarschnee drückte auf Häuser und Zäune; im Hafen trieb Eis. Morgens lag ein feuriges, unnatürliches Rot wie Fieber am Horizont. Sibylla erhielt die Nachricht durch einen Boten, den Scheurl von Deffersdorf aus Nürnberg geschickt hatte. Es war ein Händler, der Zucker aus den Kolonien nach Süddeutschland vertrieb und der oft im Haus des Witwers der Clara Regina zu tun hatte. Der Brief gab in kurzen Sätzen bekannt, »der ehrbare Maler Johann Andreas Graff, weiland Gemahl der Adressatin und von dieser durch rechtliches Urteil geschieden, wiederum verehelicht am 25. Junius 1694 mit der Anna Maria Hofmännin, die ihm zwei Knaben geboren«, sei »selig verstorben den 9. Decembris 1701 aus Ursach einer großen Verkühlung, die er sich nach dem Besuch eines Freunds auf dem nächtlichen Heimweg zugezogen«.

»Graff«, sagte Sibylla, »Andreas!« Sie dachte an sein kindliches Geständnis nach dem Hochzeitsmahl, an seine vielen Versprechen und treuherzigen Beteuerungen, an seine Schwäche und sein Hingerissensein. Sie versuchte, sich das gealterte Gesicht vorzustellen, und konnte es nicht. Mühsam verpackte sie seine langen Reithandschuhe, die sie ihm einmal mit roten Ranken bestickt hatte und die noch in einem Kasten verwahrt lagen. Sie schickte sie mit dem Boten »an die Frau Anna Maria Gräffin geborene Hofmännin in Nürnberg, Zur Güldenen Kanne am Milchmarkt, als ein Angedenken für ihre jungen Knaben an deren verblichenen Vater«.

Die geborene Hofmännin bedankte sich nicht.

Das große Werk

Drei Jahre später kam das umfangreiche Insektenwerk heraus und weckte einen ungeheuren Sturm der Begeisterung, vor dem die wenigen Stimmen der Zweifler bald verstummten. Die zauberische Welt von Surinam, die Wunderblumen und Perlenfalter hatte man schon gesehen; aber ihre Anmut verblich und ihre Farben wurden mißtönig, noch ehe sie den niederländischen Strand erreichten. Sibylla hatte sie alle wieder lebendig gemacht, verflochten zu Märchenornamenten und magischen Zeichen. Sie war gewissenhaft ihren Stadien nachgegangen. Sie hatte die Raupen und Puppen und Falter miteinander auf einem Blatt dargestellt, auf den merkwürdigen fremden Gewächsen, die sie bewohnten, und sie hatte alle benannt und beschrieben.

Die Gelehrten waren voll Lob, und die Künstler anerkannten neidlos die Leistung der Hochbegabten, der sich Form und Art dieser kaum bekannten Wesen enthüllt hatten. Die Gebildeten verschlangen den Text mit dem Interesse am Neuen und Fremdartigen, und die Augenmenschen schwelgten in Farben. Die Schwärmerei der Harmlosen aber galt der unerschrockenen Frau, die sich der Gefahr wie einem drohenden Zauberbann gestellt und sie bestanden hatte.

Daß Sibylla ihre einzigartigen Stiche beinahe verschenkte, wußten nur die Nächsten – und der Verleger Valck, der Gewinn daraus zog.

Die »Metamorphosis Insectorum Surinamensium« – die

Entwicklung der Surinamischen Insekten – galt für lange als das wichtigste naturwissenschaftliche Buch über das Leben der Insekten und vor allem der Schmetterlinge. Es zerstörte das trübe Gebräu aus Unwissenheit und Aberglauben, von dem das himmelsklare Sonnenvolk seither verdeckt worden war. Die besten Drucker hatten das Buch vervielfältigt; es erschien in einer wertvollen Luxusausgabe.

Sibylla strich mit den gichtkrummen Fingern über den Einband.

Mit dem Ordnen und Verwerten des Entdeckten vergingen ihr die Jahre. Noch einmal gelang Sibylla ein großer Wurf, der ihre Kraft fast bis zur Erschöpfung angespannt hatte: 1714 kam zum ersten auch der zweite Band ihrer zusammengefaßten Werke bei Gerard Valck in Amsterdam heraus. Die einst in Deutschland verlegte Kupferstich-Sammlung »Der Raupen wunderbare Verwandlung und sonderbare Blumennahrung« verband sie jetzt mit den Surinamischen Blättern: »Der Rupsen Begin« erschien in niederländischer Sprache.

Sibylla empfing den eben vollendeten Prachtband aus den Händen des Verlegers. Noch ehe sie ihn ganz durchgeblättert hatte, kam schon die nächste fröhliche Botschaft: der Segler aus Surinam war eingelaufen, mit dem Hanna und Herolt heimkehrten. Sie brachten ihr elfjähriges Töchterchen Sabina mit, ein feines dunkeläugiges Kind, der Großmutter ähnlich und doch fremd.

Dore begrüßte die kleine Nichte mit unterdrückten Tränen: eine Typhusepidemie hatte ihr Mann und Kind genommen. Seither lebte sie wieder ganz bei der Mutter und trug ihre Trauer wie ein schweres Kleid. Aber immer noch war sie bereit zur Freude und zur Mitfreude.

Als nun Sibyllas gesamtes Falterwerk bekannt wurde, brauste wieder, noch stärker als vor neun Jahren, eine Sturzflut von begeisterter Anteilnahme durch die Gelehrtenstuben, Werkstätten und Hohen Schulen.

Hannas Heimkehr und die Ehrungen der Mutter rissen auch Dore mit. Seit Hendricks' Tod hatte sie sich jedes Vergnügen versagt; jetzt ließ sie sich gern von Hanna dazu überreden, ein Festmahl zu richten. Sibylla überwand ihre Mattigkeit und stimmte zu. Sammler und Forscher, Stecher und Drucker wurden eingeladen; auch der Maler Georg Gsell, der Sibyllas Kunst bewunderte, gehörte zu den Gästen. Er stammte aus der Schweiz wie der alte Merian, und Sibylla hörte gern sein alemannisch getöntes Deutsch.

Herolt und Hanna hatten für Wein und Braten gesorgt. Man saß um den Tisch und tauschte feierliche Reden. Dorothea sang zur Laute; sie hatte Graffs Stimme geerbt.

Nach dem Essen zog sich Sibylla zurück. Aber sie blieb nicht lange allein. Die Enkelin Sabina klopfte vorsichtig und fragte mit gespitztem Mündchen, ob sie hereinkommen dürfe. Sibylla rief sie zu sich. Das zarte, nachdenkliche Kind war ihr schon in den ersten Tagen des Zusammenseins seltsam vertraut geworden.

Sabina ging gleich auf ein dickes Buch zu, das neben dem Bett der Großmutter lag; neugierig entzifferte sie die großen lateinischen Lettern auf dem Deckel. »Der Rupsen Begin, Voedsel en Wonderbaare Verandering, twee delen«, deklamierte sie laut. »Darf ich es anschauen, Großmutter?«

»Schlag's auf, aber verdirb's nicht«, sagte Sibylla. »Es ist ganz feines weißes Papier, und die Kupfer habe ich selber entworfen.«

»Danke. Niederländisch kann ich auch: ›Der Raupen Ursprung, Nahrung und wunderbare Verwandlung‹«, meldete Sabina und kauerte sich neben Sibylla auf den Bettrand. Behutsam schlug sie die Seiten um. Gleich anfangs stutzte sie. »Das sind ja wunderliche Falter, Frau Großmutter. Was die für Köpfe haben, ganz lang wie Rüssel, und breit und faltig! Habt Ihr die im Urwald gefunden? Erzählt doch!«

»Die ›Laternenträger‹!« rief Sibylla. In ihrem Ton war verhaltene Lustigkeit.

Sabina horchte auf. »Die sind doch schön?« sagte sie beinahe vorwurfsvoll und deutete auf die Schwirrer mit den kleinen Knopfaugen und langen Nilpferdschnauzen aus gefalteter rötlicher Haut.

Sibylla fing an zu lachen. Überrascht sah Sabina sie an. »Warum ist das denn so spaßig?«

»Hör zu, kleine Sabina! Die Indios haben mir alles gebracht, was nach Käfern und Faltern aussah, denn die ganze Fauna von Surinam hab ich ja nicht gut allein sammeln können. Aber sie lieferten die Tiere oft zerdrückt und verdorben ab. So habe ich denn Geld ausgesetzt für jeden unversehrten Falter und das Doppelte für einen, den ich noch nicht hatte. Da sind die braunen Kerle einmal mit triumphierendem Geschrei und Gehüpfe zu mir gekommen und haben mir in einem Blattgehäuse dies da gebracht – das verrückteste Wesen, das ich je gesehen habe.«

Sabina äugte gespannt auf das Abbild der sechs Insekten, die um einen blühenden Granatapfelzweig herumschwirrten und -krabbelten.

»Sieh dir's genau an, Kind«, sagte Sibylla ernster, »ob du nichts Ungereimtes auf dem Blatt entdeckst!« Sie lachte wieder – ganz leise.

Die Enkelin fuhr mit dem Finger den Umrissen der tropischen Wesen nach.

»Solche roten Blüten hab ich zu Haus auch schon gesehen«, murmelte sie überlegend, »von den Faltern kenn ich keinen. Die zwei dort oben fliegen, und unten sitzt einer mit geklappten Schwingen. Da surrt noch etwas heran wie eine große Fliege ...«

»Das ist ein ›Nachtwanderer‹«, warf Sibylla ein.

»... und ein Käfer steigt auf den Blumen herum. Aber der hier – das ist ein Gemisch von Fliege und Rüsseltier, der paßt zu beiden und doch zu keinem ... Großmutter, *das* ist der sonderliche, den Ihr gemeint habt!«

»Richtig! Mit dem haben sie mich angeführt, meine

Indios«, gestand Sibylla vergnügt. »Sie haben einem armen ›Laternenträger‹ den Kopf abgerissen und ihn dem ›Nachtwanderer‹ aufgesetzt – angeklebt mit dem Saft vom Gummibaum.« Sie schüttelte die grauen Locken. »Und ich hab's getreulich nachgestochen, Sabina!«

»Unsere Indios schwindeln auch manchmal«, tröstete Sabina altklug. »Mein Vater hat sich schon oft mit ihnen ärgern müssen, aber er merkt immer gleich, wenn's nicht ganz stimmt.«

»Dein Vater ist aber ein guter Mann und ein freundlicher Herr für die Sklaven.«

Hanna und Dore traten in die Tür. »Warum lacht Ihr denn so? Ihr seid ja richtig munter, Frau Mutter?«

»Wir haben über die Großmutter gelacht«, erklärte das Mädchen, »sie hat ja nicht wissen können, was sie angerichtet hat.« Nachsichtig schaute die Kleine auf das graue Haupt mit der hohen Stirn.

»Wie sie mich beschützt!« Heiter legte Sibylla den Arm um die Enkelin; sie zeigte den Töchtern das Bild. »Erst gestern habe ich vom Doktor Commelin gehört, daß mir da ein Fehler unterlaufen ist. Hätt's gern noch ausgeschieden, aber die Stücke waren schon gebunden, und der Drucker hat die wertvollsten Bogen und die edelsten Farben genommen. Man hätte alles auseinanderreißen und neu heften müssen.«

»Ach, Mutter«, sagte Hanna, »das ist doch so schön. In Euren Stichen ist das Staunen wie ein feiner Schauder vor der großen Herrlichkeit ... Da tut's nichts, wenn ein kleiner Falter den verkehrten Kopf hat.«

Sibylla widersprach. »Daß sie schön sind, dank ich meinem Vater, der mir den Sinn dafür mitgegeben hat; oft war's, als führte er meine Hand. Aber daß ich Kundschaft gab und Ordnung machte in einem winzigen Stück Welt, bei den Kerfen und Faltern, das war *mein* Ziel. Wer der Natur ins Konzept guckt, soll es genau tun und gewissenhaft. Es ist mir leid drum. Jetzt ist es einmal so – und also lasset mich lustig sein über mich selber!«

Inzwischen hatte sich die Gesellschaft schon wieder um den Tisch gesammelt – man stärkte sich bei Wein und Backwerk für eine Fahrt ins Freie.

In breiten Kutschen saßen die Frauen mit großen Hüten und Schleiern, schwatzten und deuteten auf die Wiesen, auf denen die schwarzweißen Kühe gemächlich weideten. Die Männer der Wissenschaft ritten in Talaren und Schoßröcken neben den Wagen.

Der August war diesmal kühler als sonst. Sibylla genoß die Weite der Triften vor dem meernahen Horizont. Wie im Halbschlaf kehrte sie, wohlig gelöst, in ihre Wohnung zurück.

Dort hatte Gsell eine Überraschung vorbereitet; nur Dore wußte davon. Das »Lichtspiel«, das er zeigen wollte, kannten die wenigsten Amsterdamer. Ihm selber hatte ein Kolonist von dem geisterhaften Widerschein erzählt, den die Indiopriester durch bemaltes Glas auf helle Mauern geworfen hätten: die zitternden Gläubigen nahmen ihn für ein Bild der Götter. Aber auch die Eingeweihten kannten die Technik der Magier nicht.

Erst kürzlich hatte Gsell dann erfahren, daß ein Würzburger Jesuit, Athanasius Kircher in Rom, schon vor fünfzig Jahren eine ähnliche »Laterna magica« erfunden habe, und sich die Beschreibung der Wunderlampe beschafft.

Als die Wagen zurückkamen, war ein Leintuch an die Saalwand geheftet. Gsell baute einen kleinen Holzkasten auf, hinter dem eine starke Lampe brannte. Gespannt verharrten die Gäste in der künstlichen Dämmerung. Auch Sibylla wußte nicht, was auf sie wartete.

Da erschienen auf der weißen Fläche fremdartige Blüten und Früchte, Falter, Käfer und Raupen, eine Märchenwelt, glänzend und betörend, fast betäubend in ihrer unwirklich schimmernden Pracht. Gsell hatte einige von Sibyllas Bildern aus dem neugedruckten Werk auf kleine Glasplatten gemalt und in sein Gehäuse eine vergrößernde Linse eingefügt. Verzaubert starrten alle auf die einzige erleuchtete Stelle im Raum wie auf einen Spalt im paradiesischen Tor: Da war die große gelbfleischige Pampelmuse mit den grünblauen schwarzgezeichneten Faltern; eine rosa Malve wölbte ihre durchsichtigen Blätter über blaugrauen Schatten.

Sibylla gab zu jeder Tafel halblaute Erklärungen. Bizarre Insekten, die »Mordschrecke« und der dürrbeinige »Harlekinbock« erregten ein neugieriges Geraune, und die »Gottesanbeterin« mit ihren mörderischen Zangen löste verwundertes Gefrage aus.

Zur Beruhigung seiner Zuschauer fügte der Maler einheimische Blüten zwischen die überseeischen Fabelwesen: Weißdorn und Schlehe mit Raupen und Puppen, einen grünen Hopfenzweig mit schuppiger Frucht, um den ein grauer Nachtfalter flatterte, den blauen Rittersporn und die rosagefiederte Kuckucksnelke.

Aber dann glänzte wieder das Rot der Pfefferfrüchte auf der Wand, das sanfte Gelb der Bananen, blaue Echsen und prächtig schillernde Falter. Um den Stengel der Maniokpflanze ringelte sich eine gefleckte Schlange. Sibyllas Phantasie flog sofort wieder nach Surinam.

»Maniok«, sagte sie, »den habe ich dort noch ganz zuletzt gezeichnet, auf der Plantage des Herrn van Vredenborg, wo es heiß war zum Umfallen. Die Indios rösten die Wurzeln und mahlen sie zu Brotmehl.«

Ein Transparent folgte dem andern. Sibylla schüttelte den Kopf. Das waren also einmal die mühselig zusammengesuchten und ängstlich konservierten Pflanzen gewesen, die borstigen Raupen, die leblos baumelnden Puppen. Was sie damals als peinlich getreues Abmalen gemeint hatte, war ihr unversehens zum Kunstwerk geraten – das wurde hier offenbar. Jetzt waren es strahlende Erscheinungen, vollkommene Lichtgestalten, die wie ein Lächeln grüßend über das weiße Tuch schwebten; es war der Ertrag eines ganzen Lebens, den sie einheimsen durfte wie etwas Unverdientes und über alles Erwarten Schönes.

Sibylla war längst still geworden: ihre gemurmelte Erklärung schien ihr anmaßend. Gsell zeigte Bild um Bild, eines steigerte das andere, eines führte tiefer in das Geheimnisvolle hinein als das vorige, und sie selber, Sibylla, saß dabei wie gebannt.

»Zum Beschluß«, sagte Gsell und führte noch ein Glas in den Rahmen ein: blaue große Falter, exotische Kirschenzweige – ein perlmutterner Dunst darüber ... Das Licht flackerte schwach: es war nur noch eine zarte Traumvision.

»Genug«, sagte Sibylla wie in einer Ahnung und stand auf. Ehe die Tischlampen wieder angezündet waren, schloß sie die Tür hinter sich.

»Er fliegt!«

»Ich will noch ein wenig sitzen bleiben«, sagte Sibylla zu ihrer Tochter, die hereingekommen war, um ihr ins Bett zu helfen; die Siebzigjährige konnte nicht mehr gehen.

Dorothea nickte. Sie werde mit ihrem Mann noch einen kleinen Gang durch den Schnee machen, es sei ja nicht kalt. Gsell brauche das nach der dumpfigen Farben- und Terpentinluft in seinem Atelier.

»Bleibt aber im Stuhl, Mutter«, sagte sie besorgt, »ich bringe Euch ein Licht und Eure Bücher herein.«

Sibylla dankte: sie wolle in der Dämmerung allein sein und nachdenken, das tue ihr gut.

Dorothea ging; Sibylla hörte die Schritte der beiden auf der Treppe. »Er ist ein braver Mensch«, murmelte die alte Frau, »und ein tüchtiger Maler. Freilich, dem toten Hendricks kommt er nicht gleich, den hab ich wie einen Sohn liebgehabt. Und doch – es ist rührend, wenn Gsell mir seine Skizzenbücher bringt, als müßte er *mich* fragen, ob die Schatten stimmen in seinem Blumenstück! Ablenken will er mich, von dem einzigen, was noch auf mich wartet!« Die Schatten – grübelte sie weiter, ich sehe nur noch sie: Arnolds Gesicht, das Abschiedslied, damals, als er meinte, er könnte ohne mich nicht weiterleben. »Jetzt, da der Schlag, der mich vernichtet, fiel, bin ich ein Schatten in der Schatten Land ...« Ach, er ist es längst, der geliebteste Schatten, noch immer! Laß dich anschauen, Andreas Arnold, ersehnt und heilig vertraut, dein starkes gutes Gesicht! Und den Hügel will ich heraufrufen im nebligen englischen Morgen, im Regen ... Alles, was im Sichtbaren blieb, war der Hügel.

Es ist dunkel, dachte sie, da kommen sie ungestörter, die Gestalten, und gleiten lautlos durch mich hin. Der sterbende Vater Matthäus, bei dem ich als Dreijährige am Bett stand – wie er mir über die Haare strich und feierliche Worte sprach, die ich damals nicht verstand. »Von ihr wird man einst sagen: ›Diese ist Merians Tochter!‹« erzählten sie nachher. Und Johanna, die Mutter: so still ist sie geworden in Wieuwerd, so friedlich, fast heiter zuletzt, die immer Getriebene ... sie kommt mir entgegen, mir, die ich ihr jetzt immer ähnlicher werde, hilflos wie sie. Da ist auch Caspar mit seinen schwachen Augen, die dennoch mehr sahen als wir alle. Und Morell: treuer unvergeßlicher Vater, Lehrer mit den sanften Händen ... Mignon neben ihm, der so viel über die große Kunst gewußt hat!

Sie lehnte sich zurück und horchte; aber kein Ton drang herein in ihre Andacht.

Da träumte sie wieder: Matthäus, laut und glänzend, schritt heran wie ein herrischer Sturmwind und rasselte mit dem Schmuckdegen. Du hast mich beschützt und mir Gutes erwiesen, aber Trauriges auch, Matthäus; ich erfuhr, daß du nicht mich selber liebtest, die kleine Schwester, nur Ruf und Ruhm des Hauses Merian. Nun ist es vorbei – geklärt und geglättet zieht alles vorüber.

Ich sehe die Jungfer Imhoffin, spät mit einem ungeliebten Mann aus großem Hause vermählt und neun Monate nach der Hochzeit im Kindbett gestorben, begraben mit dem toten Neugeborenen im Arm: Clara Regina, zarte junge Freundin!

Hendricks tritt zögernd heran, ein Arzt von hohen Graden, der sich geopfert hat für seine Kranken. Die bittere Seuchenzeit hat ihn das Leben gekostet, ihn und seinen Knaben, Dorotheas süßen kleinen Sohn. Wie das Kind mir zunickte, wie es getröstet hinging aus dem Unvollendeten in seine himmlische Reife!

Und Graff ... Ja, Andreas kehrt ein bei mir, großspurig und treuherzig verneigt er sich, weicht unsicher zur Seite, lispelt, haucht, als wollte er um Vergebung bitten, um Verständnis – ich verstehe dich, Mann, der du immer wieder versuchtest, stark und gewaltig zu scheinen, und warst doch ohne Kraft. Ruhig grüße ich dich jetzt, gestillt.

Auch die Freunde seh ich ziehen: Mabel, die ich im Arm hielt, als sie starb, Agathe, die ihre Heimkehr nach Frankfurt nur um ein paar Monate überlebte ... Da gehen sie hin: »Schatten in der Schatten Land«. Ins Unerfahrene wandern sie, ins Gestaltlose.

Sibylla senkte den Kopf und schlummerte ein. Das Land der Toten lag grau in ihrem Traum.

Als Dore und Gsell zurückkamen, lächelte sie dem hereingetragenen Lämpchen entgegen. »Mir träumte, Kind, ich sah sie alle wieder.«

Am Morgen saß die alte Frau in ihrem breiten hochlehnigen Armstuhl. Die Hände hielt sie im Schoß, veränderte Hände, nicht mehr die straffen sehnigen Arbeitswerkzeuge, die so bewußt und energisch ausgesehen hatten. Dorothea schaute jetzt manchmal unbemerkt nach den Händen ihrer Mutter: Es war, als sei das Persönliche schon aus ihnen gewichen. Ausgelaugt lagen sie da, dünne, pergamenten bezogene Gelenke, elfenbeinernes Knochenwerk.

Sibylla hatte die Augen zugemacht. Die Lider wölbten sich violett verfärbt über den trüben Sternen. Sie legte den Kopf zurück an die Sessellehne. Dorothea sah ihre gestreckte Kehle, die an die glatte eines Kindes erinnerte, hellhäutig, gedehnt, rührend. Auf dem Polster bauschte sich das weiße, zartglänzende Haar in losen Strähnen. Leise schlich Dorothea zur Tür.

Da bewegte die Mutter den Kopf. »Hanna!«

»Hanna ist in Surinam, Mutter.«

»Ja, Kind ... Gib mir doch bitte den Kasten herüber mit der großen braunen Puppe! Ich mein, sie müßte bald schlüpfen ...«

Die Tochter brachte den Kasten, erstaunt und ängstlich; denn es war keine Zeit für den Falter.

»Rück mich ans Fenster, Kind«, bat die Greisin.

Dorothea rief nach der Magd; beide zogen den schweren Stuhl der Gelähmten zum Licht. Maria Sibylla tastete nach dem Raupenkasten, den sie ihr aufs Fensterbrett gestellt hatten, sie hob ihn mühsam gegen die schwache Januarsonne, in den Schneeglanz, den die Scheiben hereinspiegelten. Dorothea reichte ihr die Lupe. Die alte Frau nahm das Glas vor die halbblinden Augen. »Dorothea«, murmelte sie mit einer unsicheren Geste, »das ist nicht das scharfe vom Spinoza. Bring mir das Augenglas vom Baruch Spinoza, ich bitte dich!«

Dorothea lächelte. Sie holte die kostbare Lupe; dann ließ sie die Mutter allein. Sibylla saß gebückt über ihrem Kasten. Ein gespannter Ausdruck lag auf ihrem Faltengesicht. Ihr dünner Finger fuhr langsam auf dem gläsernen Deckel hin und her. Jetzt hielt sie still, schob die Lupe beiseite und legte beide Hände breit auf die kühle Fläche, wie zur Beschwörung. Lang blieb sie so. Dann beugte sie sich tiefer, suchend; die trockene Puppenhülle lag reglos in einer Ecke unter dem Glas.

»Dorothea«, flüsterte sie heiser. Aber die Tochter war nicht mehr im Zimmer. »Dorothea«, sagte die alte Stimme, »ich sehe ihn nicht!«

Warten, Horchen, gebeugtes, flehendes Hinschauen ...

»Das Sommervöglein«, hauchte sie, »ich sehe nichts!« Alles verschwamm ihr zu fahler Undeutlichkeit.

Auf einmal war die alte Frau weit weg, an den Stadtgräben von Frankfurt. Sie fiel über den sumpfigen Wiesenrand und raffte sich wieder auf – ich hab nichts mehr sehen wollen, dachte sie, jetzt ist es da! Gott straft mich spät, er hat lang

Geduld gehabt mit mir; mit Faltern und Motten und Raupen hat er Geduld gehabt, die niemand recht erkannt hätte, wenn meine Augen blind gewesen wären. Aber jetzt *soll* ich nichts mehr sehen ... Sie riß die Lider auseinander: Nacht! Kein silberner Schein mehr! Sie stammelte ein schluchzendes bittendes Gebet. Nacht. Tastend stellte sie den Kasten aufs Fensterbrett und fuhr sich mit den Händen ins Gesicht. Es blieb dunkel.

Sibylla lehnte sich zurück. Das letzte Bild ist die braune Puppe, dachte sie, der verwesliche Leib, unverwandelt ... es ist das letzte Bild.

Ihr wurde schwindlig; die Lippen bewegten sich. Sie suchte die Verse zusammen, die sie einmal gedichtet hatte:

Liebster Gott, so wirst Du handeln
Auch mit mir zu Deiner Zeit,
Wie die Raupen sich verwandeln ...

Sie hat sich *nicht* verwandelt! dachte sie verzweifelt. Nichts verwandelt sich mehr. Mumie im Totengehäus, braune Puppe, dürre!

Die Lupe entglitt ihr und fiel klappernd auf die Dielen. Sie drehte den Kopf und drückte das Gesicht gegen die Armlehne; ein Gefühl des Erstickens drang auf sie ein.

Dorothea hatte das Klirren auf dem Fußboden gehört. Sie stieß die Tür auf. Die Mutter hing, halb aus dem Stuhl gesunken, in den Decken, krumm und schwer. Dorothea faßte sie an – kein Zeichen. Sie rief – kein Laut.

Die Magd kam herein; die beiden hoben Sibylla ins Bett und stützten ihr weißes mageres Haupt höher. Die Magd sah Dorothea ängstlich an. »Soll ich den Doktor holen?«

Da bewegte Maria Sibylla den Kopf. Sie schlug die Augen auf zu einem seltsam hellen leuchtenden Blick. Ihre Hand griff kräftig nach dem Arm der Tochter, sie zog sich empor, atmete schnell, ihr Mund zuckte. »Er fliegt«, sagte sie deutlich. »Blaue Flügel! Er ist groß und schön. Sag's ihnen, Dorothea: Immer höher ... Dorothea ... blaue Flügel ...«

Ihre Stimme verging im Flüstern. Die Augen brachen. Dorothea ließ sie sanft ins Kissen gleiten und drückte ihr die Lider zu.

Die Magd lief hinaus.

Historische Personen

Matthäus Merian d. Ä., geb. 22. 9. 1593 in Basel, gest. 19. 6. 1650 in Bad Schwalbach.
Erste Ehe mit
Maria Magdalena de Bry, Tochter des Kupferstechers und Verlegers *Theodor de Bry* in Frankfurt a. M., gest. 1645.
Kinder aus dieser Ehe:
Matthäus d. J., später Porträtist, Diplomat und politischer Agent, geb. 25. 3. 1621 in Basel, gest. 15. 2. 1687 in Frankfurt; malte u. a. Kaiser Leopold und Markgraf Hermann v. Baden. Verheiratet (2. 11. 1652) mit *Antonia Maria Bartels*, Tochter eines holländischen Kaufherrn. Fünf Kinder.
Joachim, Stadtphysikus in Frankfurt.
Caspar, Maler und Stecher in der Merianschen (früher de Bryschen) Werkstatt, Hauptradierer des Verlags, geb. 13. 2. 1627, gest. zwischen 1686 und 1688 in Wieuwerd.
Maria Magdalena, verheiratet mit Kupferstecher *Küssel*.
Zweite Ehe Matthäus Merians d. Ä. mit
Johanna Sibylla Heiny oder *Heim*, Tochter des Druckers und Verlegers H.
Kind aus dieser Ehe:
Maria Sibylla, geb. 4. 4. 1647 in Frankfurt, gest. 13. 1. 1717 in Amsterdam, begraben auf dem Leidse Kerkhof auf Armenrecht,
verheiratet (16. 5. 1665) mit
Johann Andreas Graff, Maler, geb. 1. 5. 1637, gest. 6. 12. 1701 in Nürnberg, Sohn des Magisters *Johannes Graff* oder

Graf, Rektor zu St. Sebald in Nürnberg, poeta laureatus (geb. in Marisfeld/Henneberg), und der *Anna Elena Ammon*, Witwe des Ratskanzlisten Ammon.

Kinder aus Maria Sibyllas Ehe:

Johanna Helene, geb. 5. 1. 1668, verh. mit *Johann Herolt* aus Bacharach/Rh., geb. 1660, Kaufmann und Farmer in Surinam (Südamerika).

Dorothea Henrica, geb. 15. 5. 1678, gest. 1743. Verheiratet in erster Ehe (2. 12. 1701) mit *Philipp Hendricks* oder Hendriks aus Heidelberg, Chirurg, geb. 1671, gest. 1711. Zweite Ehe mit dem Maler *Georg Gsell* aus St. Gallen/Schweiz, geb. 1673, gest. 1740. Sie siedelt mit Gsell nach St. Petersburg über. Ihre Tochter *Salome Abigail* heiratet den Mathematiker *Leonhard Euler* aus Basel.

Zweite Ehe *Andreas Graffs*, nach der Scheidung von *M. S. Merian* (25. 6. 1694) mit

Anna Maria Hofmann, Nürnberg, Tochter des Kunsthändlers und Illuminators *Hofmann*.

Kinder aus dieser Ehe:

Johann Magnus, 1. 7. 1695

Christian Friedrich, 7. 6. 1697 (beides wahrscheinlich Tauftag)

Jakob Morell oder *Marell*, Maler, geb. 1615, gest. 11. 11. 1681. Verheiratet in erster Ehe (1641) mit *Catharina Eliot*. Zweite Ehe mit *Johanna Sibylla Heiny* oder *Heim*, verw. Merian.

Seidenhändler *Morell*, *Jakobs* Bruder, Wirt »Zum Roten Mönch« in Frankfurt.

Graf *Ruitmer*, Tulpenliebhaber, Frankfurt.

Abraham Mignon, Maler, Schüler und Freund *Morells*, gest. 1679.

Abraham Schelkens, Kurpfälzischer Resident in Frankfurt.

Andreas Arnold, Prof. Oratore et Poesie, geb. 1646 in Nürnberg, gest. 1694.

Clara Regina Imhoff von und zu Helmstedt, Patrizierin, Schü-

lerin und Freundin *M. S. Merians*, geb. 27. 9. 1664, gest.
1697 in Nürnberg. Verheiratet mit dem Rechtskonsulenten *Scheurl von Deffersdorf zu Heuchlingen*, gest. 6. 7. 1740.

Christian Andreas Imhoff, Stadtgerichtsrat, Bruder der *Clara Regina*.

Nicolas van Witsen, Bürgermeister der Stadt Amsterdam.

Cornelius van Somelsdyk, Gründer der niederländischen Kolonie Surinam, vermutlich auch der Kolonie Neu-Böhmen am Hudson (später New York).

Fräulein *van Somelsdyk*, Schwester von *Cornelius*, Wieuwerd, Waltha-Schloß, Nordfriesland.

Jean de Labadie, Sektengründer, ehemaliger Jesuit, geb. 13. 2. 1610 in Bourg (Südfrankreich), gest. 1674 in Altona.

Pierre Yvon, Labadies Nachfolger, geb. 1646 in Monteauban, gest. 1707 in Wieuwerd.

Dr. van Deventer, Arzt in Wieuwerd.

Die Barocksprache der Originalbriefe wurde dem Verständnis des heutigen Lesers angenähert. Die Briefe aus Surinam hat die Autorin – nach genauen Quellenstudien – selbst verfaßt.

Die Gedichte Seite 124f. und Seite 289 sind überliefert, die übrigen Gedichte stammen von Utta Keppler.

Wichtigste Werke der Maria Sibylla Merian

1674 Beginn systematischer biologischer Untersuchungen.

1679 Erster Teil von »Der Raupen wunderbare Verwandlung und sonderbare Blumennahrung«, 50 Platten, koloriert und unkoloriert (gedruckt bei Andreas Knortz, Nürnberg).

1680 »Neues Blumenbuch« od. Florum fasciculi tres ad vivum depicti (Der »Blumen« dritter Teil, nach dem Leben abgemalt) mit dreimal zwölf kolorierten Kupferstichen (Knortz, Nürnberg).

1683 Zweiter Teil von »Der Raupen wunderbare Verwandlung und sonderbare Blumennahrung«, 50 Platten (Michiel Spörlin).

1705 »Metamorphosis Insectorum Surinamensium«; die wissenschaftlichen Texte überprüfte Dr. Caspar Commelin, der vermutlich auch die lateinische Übersetzung besorgte. Später erschien das Werk auch mit holländischem Text bei Gerard Valck, Amsterdam, und bei Buchhändlern in Rotterdam, den Haag, Middelburg unter dem halb lateinischen, halb holländischen Titel »Metamorphosis Insectorum Surinamensium ofte Verandering der Surinaamse Insecten«.

Aquarelle aus den Jahren 1688 bis 1699 wurden durch neue Studien aus der Umgebung Amsterdams ergänzt. Illustrationen und Bemalen von fremden Werken (Amboinsche Raritätenkammer, Sammlungen des blinden Kaufmanns Ambon, Mitglied der Ostindischen Kompagnie).

1713/ »Der Rupsen Begin, Voedsel en Wonderbaare Veran-
1714 dering« – »voor den Auteur en Gerard Valck« (Zusammenfassung der Stiche aus Frankfurt und Nürnberg mit den holländischen Arbeiten).

1717 Nach Sibyllas Tode erschien der dritte Teil von »Der Rupsen Begin«, von ihren Töchtern herausgegeben.

Lieferbare Bildbände

Maria Sibylla Merians Metamorphosis insectorum surinamensium oder Verwandlung der surinamischen Insekten. (Amsterdam 1705) Faksimile-Ausgabe nach dem Exemplar der Sächsischen Landesbibliothek zu Dresden von Helmut Deckert. Übertragung des niederländischen Originaltextes von Gerhard Worgt. 1975. Faksimile. 128 Seiten sechsfarbig – 37 × 52 cm. Insel Verlag. Mit dem original angepaßten Einbandmotiv. Leder.

Maria Sibylla Merian: Neues Blumenbuch. 2 Bände. Mit Beiträgen von Thomas Berger. 1999. Ca. 112 Seiten, 28 einfarbige Abbildungen – 19 × 31,5 cm. Prestel-Verlag.

Eveline Hasler im dtv

»Eveline Haslers Figuren sind so prall voll Leben, so
anschaulich und differenziert gezeichnet, als handle
es sich samt und sonders um gute Bekannte.«
Klara Obermüller

Anna Göldin
Letzte Hexe
Roman · dtv 10457
Die erschütternde Geschichte des letzten Hexenprozesses in Europa im Jahre 1782.

Ibicaba
Das Paradies in den Köpfen
Roman · dtv 10891
Hunger und Elend führen im 19. Jahrhundert in der Schweiz zu einer riesigen Auswanderungswelle ins »gelobte Land« Brasilien. Doch das vermeintliche Paradies entpuppt sich für die meisten als finstere Hölle.

Der Riese im Baum
Roman · dtv 11555
Die Geschichte Melchior Thuts (1736–1784), des *größten* Schweizers aller Zeiten.

Die Wachsflügelfrau
Roman · dtv 12087
Das Leben der Emily Kempin-Spyri, der ersten Juristin im deutschsprachigen Raum, und ihr einzigartiger Aufstieg als Kämpferin für die Frauenrechte in der Schweiz und in New York.

Der Zeitreisende
Die Visionen des
Henry Dunant
Roman · dtv 12556
Er widmete sein Leben der Überwindung von Gewalt und Krieg: der Begründer des Roten Kreuzes.

Der Jubiläums-Apfel
und andere Notizen
vom Tage
dtv 12557
Glossen aus Eveline Haslers Schriftstellerwerkstatt in der italienischen Schweiz.

Novemberinsel
Erzählung
dtv 12707 und
dtv großdruck 25138
Eine junge Frau zieht sich mit ihrem jüngsten Kind auf eine Mittelmeerinsel zurück in der Hoffnung, aus einer psychischen Krise herauszufinden.

Historische Romane
im dtv

Elizabeth Marshall Thomas
Die Frau des Jägers
Roman · dtv 12004
»Ein Roman aus der Steinzeit von seltener Tiefe und Schönheit.« (New York Times Book Review)

Robert von Ranke Graves
**Ich, Claudius,
Kaiser und Gott**
Roman · dtv 1300
Augustus, Livia, Caligula, Nero: eine Chronique scandaleuse, in der die ganze dekadente Welt des römischen Imperiums lebendig wird.

Marguerite Yourcenar
Ich zähmte die Wölfin
Die Erinnerungen des Kaisers Hadrian
dtv 12476
Ein Roman von außergewöhnlicher Feinheit. Yourcenar zeichnet mit Hadrian einen leidenschaftlichen und tatkräftigen Mann, den man betrauert wie einen Freund.

Frans G. Bengtsson
**Die Abenteuer des
Röde Orm**
Roman · dtv 20055
Orm, Mutters Jüngster, verzärtelt und hypochondrisch, wird von plündernden Nachbarwikingern verschleppt. Doch das Schiff, auf dem die Nordmänner zu ihrem alljährlichen Raubzug gen Spanien fahren, kapern die Mauren...

Claudia Groß
Die Runenmeisterin
Roman · dtv 24166
Sie gehören zueinander, die letzte Runenmeisterin Rosalie und der Druidensproß Cai. Aber zwischen den Liebenden stehen ein Mord und ein feierliches Gelübde... Eine Kriminal- und Liebesgeschichte vor der rauhen Kulisse des Mittelalters.

Elisabeth Harris
Der heilige Stein
Roman · dtv 20253
Bei Ausgrabungen in einem einsamen Kloster in Wales entdeckt man das Skelett eines Neugeborenen. Alles deutet darauf hin, daß sich zu Beginn des 13. Jahrhunderts hier eine Liebestragödie abgespielt hat...

Historische Romane
im dtv

Diana Norman
Die Piratenkönigin
Roman · dtv 20115
Irland im 16. Jahrhundert. Im Dienst der Königin wird die junge Barbary auf die rebellische Insel geschickt. Inmitten von politischen Intrigen, Freiheitskampf und Krieg erlebt sie die Schönheit und Tragik Irlands – und ihre große Liebe.

Rosemarie Marschner
Nacht der Engel
Roman · dtv 20286
Italien zur Zeit der Renaissance. Die schöne Francesca hat alles, was das Herz begehrt. Und bei Lorenzo de' Medici ist sie ein mehr als nur gern gesehener Gast. Aber es ist auch gefährlich, der Fürstenfamilie so nahe zu stehen ...

Rosemarie Marschner
Der Sohn der Italienerin
Roman · dtv 12160
»Prinz Eugen, der edle Ritter ...« Rosemarie Marschner erzählt das Schicksal eines der berühmtesten Helden der Neuzeit auf spannende und psychologisch raffinierte Weise.

Jochen Klepper
Der Vater
Roman eines Königs
dtv 11478
Die »äußere und innere Geschichte« Friedrich Wilhelms I. von Preußen – viel mehr als nur ein historischer Roman: eine Dichtung von unvergleichbarer Prägnanz.

Wolf von Niebelschütz
Der Blaue Kammerherr
Roman · dtv 12600
Das Inselreich Myrrha im Jahr 1732. König Alphanios ist das Opfer intriganter Minister und Finanzleute. Prinzessin Danae versucht allen Intrigen zu begegnen, um ihrem Land zu helfen. »Ein europäisches Märchen.« *Peter Härtling*

Eveline Hasler
**Anna Göldin.
Letzte Hexe**
Roman · dtv 10457
1780. Die schöne, eigenwillige Dienstmagd Anna Göldin wird des Kindsmords und der Zauberei angeklagt. Die Geschichte des letzten Hexenprozesses in Europa.

Jostein Gaarder im dtv

»Geboren zu werden bedeutet, daß wir die ganze
Welt geschenkt bekommen.«
Jostein Gaarder

Das Kartengeheimnis
dtv 12500
Vater und Sohn brechen auf zu einer Reise nach Griechenland. Kaum aber erreichen sie die Alpen, gelangen sie in den Besitz dieses winzigen Büchleins mit der irrwitzigen Geschichte von einer magischen Insel ... Die Geschichte einer dreifachen Reise: einer wirklichen nach Griechenland, einer phantastischen auf eine magische Insel und einer gedanklichen in die Philosophie.

Sofies Welt
Roman über die Geschichte der Philosophie
dtv 12555
Mysteriöse Briefe landen im Briefkasten der 15jährigen Sofie. Was sollen diese Fragen: »Wer bist du?« oder: »Woher kommt die Welt?« Die Briefe entführen sie in die abenteuerliche und geheimnisvolle Gedankenwelt der großen Philosophen. – Der Roman, mit dem Gaarder Weltruhm erlangte.

Das Leben ist kurz
Vita brevis · dtv 12711
Die Geschichte der Liebe zwischen Floria und dem berühmten Kirchenvater Augustinus.

Der seltene Vogel
Erzählungen · dtv 24111
Zehn Erzählungen und Kurztexte, in denen Grenzen überschritten werden: zwischen Realität und Traum, Zeit und Unendlichkeit, Leben und Tod. Spielerisch nähert Gaarder sich den großen Fragen des Lebens und ermuntert den Leser, selbst Fragen nach dem Dasein zu stellen.

Durch einen Spiegel, in einem dunklen Wort
dtv 12917 und dtv 62033
»Sie hatte die Flurtür offenstehen lassen. Die Weihnachtsdüfte schwebten aus dem Erdgeschoß zu Cecilie hinauf.« Ein unendlicher Kosmos tut sich der kranken Cecilie auf, als der Engel Ariel an Weihnachten mit ihr über die Schöpfung spricht.

Marie Luise Kaschnitz im dtv

»Was immer sie schrieb – ob Lyrik oder Prosa, ob Erinnerungen oder Tagebücher –, es zeichnet sich durch kammermusikalische Intimität aus. Sie war eine leise Autorin. Gleichwohl ging von ihren besten Büchern eine geradezu alarmierende Wirkung aus.«
Marcel Reich-Ranicki

Lange Schatten
Erzählungen · dtv 11941

Wohin denn ich
Aufzeichnungen
dtv 11947

Überallnie
Gedichte · dtv 12015

Das Haus der Kindheit
dtv 12021
Eine faszinierende Reise in die Kindheit. »Eine unheimliche Erzählung, eine Fabel nach der Tradition bester Spukgeschichten, spannend und schön erzählt, und auch an Kafka mag man denken, bei aller Existenzangst und allen Daseinszweifeln unserer Gegenwart.« (Wolfgang Koeppen)

Engelsbrücke
Römische Betrachtungen
dtv 12116
»Das Rom-Buch inspiriert eine Stadt unter dem Deckmantel der Verschwiegenheit … Die scheinbar lose zusammengesetzten Prosastücke bilden ein Mosaik der Selbstbefragung.« (Hanns-Josef Ortheil)

Griechische Mythen
dtv 12780
Bekannte und weniger bekannte Mythen hat Marie Luise Kaschnitz in diesen sehr persönlich gefärbten Erzählungen dargestellt. In ihnen zeigt sich »die gelassene Meisterschaft der Dichterin«. (Johannes Kleinstück)

Der alte Garten
Ein Märchen
dtv 12781
Mitten in einer großen Stadt liegt ein verwilderter Garten, den zwei Kinder voll Neugier und Abenteuerlust für ihre Spiele erobern. Aber die Natur wehrt sich gegen die ungestümen Eindringlinge …
Ein literarisches Gleichnis für den sorglosen Umgang mit unserer Welt.

Margriet de Moor im dtv

»Ich möchte meinen Leser genau in diesen zweideutigen
Zustand versetzen, in dem die Gesetze der
Wirklichkeit aufgehoben sind.«
Margriet de Moor

**Erst grau dann weiß
dann blau**
Roman · dtv 12073
Eines Tages ist sie verschwunden, einfach fort.
Ohne Ankündigung verlässt Magda ihr angenehmes Leben, die Villa am
Meer, den kultivierten Ehemann. Und ebenso plötzlich ist sie wieder da. Über
die Zeit ihrer Abwesenheit
verliert sie kein Wort. Die
stummen Fragen ihres
Mannes beantwortet sie
nicht.

Der Virtuose
Roman · dtv 12330
Neapel zu Beginn des 18.
Jahrhunderts – die Stadt
des Belcanto zieht die
junge Contessa Carlotta
magisch an. In der Opernloge gibt sie sich, aller
Erdenschwere entrückt,
einer zauberischen Stimme
hin: Es ist die Stimme Gasparo Contis, eines faszinierend schönen Kastraten.
Carlotta verführt den in
der Liebe Unerfahrenen
nach allen Regeln der
Kunst.

Herzog von Ägypten
Roman · dtv 12716
Die Liebesgeschichte zwischen Lucie, der Bäuerin,
und Joseph, dem Zigeuner.
Und gleichzeitig ein ganzes
Panorama menschlicher
Schicksale…

Rückenansicht
Erzählungen · dtv 11743

Doppelporträt
Drei Novellen · dtv 11922

Ich träume also
Erzählungen · dtv 12576

»De Moor erzählt auf
unerhört gekonnte Weise.
Ihr gelingen die zwei, drei
leicht hingesetzten Striche,
die eine Figur unverkennbar machen. Und sie hat
das Gespür für das Offene,
das Rätsel, das jede Erzählung behalten muss, von
dem man aber nie sagen
kann, wie groß es eigentlich sein soll und darf.«
(Christof Siemes in der
›Zeit‹)